KB260176

콘트라베이스 기초에서 마스터까지

오구일

콘트라베이스
마스터

이 책을 집필하며…

12살 어린 소년의 손에 처음 닿았던 베이스의 깊고 풍부한 음색… 그리고 무언가 가슴을 두드리는 뜨거운 울림… 이것이 제가 태어나 베이스와 처음 만났을 때의 기억입니다. 그 어떤 악기도 혹은 그 어떤 사람의 마음도 다 감싸 줄 것만 같은 무게감 있는 베이스에 대한 생각은 지금도 변함이 없습니다.

늘상 음악에 대해 베이스에 대해 무언가 부족감을 느끼던 저는 한국에서의 재즈 공부에 안주하지 않고 미국으로 떠났습니다. 그곳엔 제가 음반과 책으로 밖에 접할 수 없었던 베이스의 대가들이 실제 살아 숨쉬고 있었고, 베이시스트 Eugene Levinson, John Patitucci, Sean Smith, Mike Richmond, Martin Wind, Tony Falanga와는 직접 만나 개인 레슨도 받고, 함께 식사와 차를 즐기며 음악에 대해 인생에 대해 대화를 나누며 그들의 음악관 인생관을 직접 배울 수 있었습니다. 음악은 Skill을 익히는 것이 전부가 아니라고 생각합니다. 저의 스승들도 물론 그런 부분들을 저에게 많이 강조했습니다. 누구 보다 더 잘 연주하고 누구 보다 더 많이 연주 하는 것이 물론 무시 할 수는 없는 부분이 될 수는 있을 지언정 전체가 될 수는 없습니다. 가장 중요한 건 음악에 내 영혼을 담는 것, 나의 뜨거운 가슴과 사랑을 혹은 여러 감정들을 실을 수 있느냐, 나아가 어떻게 담아 낼 것이냐 또, 타인을 향해 가슴을 열고 소통 할 수 있느냐는 것이 아주 중요한 포인트라고 확신합니다.

이 교재는 오랜 저의 연주 경험과 제가 만났던 마스터 베이시스트들이 강조했던 부분들을 차근차근 정리하여 체계적으로 연습 할 수 있는 라인들과 연습법에 대해 구체적으로 설명하고 있습니다. 근래에는 베이시스트들에게 다양한 스타일의 음악연주 구현 능력이 요구되고 있습니다. 이런 요구에 부응하기 위해서는 다양한 음악의 기호, 모든 종류의 코드, 알맞은 스케일의 선택, 즉흥 연주 능력을 갖추어야만 두려움 없이 어떠한 장르에서도 자신감 있는, 자기만의 스타일이 살아있는 베이스 연주를 할 수 있을 것 입니다. 이 교재가 여러분의 베이스 연주 능력 향상에 절대적으로 도움이 될 것이라고 확신합니다. 그러기 위해서는 연습 또 연습이 필수라는 사실을 다시 한 번 강조합니다. 여러분! 이 교재와 함께 여러분의 베이스 실력 향상은 물론, 항상 아름다운 음악과 함께하는 행복한 삶을 영위 하시길 기원합니다.

베이시스트 오 구 일

이책은

더블베이스에 대해 지식이 없거나
팝, 재즈 베이스 스타일 연주의 이해를 돕고자 집필된 교재이다.

❶ 베이스 연주에 필요한 이론지식과 연습 방법을 상세히 수록하였다.

❷ 모든 연습을 12Key로 자세히 채보하였고 설명하였다.

❸ 왼손가락 번호와 각 현의 이름을 각 노트에 표시해 줌으로서 정확한 포지션의 위치를 제시하고 있다.

❹ 포지션별 각 왼손가락 핑거링 모습을 이해하기 쉬운 사진 파일로 수록하였다.

❺ 첨부된 CD에 모든 연습 예제 음원 트랙이 수록되어 있다.

❻ 마스터 베이시스트들의 베이스라인을 채보하여 수록하였다.

기초 지식과 단계별 연습 방법에 대해
상세히 설명하고 있는 교재이다.

❶ 음악의 화성학적 지식을 베이스로 연습할 수 있다.

❷ 베이스 핑거보드의 원리와 구조를 이해할 수 있다.

❸ 자연스럽게 규칙적인 왼손의 움직임을 알게 되고 경제적으로 이동할 수 있는 핑거링을 익힐 수 있다.

❹ CD에 수록되어 있는 예제 연습 음원과 함께 정확한 음정, 비트감을 얻을 수 있다.

❺ 마스터 베이시스트들의 명곡을 연주해 보면서 그들의 스타일과 리듬감을 느껴볼 수 있다.

*이책에서 사용하는 임시표의 Rule

임시표(#, ♭, ♮)는 한마디 안에 있는 모든 옥타브에 적용된다.

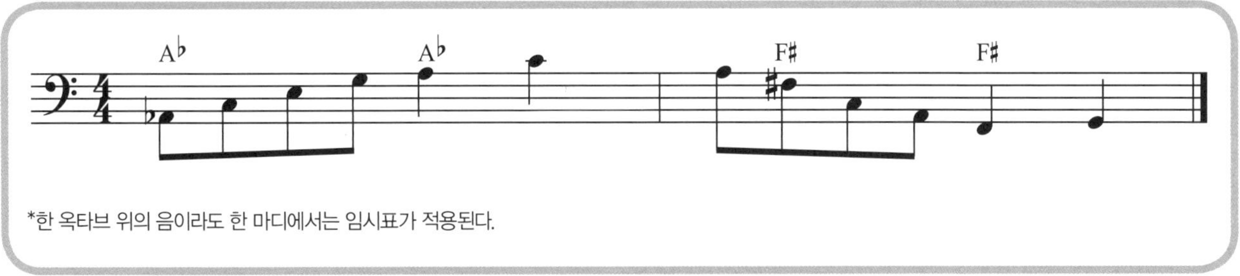

*한 옥타브 위의 음이라도 한 마디에서는 임시표가 적용된다.

연습 예제 보는 법

*음 위의 숫자는 왼손가락의 번호를 말하며, 음 밑의 로마 숫자는 각 현의 명칭을 말한다.

*일렉트릭 베이스 핑거링

4번 손가락으로 쓰여져 있는 노트에 일렉트릭 베이스주자들은 3번 손가락을 이용하여 보다 넓은 왼손 포지션 이동이 가능해진다.

연습에 임하면서 잊지 말아야 할 사항

❶ 모든 연습은 피치카토와 보윙을 번갈아 가면서 연습 한다.

❷ 연습은 항상 메트로놈 템포 60에서 시작하여 빠른 템포까지 연습 한다.

(템포는 2씩 올려 가면서 연습 한다. 예) 60, 62, 64, 66, 68, 70, 72……)

❸ 코드 아르페지오와 스케일을 상행, 하행 매일 빠지지 않고 연습 한다.

❹ 마스터 베이시스트들의 곡을 반복해서 들으며 직접 채보하여, 느린 템포에서 부터 원곡의 템포까지 연습 한 후, 곡을 틀어 놓고 실제로 똑같은 라인과 그루브를 느껴가며 연주해 본다.

Table of contents

Chapter 04. 음정 (Interval)

Chapter 05. 트라이어드 코드 (Triad Chords)

Chapter 06. 세븐스 코드 (7th Chords)

Chapter 01

베이스 악기에 대해서
(Bass & Accessories)

1. 베이스의 종류(Basses)

'베이스'라는 악기는 **더블베이스, 콘트라베이스, 스트링베이스, 업라이트베이스** 등 여러 가지 이름으로 불리어지고 있다. 바이올린족의 악기 중 최저음을 담당하고 있는 베이스는 재즈, 팝, 클래식 그리고 제 3세계 음악에서 리듬과 하모니를 동시에 담당하는 아주 중요한 악기이다.

베이스는 첼로와 같은 낮은음자리표를 사용하고 있다. 악보에 그려져 있는 똑같은 라인을 콘트라베이스와 첼로가 연주할 경우 베이스는 첼로보다 한 옥타브 낮은 소리가 난다. 그리하여 낮은음자리표를 사용하는 동시에 첼로보다 한 옥타브 낮은 소리를 내므로 '콘트라'라는 표현을 쓰기도 하고 첼로보다 두 배 큰 사이즈 때문에 더블 베이스라 불리어지기도 한다.

베이스의 외형은 **감바(Gamba)형, 바이올린형, 부세토형**이 있다.

베이스의 외형

베이스 탄생의 초기인 16세기 초에는 6현 베이스가 이용되었고 17세기에는 5현 베이스 그 후 18세기 초에는 3현 베이스가 이용되어져 오다 그 후 4현 베이스가 일반화되어갔다.

콘트라베이스는 1/8, 1/4, 1/2, 5/8, 3/4, 7/8, Full Size 등의 여러 가지 크기가 있어 자신의 체구나 취향에 따라 크기를 선택할 수 있다. 3/4사이즈 베이스의 높이(머리부터 엔드핀까지)는 약 180Cm이다. 일반적인 오케스트라 연주자와 재즈 연주자들은 3/4 사이즈를 많이 사용한다. 요즈음 국내, 국제 연주투어를 다니는 베이시스트들을 위해 베이스 제작자들이 소형 콘트라베이스를 제작하여 시판하고 있기도 하다. 대표적으로 뉴욕의 맨하탄에 위치한 데이빗 게이지 베이스 매장에서 생산되어지는 **체크이지 로드베이스** 그리고 롱아일랜드에 위치한 **콜스테인 베이스** 매장에서 생산되어지는 **콜스테인 트레블베이스** 가 있다.

일렉트릭 업라이트 베이스는 1920년과 1930년대에 처음으로 생산되었다 Electric Upright Bass의 줄임표현으로 EUB로 불려졌다. 더블베이스를 연주하는 연주자라면 어렵지 않게 이 악기에 적응할 것이다. 덩치가 작으면서 어쿠스틱 악기의 소리를 앰프를 통해 근접하게 재현하였다. 하드케이스에 한 번에 들어가 이동이 편리하도록 설계되어 많은 베이스 주자들이 이용하고 있다.

2. 베이스의 구조(Parts of Basses)

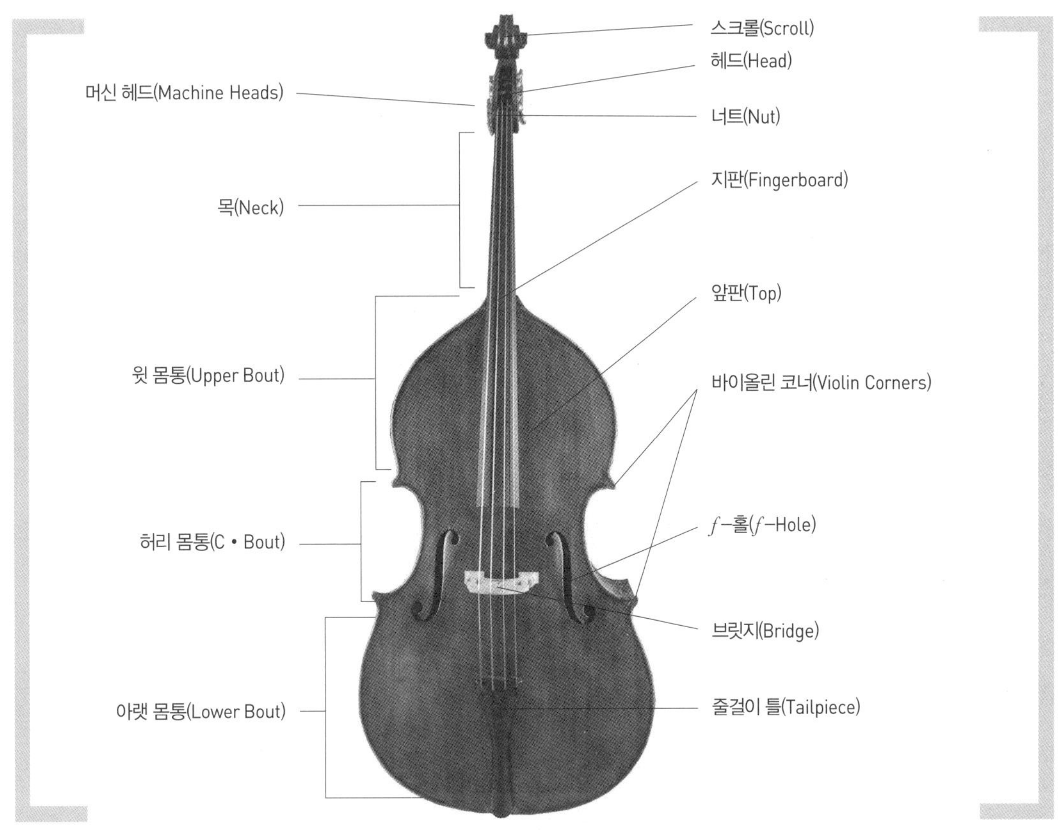

베이스의 종류

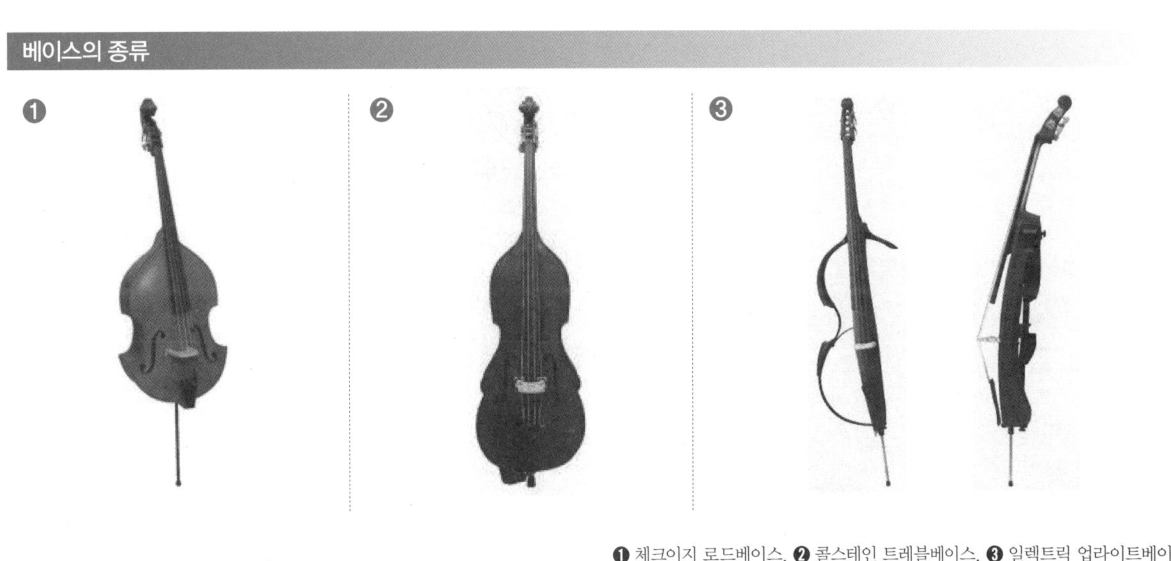

❶ 체크이지 로드베이스, ❷ 콜스테인 트레블베이스, ❸ 일렉트릭 업라이트베이스

3. 베이스 스트링(Bass Strings)

현(String)에 대해 자세히 알아보도록 하겠다. 일반적으로 베이스는 4현으로 이루어져 있다. 가장 굵기가 가는(1번)줄부터 개방현 음이 G(1번), D(2번), A(3번), E(4번)로 이루어져 있다. 음악의 장르나 연주 특성상 이와 다른 튜닝을 하기도 한다.

바이올린, 비올라, 첼로 악기들은 완전5도 간격으로 조율되는 것과는 달리 베이스는 완전4도 간격으로 조율되고 있다. 이는 베이스가 다른 현악기보다 지판이 길고 음의 간격이 넓은 특징을 고려한 조율이다.

베이스 현은 악기 종류, 음악 장르, 연주 목적 등에 따라 수십 가지 종류가 현재 생산되고 있다. 현은 나일론으로 심을 만들고 그 겉에 니켈이나 다른 금속을 감아 다른 악기의 현과는 매우 다르게 현저히 두껍다. 예전에는 거트(Gut) 현을 주로 사용했었는데

이 현의 재료는 양의 창자를 이용하여 만들어진 현이다. 요즘에도 예전 베이스 소리를 구현하고자하는 연주자들에 의해 개량된 거트(Gut) 현을 사용하기도 한다. 현재 시판되고 있는 현을 모두 구매하여 사용해 보는 것은 힘든 일이다. 가격도 다른 악기 현에 비해 고가이며, 현을 교체하는 일도 그리 쉽지는 않기 때문이다.

현재 베이스 연주자들에게 사용되고 있는 스트링은 수십 가지에 이르고 있다. 모든 스트링은 각기 다른 굵기와 장력을 갖고 있다. 주로 활(bow)로 연주를 하는 연주자들은 큰 볼륨이 필요할 것이며, 첫 시작음이 미끄러짐 없이 소리가 나야 할 것이다. 피치카토로 연주를 하는 재즈 연주자들은 음이 길게 지속 되어야 할 것 이며, 밝은 톤과 정확한 음정이 저음부에

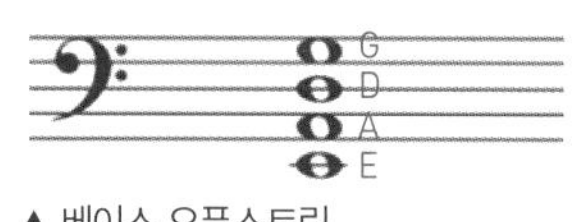

▲ 베이스 오픈스트링

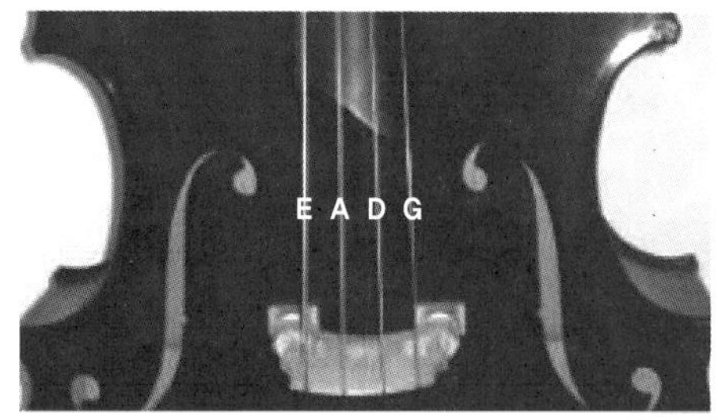

Dominat

Labelle

Obligato

Spirocore

Oliv

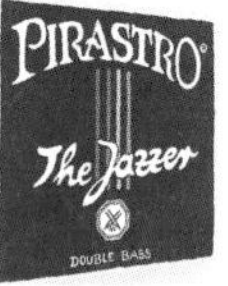
Jazzer pirastro

서 해결되어야 한다. 슬랩을 이용하는 베이스 연주자들은 장력이 적당해야 할 것이며, 줄의 높낮이가 적당해야 할 것이다. 이렇듯 베이스의 현은 어떠한 현을 선택하느냐에 따라 음색을 좌우하는 매우 중요한 요소이다.

모든 스트링(현)은 각기 다른 특성들을 갖고 있기에 모든 조건을 동시에 만족시키기는 어렵다. 그래서 어떤 스트링을 자신의 음악 스타일과 취향에 맞게 셋팅해서 연주하느냐는 아주 중요한 선택이다.

각기 다른 스트링을 직접 사용해보고 자기 자신에 맞는 스트링을 찾아보자.

저자는 여러 해 경험 끝에 G & D 스트링은 Pirastro OLIV 그리고 A & E 스트링은 Pirastro OBLIGATO를 사용한다. 저자의 연주패턴에 의하면 피치카토(pizzicato)로 연주할 경우가 많고 활의 사용도 많다. 동시에 2가지 기능을 만족하면서 G와 D 현에서도 묵직하고 힘이 있는 소리를 원했기에 이같은 조합으로 스트링을 사용하고 있다.

4. 브릿지(Bridge)

나무로 만들어진 모든 베이스들은 여름과 겨울, 장마와 건조한 상황에 따라 크기가 변하며 스트링의 높이와 장력에 많은 영향을 미친다. 그래서 많은 오케스트라 베이스 연주자들은 여름용 겨울용 브릿지를 가지고 다닌다. 저자는 개인적으로 손쉽게 높이 조절이 가능한 브릿지를 사용한다. 직접 여러 높이로 연주해 봄으로써 손쉽게 자신에게 맞는 높이를 찾을 수 있을 것이다.

일반 더블베이스 브릿지

스트링으로부터 전달되는 소리가 중간에 끊김 없이 베이스의 몸통과 연결되어 소리를 만들어 내는 다리 역할을 하고 있다.

높이 조절이 가능한 연결 나사들

베이스 브릿지의 높이 조절을 가능하게 해주는 연결 나사들은 소리의 질을 고려하여 다양한 재질로 생산되어 지고 있다(알루미늄, 놋 쇠, 나무).

높낮이 조절이 가능한 브릿지

높낮이가 손쉽게 조절가능하며 두 나사를 돌리면서 날씨변화와 악기의 변화에 재빠르게 대처 할 수 있다. 중간에 다리를 잘라 나사를 연결하였기에 일반 브릿지보다 소리의 손실이 있다.

TIP

핑거보드로부터 스트링의 높이

현의 높이는 악기의 소리를 결정짓는 아주 중요한 요소이다. 스트링이 낮게 셋팅 되었을 때는 핑거보드에 부딪치는 잡음이 발생할 가능성이 높다. 그러나 왼손과 오른손가락에 힘을 적게 이용해도 됨으로써 빠른 테크닉 연주에는 도움이 될 것이다. 여기에 중요한 포인트가 있다. 스트링의 높이가 적당하면 질감 좋고 큰 사운드를 만들어 낼 수 있고 낮으면 편안한 연주가 가능해진다. 어쿠스틱 악기들은 스트링의 높이 조절에 따라 아주 예민하게 반응하며 때때 연주를 힘들게 만들기도 한다.

5. 활(Bow)

베이스 연주 시 아르코(arco)주법으로 연주할 때 사용되는 악기이다.

❶ **팁(Tip)**– 활의 끝.

❷ **스틱(Stick)**– 활의 긴 대를 말한다.

❸ **프로그(Frog)**– 손잡는 부분의 활 대 밑으로 나와 있는 흑단등으로 만든 검은색 ㄷ자 모양의 활의 털이 붙는 곳.

❹ **헤어(Hair)**– 활의 털 부분을 말한다.

❺ **턴 스쿠류(Turn screw)**– 돌리면 활의 털이 팽팽해지거나 느슨해지는 부분.

활의 종류

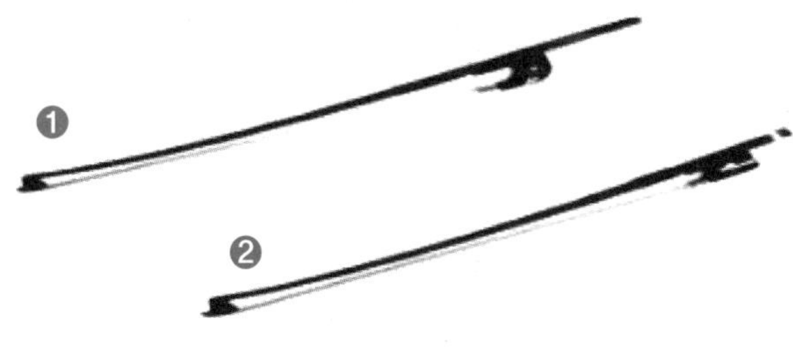

❶ 독일식(German Bow), ❷ 프랑스식(French Bow)

활 헤어(Hair)는 주로 표백한 말총을 사용한다. 간혹 검은색을 사용하기도 한다. 활 대는 브라질에서 생산되는 퍼남부코(Pernambuco)라는 탄성이 좋은 나무가 좋은 재료로 알려져 있다.

6. 송진(Rosin)

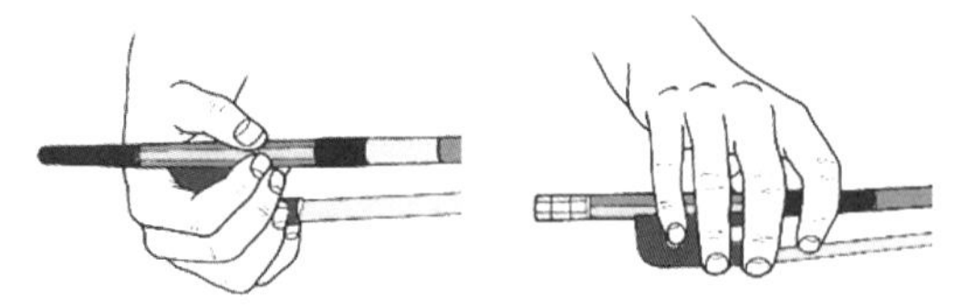

프랑스식 활은 바이올린, 비올라, 첼로의 활과 같이 **위쪽에서 홀드**하고, 독일식은 프로그 옆에서 **달걀을 가볍게 쥔 손모양**으로 활을 **홀드**하게 된다.

두 종류의 활은 각기 다른 특징을 갖고 있다.
프랑스식 활은 **현의 이동에서 용이**하고 독일식 활은 **음량이 프랑스식 활보다 크다.**

두 개의 활을 직접 연주해보고 연습해보아 자신에 맞는 활을 선택하는 일도 아주 중요한 일이다.
연주나 연습이 끝나고 활을 보관할 때는 턴 스쿠류를 3-4바퀴 풀어준 상태에서 보관해야 한다.

TIP

밝은색 송진

단단한 편이며 가루가 많이 날리고 주로 습할 때나 기온이 높은 여름철에 좋다.

어두운색 송진

어두운 색 송진일수록 무른 송진이며 매우 끈끈하다. 가루가 적게 날리고 주로 춥고 건조한 겨울철에 좋다.

활의 헤어와 현 사이에서 마찰을 일으키게 하여 보다 좋은 소리를 만들기 위해 송진을 사용한다.

베이스 송진의 종류는 **무른 것, 중간, 단단한 것** 세 종류가 있다. **피라스트로**는 단단한 송진이고 **팝스**는 무른 송진이다. 송진의 색깔에 의해서도 특성을 구분 지을 수 있다.

송진은 여름이나 높은 온도에서는 녹아버려 못쓰게 되기도 하여, 항상 서늘한 곳이나 냉장고에 보관해야 한다.

베이스 연주자들이 선호하는 송진은 니만, 칼슨, 팝스이다. 요즘 미국 뉴욕 롱아일랜드에서 생산 되어지는 콜스테인도 많이 사용되고 있다.

7. 픽업(Pickup)

베이스의 사운드와 볼륨을 더욱더 크고 풍부하게 만들어 주는 장치이다.

❶ **리얼리스트 픽업(Realist pick up)**은 저음부 브릿지와 몸통 접촉면 밑에 설치하는 픽업이다. 베이스 주자들에 의해 가장 많이 이용되어지는 픽업이며, 한번 설치하면 안전하게 고정되어 사용이 편리하다.

❷ 뉴욕 다운타운에 있는 데이비드 게이지 베이스 샵에서 리얼리스트 픽업의 신형 **사운드 클립(Sound Clip)**을 제작 시판하고 있다. 브릿지 한쪽 다리에 클립을 끼워서 조이는 형태로 설치가 용이하고, 분리가 간편하다. 베이스가 여러 대 있거나 해외나 지방으로 연주투어를 가서 다른 베이스를 사용해야 할 때 하나의 픽업으로 여러대에 설치가 가능하다.

❸ **언더우드 베이스 픽업(Underwood bass pickup)**은 브릿지의 양쪽 홈에 끼워 장착하는 픽업이다.

❹ **피시맨 픽업(Fishman pickup)**은 브릿지 한쪽 높낮이 조절 나사에 픽업이 장착되어지는 픽업이다.

❺ **월슨 픽업(Wilson pickup)**은 현이 지나가는 브릿지 각 현 밑에 홀을 만들어 그 홀에 4개의 픽업 을 장착한 시스템이다.

❻ **케이앤 케이 픽업(K&K pickup)**은 양쪽 홈에 장착하는 언더우드브릿지와 달리 한쪽에 장착하는 픽업이다.

❼ **쉐틀러 픽업(Schertler pickup)**은 접착력이 있는 동그란 모양의 픽업이며 베이스의 브릿지 밑 중앙에 장착되어 진다. 스위스에서 제작된 픽업으로 다양한 어쿠스틱 악기에 장착이 용이하다.

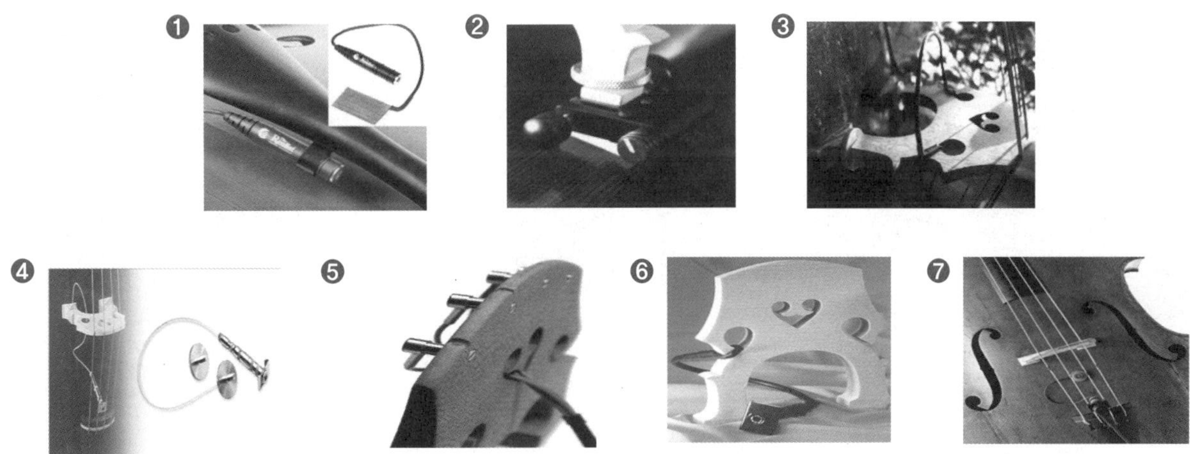

8. 콘트라베이스용 베이스 앰프(Bass Amplifier)

콘트라베이스는 주로 앰프의 사용 없이 어쿠스틱 악기로 쓰여져 왔으나 현대음악에서 여러 다른 악기들과 협연하며 소리의 크기를 증폭시키기 위하여 사용되기 시작했다.

콘트라베이스가 덩치가 크고 이동이 쉽지 않은 만큼 콘트라베이스용 앰프도 일체형(콤보)이 어디서든 이동과 연주에 편리할 것이다. 사이즈도 그리 크지 않고 한손이나 한쪽 어깨에 들고 다닐 수 있을 정도면 충분하다. 요즘 공연을 하다보면 연주자는 자신의 악기만 있어도 될 정도로 공연장에 PA 시스템과 모든 악기의 앰프들이 셋팅되어 연주자를 기다리고 있다. 그러나 본인 소유의 앰프를 갖고 있다면 팀의 리허설과 공연을 어디서든 할 수 있을 것이다.

현재 다양한 베이스 앰프가 생산되고 있다. 사진에 언급된 앰프들이 여러 베이스 연주자들에게 이용되고 있는 장비들이다.

베이스의 종류

❶ Gallien krueger, ❷ Acoustic Image, ❸ AER, ❹ Ashdown, ❺ Markbass, ❻SWR

9. 베이스 휠(Bass Wheel)

베이스 악기는 크기가 크고 무게가 무거워 이동하기가 쉽지 않다. 이러한 단점을 보완하기 위하여 베이스에 바퀴를 장착하여 장거리 이동을 용이하게 도와주는 **베이스 휠**이 널리 사용되고 있다.

일반적으로 가장 많이 사용되는 베이스 휠은 **엔드핀**을 빼고 그 자리에 베이스 휠을 장착하는 방식이다.

또 다른 베이스 휠은 베이스가방의 아래쪽 몸통 부분에 장착하는 장비이다.

10. 베이스 케이스(Bass Case)

일반적으로 소프트 케이스와 하드 케이스 두 가지 종류가 있다.

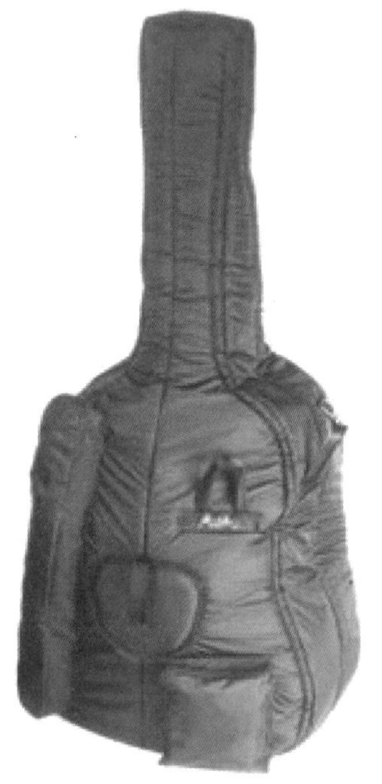

Soft Case

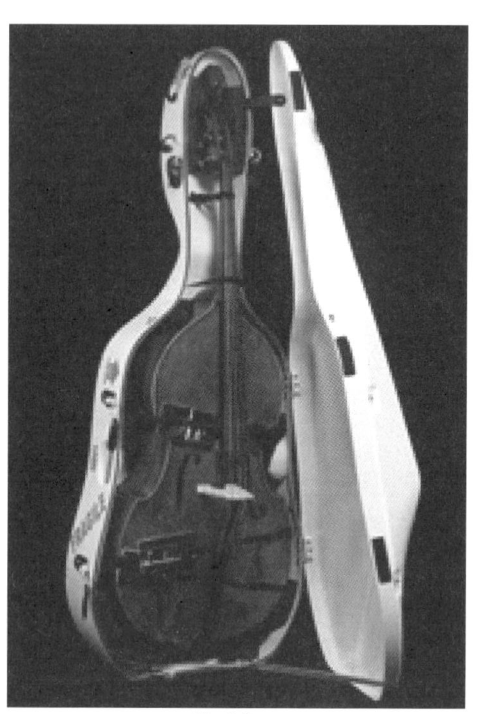

Hard Case

소프트 케이스는 푹신푹신한 스폰지로 감싸져 있으며 이동 시 하드케이스에 비해 가볍다.

하드 케이스는 비행기나 장거리 이동 시 짐칸에 싣고 베이스를 이동해야 할 때에 필요한 케이스이며 단단한 재질로 매우 견고하게 만들어진 케이스이다.

Chapter 02

음악의 기초 지식과 베이스 핑거보드의 이해

(Elements of Music & Understanding Bass Fingerboard)

1. 음악의 기초 (Elements of Music)

음자리표(Clef)

오선보에서 음의 높낮이를 결정지어주는 기호이며, 오선보의 맨 앞에 표기된다.

높은음자리표(Treble Clef), 가온음자리표(Soprano, Alto, Tenor Clef), 낮은음자리표(Bass Clef)가 있다.

1) 높은음자리표(G Clef / Treble Clef)

가장 일반적인 음자리표이며, 주로 높은 음역의 연주에 사용된다.

두 번째 줄에 G가 위치 한다.

높은음자리표
(Treble Clef)

솔(G)

2) 가온음자리표(C Clef)

중간 음역대의 악기에서 사용되며, 가온음자리표의 위치에 따라 소프라노, 알토, 테너로 나뉘어져 있다. 소프라노는 첫 번째, 알토는 세 번째, 그리고 테너는 네 번째 줄에 C가 위치한다. 비올라는 알토표를 사용한다.

3) 낮은음자리표(F Clef / Bass Clef)

낮은 음역대의 악기에 사용된다.

사용되는 악기에는 첼로, 콘트라베이스, 바순, 트롬본, 튜바, 타악기 등이 있다. 네 번째 줄에 F가 위치한다.

낮은음자리표
(Bass Clef)

음표와 쉼표(Note & Rest)

음악을 연주할 때에 음표에 의해 음의 길이와 위치가 결정되고 쉼표에 의해 공간이 만들어 진다.

음표와 쉼표를 정확히 이해하고 어떤 박자 안에서도 연주할 수 있어야 좋은 음악을 만들어 낼 수 있다.

음 표	이 름	박 자	쉼 표	이 름
o	온음표	4박	▬	온쉼표
♩	2분음표	2박	▬	2분쉼표
♩	4분음표	1박	𝄽	4분쉼표
♪	8분음표	$\frac{1}{2}$박	𝄾	8분쉼표
♬	16분음표	$\frac{1}{4}$박	𝄿	16분쉼표

악보에는 각각 같은 길이의 마디가 서로 다른 박자들로 나누어져 있다.

한 마디에 3박의 형태로 나누어져 있다.

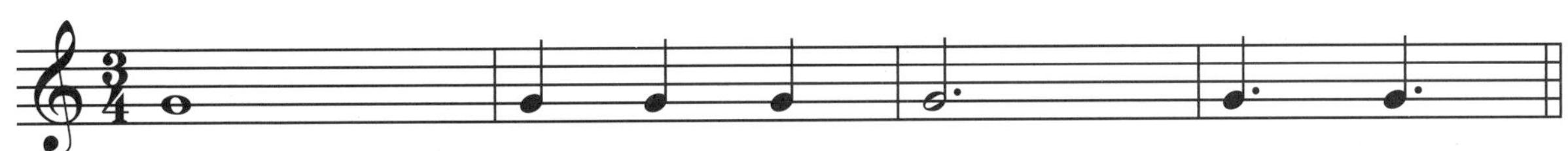

다양한 형태의 음표와 쉼표

16분음표와 쉼표가 많이 사용된 악보

악보상의 점음표와 점쉼표

점음표와 점쉼표(Dotted Note and Rests)

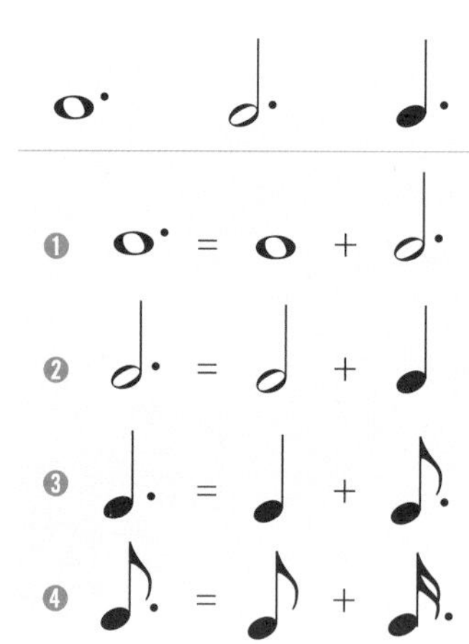

음표에 점을 사용함으로써 복잡한 표기를 더욱 간단하게 표현하는 기호이다.

음표 뒤에 점이 있다면 점이 의미는 음표의 반의 길이를 더하라는 뜻이다.

❶ 온음표에 점이 있다면 그것은 온음표와 온음표의 반 2분음표를 더하여 6박자로 연주하라는 뜻이다.

❷ 2분음표에 점이 있다면 그것은 2분음표와 2분음표의 반 4분음표를 더하여 3박자로 연주하라는 뜻이다.

❸ 4분음표에 점이 있다면 그것은 4분음표와 4분음표의 반 8분음표를 더하여 한 박자 반의 길이로 연주하라는 뜻이다.

❹ 8분음표에 점이 있다면 그것은 8분음표와 그것의 반인 16분음표를 더해 반과 반의반박자 길이로 연주하라는 뜻이다.

쉼표도 같은 원리로 이해하면 된다.

점쉼표에 대해 알아보자.

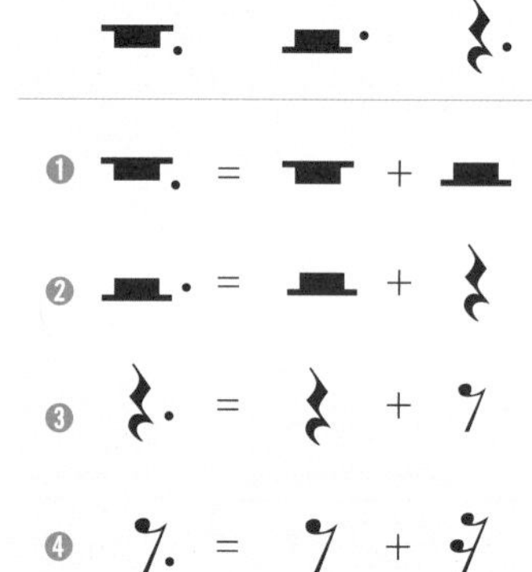

쉼표에 점을 사용함으로써 복잡한 표기를 더욱 간단하게 표현하는 기호이다.

쉼표뒤에 점이 있다면 점이 의미하는 쉼표의 반의 길이를 더하라는 뜻이다.

❶ 온쉼표에 점이 있다면 그것은 온쉼표와 온쉼표의 반 2분쉼표를 더하여 6박을 쉬라는 뜻이다.

❷ 2분쉼표에 점이 있다면 그것은 2분쉼표와 2분쉼표의 반 4분쉼표를 더하여 3박을 쉬라는 뜻이다.

❸ 4분쉼표에 점이 있다면 그것은 4분쉼표와 4분쉼표의 반 8분쉼표를 더하여 한 박 반을 쉬라는 뜻이다.

❹ 8분쉼표에 점이 있다면 그것은 8분쉼표와 8분쉼표의 반 16분쉼표를 더하여 반과 반의반 박자를 쉬라는 뜻이다.

2. 베이스의 음악용어(Musical Terms)

아르코(Arco)

현악기에서 활로 연주한다는 뜻이다.

피치카토(Pizzicato)

현악기에서 활 대신
손가락으로 줄을 튕겨 내는 소리의 연주기법을
말한다.

워킹 베이스(Walking Bass)

재즈에서 스윙이라는 리듬 스타일에 많이 사용되는 베이스 플레이의 한 테크닉이다.

4분음표의 길이로 코드 진행의 흐름에 맞게 한 박자씩 스윙 필을 갖고 연주하는 베이스 연주방식이다.

피치카토 테크닉으로 연주를 한다.

하모닉스(Harmonics)

현 위에 손가락으로 강하게 누르지 않고 가볍게
얹어 놓아 소리를 내는 주법이다. 인위적 하모닉스
와 자연적 하모닉스가 있으며 현악기의 주법으로
현 길이의 $\frac{1}{2}$, $\frac{1}{3}$, $\frac{1}{4}$, $\frac{1}{5}$ ... 의 지점에 손가
락을 살짝 얹어서 일정한 피치의 배음(하모닉스)을
연주하는 것이다. 베이스 연주자들은 자신의 악기
를 조율할 때 하모닉스 음을 이용하여 조율을 하
기도 한다. (A음을 피아노 악기로부터 음을 받고
베이스의 3번 현을 튜닝 후에 3번 현을 기준삼아
나머지 현을 하모닉스 음을 이용하여 조율한다)

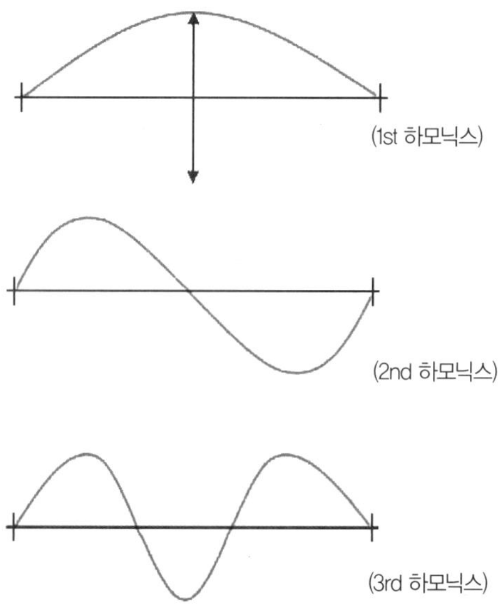

하모닉스 튜닝(Tuning with Harmonics)

베이스현을 튜닝 하는 방법은 여러 가지가 있다. 그중에 하모닉스 주법을 이용한 튜닝에 대해 알아보자.

먼저 4개의 현 중에 A 현의 개방현 음을 피아노나 다른 악기에 맞춘다.

1) A 현을 기준으로 D 현을 맞추어 보자.

A 현 제 3 포지션에서는 1번 손가락이 D 음에 위치한다. 그리고 같은 포지션 D 현에서 4번 손가락은
A 음에 위치한다. 이곳에서 생기는 하모닉스 음은 두 현 모두 A 음을 맞추어 가면 A 현과 D 현이 튜닝
이 된다.

2) D 현을 기준으로 G 현을 맞추어 보자.

D 현 제 3 포지션에서는 1번 손가락이 G 음에 위치한다. 그리고 같은 포지션 G 현에서 4번 손가락은
D 음에 위치한다. 이곳에서 생기는 하모닉스 음은 두 현 모두 D 음으로 맞추어 가면 D 현과 G 현이 튜
닝이 된다.

3) A 현을 기준으로 E 현을 맞추어 보자.

E 현 제 3 포지션에서는 1번 손가락이 A 음에 위치한다. 그리고 같은 포지션 A 현에서 4번 손가락은 E
음에 위치한다. 이곳에서 생기는 하모닉스 음은 두 현 모두 E음으로 맞추어 가면 E 현과 A 현이 튜닝
이 된다.

3. 베이스 핑거보드의 원리
(Understanding Bass Fingerboard)

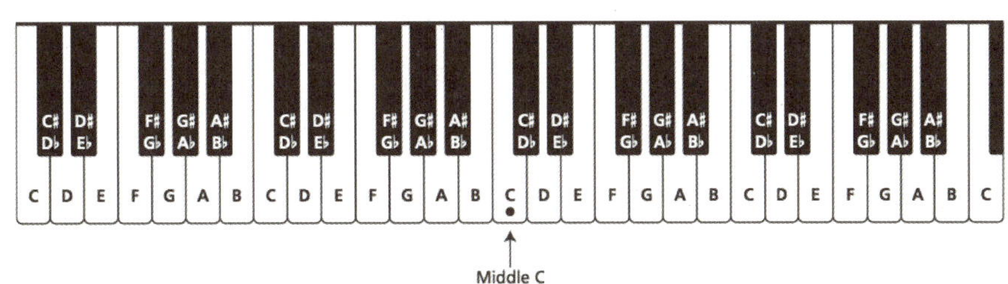

E	A	D	G
F	A#/B♭	D#/E♭	G#/A♭
F#/G♭	B	E	A
G	C	F	A#/B♭
G#/A♭	C#/D♭	F#/G♭	B
A	D	G	C
A#/B♭	D#/E♭	G#/A♭	C#/D♭
B	E	A	D
C	F	A#/B♭	D#/E♭
C#/D♭	F#/G♭	B	E
D	G	C	F
D#/E♭	G#/A♭	C#/D♭	F#/G♭
E	A	D	G
F	A#/B♭	D#/E♭	G#/A♭
F#/G♭	B	E	A
G	C	F	A#/B♭
G#/A♭	C#/D♭	F#/G♭	B
A	D	G	C
A#/B♭	D#/E♭	G#/A♭	C#/D♭
B	E	A	D
C	F	A#/B♭	D#/E♭
C#/D♭	F#/G♭	B	E
D	G	C	F
D#/E♭	G#/A♭	C#/D♭	F#/G♭
E	A	D	G

악보상에서 음계를 읽을 수 있다면 베이스에서 해당 음을 즉각 찾아내고 연주할 수 있어야 할 것이다. 베이스 핑거보드의 원리를 이해한다면 그리 어렵지 않게 해당 음들을 찾아낼 수 있다. 피아노 건반과 베이스 핑거보드와의 상관 관계를 이해해 보자.

현의 튜닝은 완전4도 간격으로 이루어져 있고 한 포지션에서 루트 음과 5도 음, 옥타브 음까지 쉽게 연주가 가능하도록 배열되어 있다.

이런 지판과 음과의 배열 관계를 이해하였다면 자신이 연주하고자 하는 음을 빠른 시간 내에 찾아내고 연주할 수 있을 것이다.

이론적으로 음표와 핑거보드와의 관계가 이해 되었다면 음표 찾기 연습을 해보자. 이제부터 모든 연습은 5도권 진행(Circle of Fifth − Circle of Fourth 4도권 진행이라고도 함)에 의해 연습한다.

우리가 접하는 대다수의 곡들이 안정감을 주는 5도권 코드 진행이며 앞으로 이해하게 될 Ⅱ-Ⅴ-Ⅰ 형태 또한 5도권 진행이다.

4. 핑거보드의 계명 연습
(Practice Notes of Fingerboard)

5도권 진행

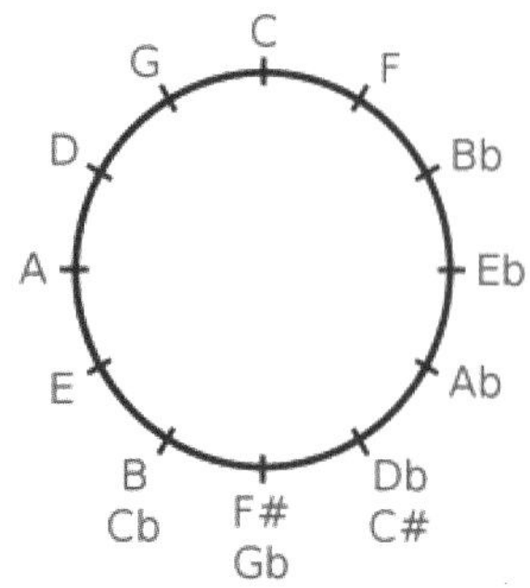

자, 우리는 이제 모든 현에서 음들을 찾아낼 수 있다.

악보를 보고 노트(Note)를 악기에서 찾아내어 연주하기까지의 시간을 단축

시켜야 할 것이다. 핑거보드의 노트(Note)를 숙지 해보자.

계명 찾기 연습

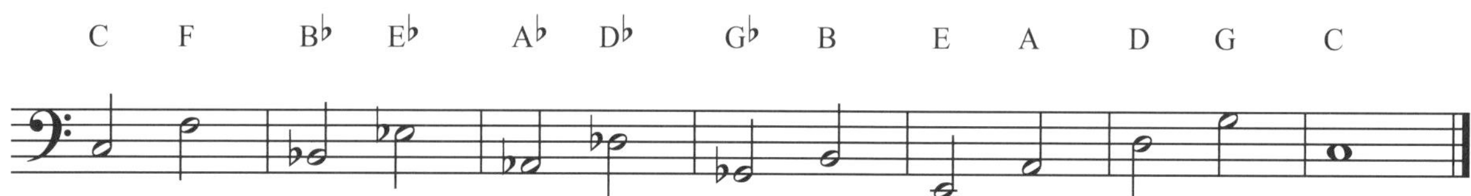

Circle of 5th를 숙지한 상태에서 연습을 시작한다.

첫 번째 G 현에서 시작하자. 메트로놈 템포 60에서 천천히 입으로 첫 번째 비트에 C를 부르고나서 두 번째 비트
에 핑거보드의 C 음을 연주한다. 다음 세 번째 비트에 F를 부르고나서 네 번째 비트에 핑거보드의 F 음을 연주
한다. 이런 식으로 계속해서 12음을 하프 포지션에서 제 6 포지션까지 각 음들을 찾아내는 연습을 한다. 모든
현에서 템포 60 ~ 120까지 조금씩 변화를 주며 연습하자.

처음에는 쉽지 않은 연습이 될 것이라 생각된다.

하지만, 포기하지 않고 천천히 여러 번씩 반복 연습한다면 짧은 기간 안에 핑거보드의 음들에 대해 이해가 되
고 연주실력에 도움이 될 것이다.

Chapter 03

포지션 연습
(Positions)

1. 포지션 연습의 기본적인 지식(Information of Positions)

콘트라베이스를 연주하며 장시간 안정된 자세로 좋은 소리를 낸다는 건 그리 쉽지 않은 일이다.

베이스 연주의 좋은 퀄리티를 위해서는 바른 자세가 매우 중요하다.

베이스와 스탠딩 자세 (베이스 홀드 / Bowing / Pizzicato)

- 왼쪽 무릎과 허리의 옆 부분을 이용하여 베이스와 균형을 잡고 왼손과 오른손의 위치와 각도를 결정한다.
- 베이스는 연주자 쪽으로 몸을 약간 기울여 연주한다.

왼손가락의 명칭

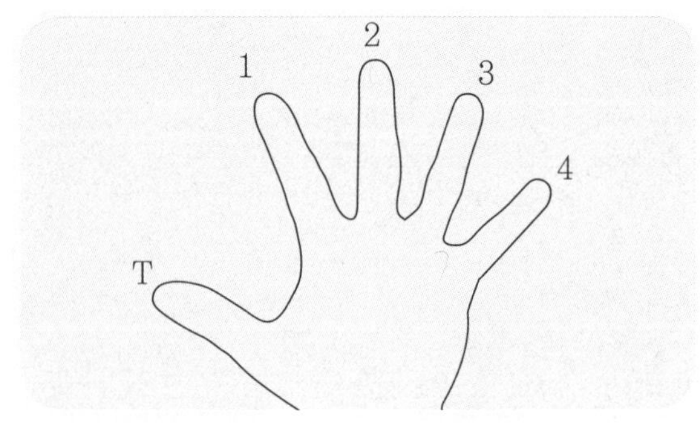

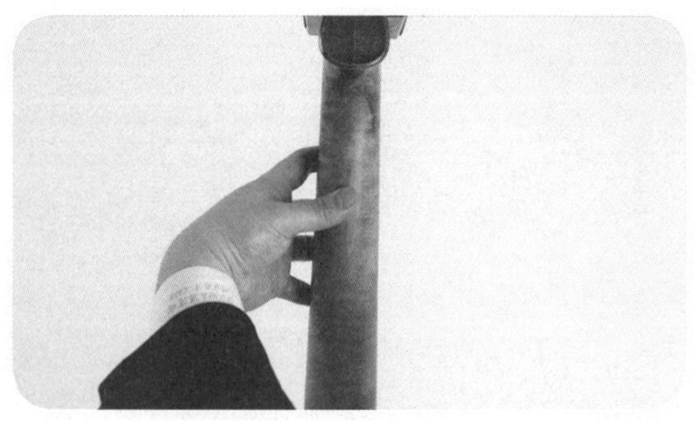

T – 엄지손가락   1 – 집게손가락

2 – 가운데손가락   3 – 약손가락

4 – 새끼손가락

엄지손가락(T)은 핑거보드 뒤쪽 가운데손가락과
마주보는 위치에 가볍게 기대어 준다.

집게손가락을 1번, 가운데손가락을 2번, 약손가락을 3번, 새끼손가락을 4번이라고 표기한다. 일반적인 저음 포지션에서는 3번 손가락이 4번 손가락을 도와주는 역할을 하지만, 고음 포지션으로 올라가면 3번 손가락도 독립적으로 운지를 사용한다.

포지션 연습은 긴 핑거보드에서 반음대별 위치로 한 손에서 연주할 수 있는 포인트를 그룹별로 나눠 놓았다.

하프 포지션, 제 1 포지션, 제 2포지션, 제 3 포지션, 제 4 포지션, 제 5 포지션, 제 6 포지션, 제 7 포지션으로 나뉘어지고 그리고 제 2 ~ 3 포지션, 제 3 ~ 4 포지션, 제 5 ~ 6 포지션, 제 6 ~ 7 포지션 사이에 4개의 인터미디에이트(Intermediate) 포지션, 그리고 솔로(solo) 연주에 자주 사용되는 썸(Thumb) 포지션으로 나뉘어져 있다. 최근 발간된 교본에서는 인터미디에이트 (Intermediate) 포지션을 없애고, 순서대로 포지션 명을 정하기도 하였지만, 많은 교재와 클래식 연주자들이 연습해 온 정통 방식으로 연습해보자. 인터미디에이트 포지션에 대한 정확한 이해를 바란다. (G 현에서의 넷째 손가락이 C 장조의 반음계인 음에 위치하면 중간 포지션-인터미디에이트(Intermediate) 포지션-이라 한다.)

핑거보드와 포지션 그룹별 명칭 – 핑거보드 차트

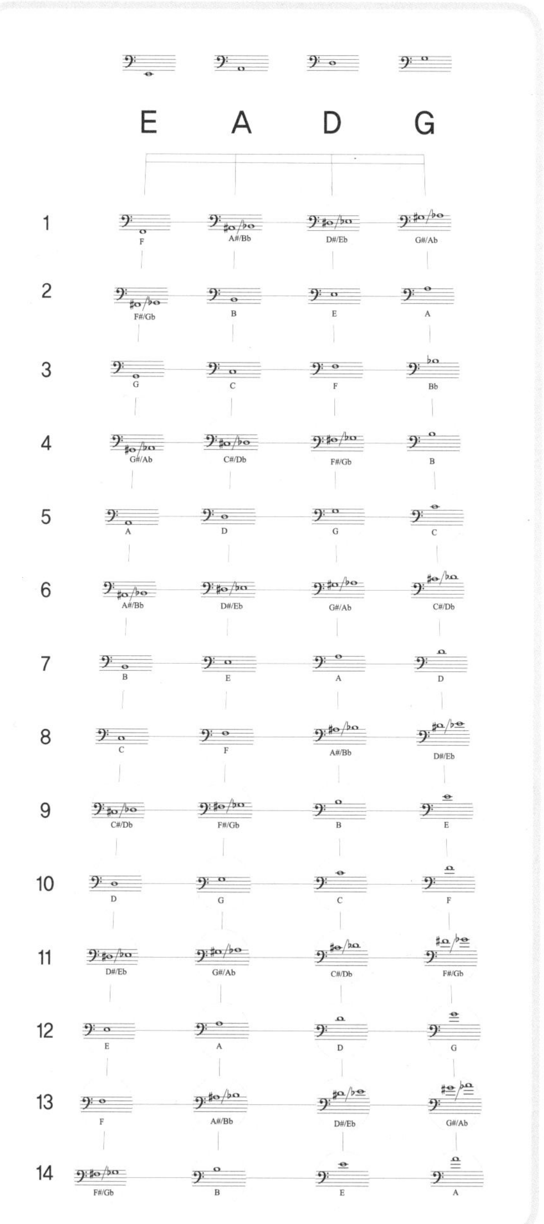

	E	A	D	G
1	F	A#/Bb	D#/Eb	G#/Ab
2	F#/Gb	B	E	A
3	G	C	F	Bb
4	G#/Ab	C#/Db	F#/Gb	B
5	A	D	G	C
6	A#/Bb	D#/Eb	G#/Ab	C#/Db
7	B	E	A	D
8	C	F	A#/Bb	D#/Eb
9	C#/Db	F#/Gb	B	E
10	D	G	C	F
11	D#/Eb	G#/Ab	C#/Db	F#/Gb
12	E	A	D	G
13	F	A#/Bb	D#/Eb	G#/Ab
14	F#/Gb	B	E	A

사진에서 볼 수 있듯이 왼손의 모든 손가락은 각을 만들며 베이스 줄 위에 독립적으로 서 있어야 한다.

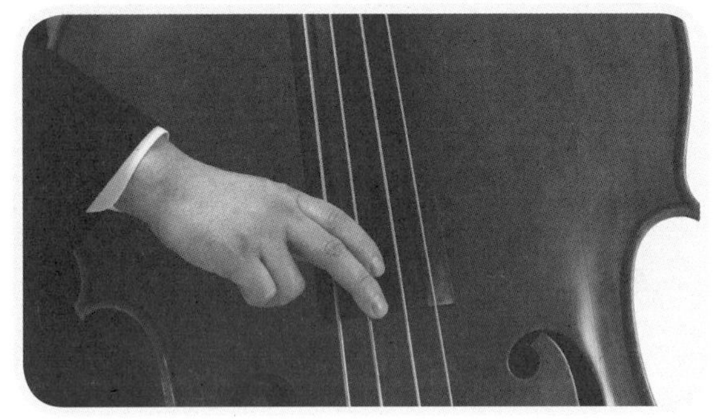

오른손은 달걀을 가볍게 감싸쥐듯이 엄지는 핑거보드 뒷편, 1번과 2번 손가락은 연주할 현 위에 얹어 놓는다.

오른손의 위치 : 핑거보드의 끝부분에서 연주를 하면 가장 선명하고 강한 소리를 낼 수 있다. 연주를 하다보면 오른손이 올라가는 성향이 있다. 포지션에서 벗어나지 않고 연주할 수 있도록 하자. 핑거보드 안쪽에 스티커나 마크를 해 놓아 엄지손가락으로 홀드하며 연습하면 포지션에서 벗어나지 않을 수 있는 훈련이 된다.

2. 개방현 포지션(Open Position)

자세를 잡았다면 소리를 내보자. 먼저 개방현(Open String)부터 연습하자.

G 현 개방현을 4비트로 연주해보자. 템포는 60으로 연습한다. (활과 피치카토 모두 연습)

G 현 G 연주 모습

템포에 맞게
일정한 소리와 길이로 안정적으로 연주 할 수 있게 연
습한다.

D 현 D 연주 모습

음과 음 사이의 소리가 끊어지지 않고 꽉 차게 연주한다.

A 현 A 연주 모습

E 현 E 연주 모습

이 모든 연습을 할 때에는 정확한 템포 안에서 좋은 소리를 만들어 낼 수 있도록 한다.

그리고 오른손가락이 현 위에서 부드럽게 교차해 나갈 수 있도록 연습한다.

3. 하프 포지션 (Half Position)

왼손 손가락이 줄 위에서 처음으로 시작되는 포지션이다. 사진에서 볼 수 있듯이
왼손 1번 손가락의 포지션이 각 현별로 F(4번 줄), A#/B♭(3번 줄), D#/E♭(2번 줄), G#/A♭(1번 줄) 포지션에 위치하고
있다.

1번 손가락 F 연주 모습

1번 손가락 A#/B♭ 연주 모습

1번 손가락 D#/E♭ 연주 모습

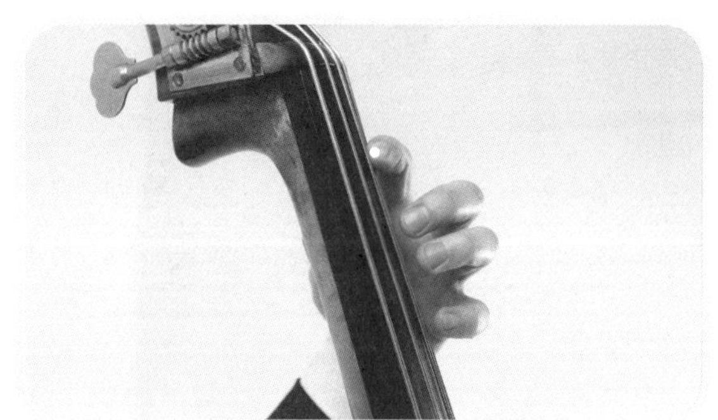

1번 손가락 G#/A♭ 연주 모습

좋은 소리를 만들기 위해 노력하며, 정확한 템포 안에서 연습하자.

Tip

1번 손가락의 역할

2번 손가락의 각 현의 음들을 연주할 때
1번 손가락은 F음에 위치하여 2번 손가락을 도와준다.

마찬가지로, 4번 손가락 연주 시 1번, 2번, 3번 손가락들이 4번
손가락을 도와준다.

2번 손가락 F#/G♭ 연주 모습

2번 손가락 B 연주 모습

2번 손가락 E 연주 모습

12) G 현의 2번 손가락   Track 12

2번 손가락 A 연주 모습

13) E 현의 4번 손가락   Track 13

4번 손가락 G 연주 모습
(1, 2, 3번 손가락들은 4번 손가락을 도와주고 있다.)

14) A 현의 4번 손가락   Track 14

4번 손가락 C 연주 모습

4번 손가락 F 연주 모습

4번 손가락 A♯/B♭ 연주 모습

지금까지 하프 포지션 모든 현의 음들을 연습해 보았다. 그럼 이 포지션에서 전체 연습을 해보자.

하프 포지션에서 각 현 손가락에 해당하는 음들을 기억하며 연습하자.

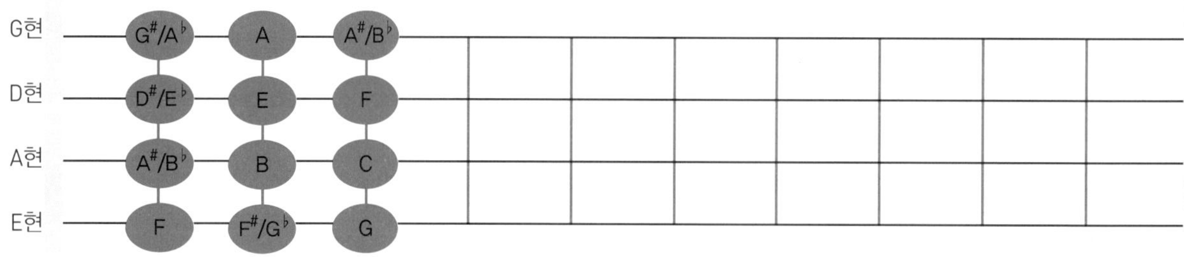

반복 연습을 통해 좋은 소리와 정확한 음정 그리고 박자에 맞게 연습해야 한다.

모든 연습은 템포 4분음표 60에서 시작하여 120까지 연습하여 마무리 한다. 이 연습은 피치카토로 연습이 되었으면 아르코로도 연습을 해야 한다.

모든 연습을 피치카토와 아르코 두 가지 방식으로 연습한다.

4. 제 1 포지션 (The I. Position)

하프 포지션에서 반음을 전체적으로 이동하면 제 1 포지션이 된다.

제 1 포지션에서 1번 손가락의 음들은 F#(G♭), B, E, A 각 현에 위치하고 있다.

1번 손가락 F#/G♭ 연주 모습

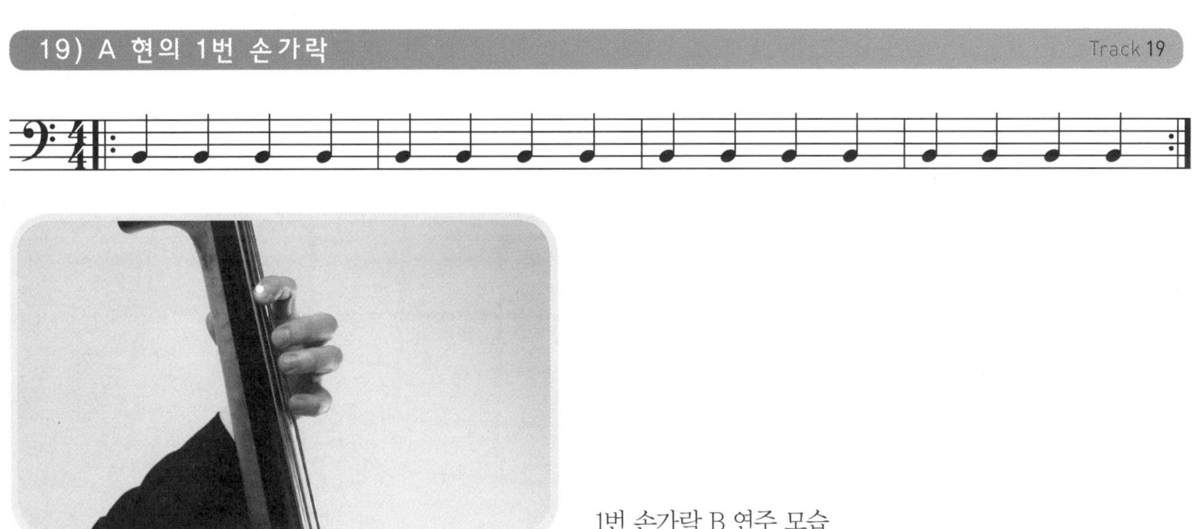

1번 손가락 B 연주 모습

Track 20

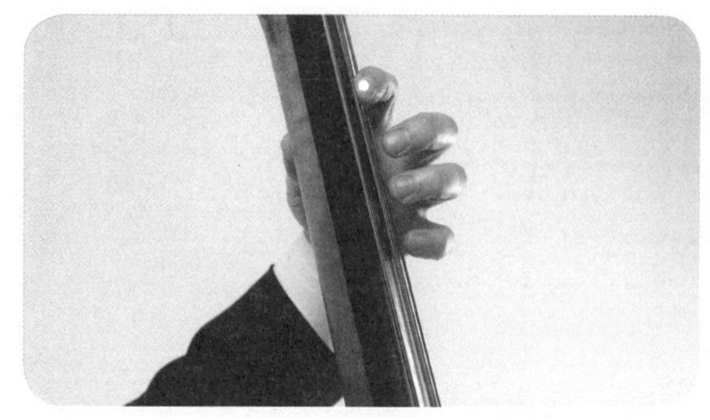

1번 손가락 E 연주 모습

21) G 현의 1번 손가락

Track21

1번 손가락 A 연주 모습

22) E 현의 2번 손가락

Track22

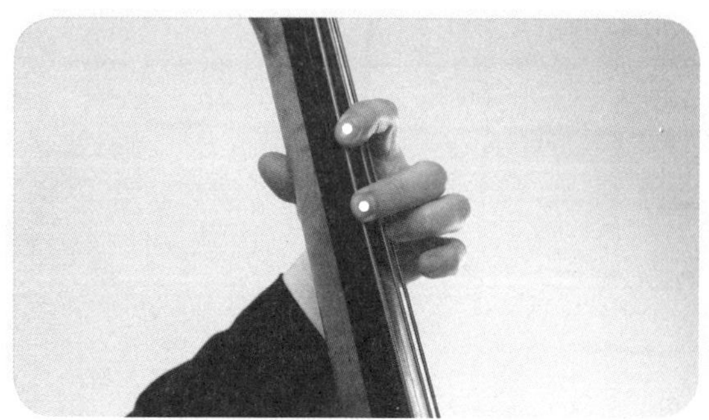

2번 손가락 G 연주 모습

2번 손가락 G 연주 모습

2번 손가락 F 연주 모습

2번 손가락 A$^{\#}$/B$^{\flat}$ 연주 모습

4번 손가락 G#/A♭ 연주 모습

4번 손가락 C#/D♭ 연주 모습

4번 손가락 F#/G♭ 연주 모습

4번 손가락 B 연주 모습

지금까지 제 1 포지션의 모든 현의 음들을 연습해 보았다. 제 1 포지션에서 전체 연습을 해보자.

흐트러지지 않는 자세와 정확한 템포, 정확한 음정을 지켜가며 연주하는 것이 중요하다.

왼손 포지션에 해당되는 모든 노트 음들을 눈을 감고서도 찾아낼 수 있도록 모든 음들의 위치를 숙지한다.

이러한 기초 연습을 꾸준히 한다면, 어떠한 악보가 주어져도 바로 연주가 가능하게 될 것이다.

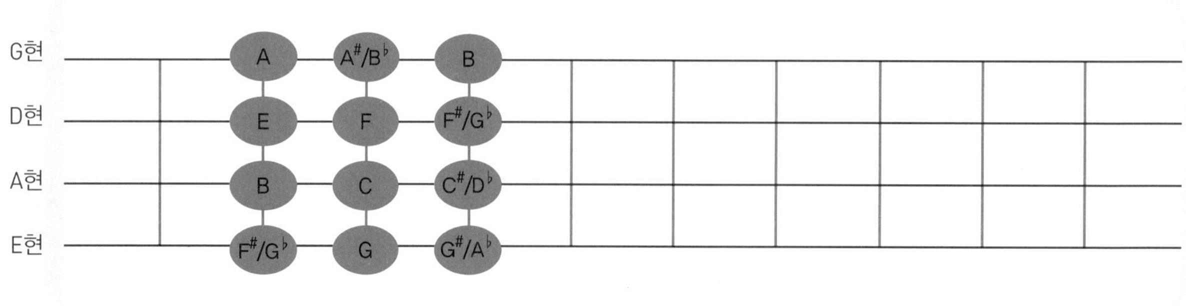

5. 제 2 포지션 (The II. Position)

하프 포지션에서 온음이 떨어져 있고 제 1 포지션으로 부터 반음 떨어져 있는 포지션이다.

제 2 포지션에서 1번 손가락의 음들은 G, C, F, A#(B♭) 각 현에 위치하고 있다.

Track31

1번 손가락 G 연주 모습

Track32

1번 손가락 C 연주 모습

1번 손가락 F 연주 모습

1번 손가락 A#/B♭ 연주 모습

2번 손가락 G#/A♭ 연주 모습

2번 손가락 C#/D♭ 연주 모습

2번 손가락 F#/G♭ 연주 모습

2번 손가락 B 연주 모습

4번 손가락 A 연주 모습

4번 손가락 D 연주 모습

4번 손가락 G 연주 모습

4번 손가락 C 연주 모습

지금까지 제 2 포지션의 각 현별 음들을 연습하였다. 제 2 포지션에서 전체 연습을 해보자.

지루하고 재미없는 연습이지만 꾸준한 연습과 인내는

당신을 한 단계 업그레이드된 베이스 연주자로 발전시켜 갈 것이다. 매일 꾸준한 연습을 잊지 말자.

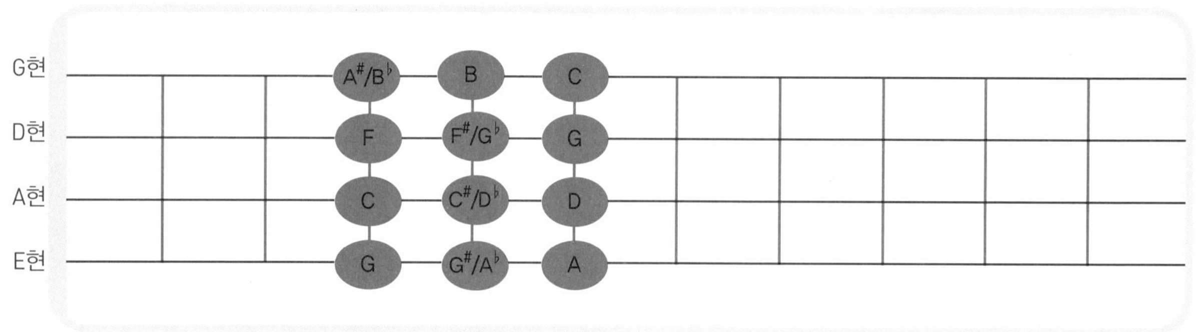

6. 제2와 3 사이의 인터미디에이트 포지션
(Intermediate Position Between The II. & III. Position)

하프 포지션에서 한 음 반이 떨어져 있다.

제 2~3포지션 사이의 인터미디에이트(Intermediate) 포지션에서 1번 손가락의 음들은 G#(A♭), C#(D♭), F#(G♭), B 각 현에 위치하고 있다.

1번 손가락 G#/A♭ 연주 모습

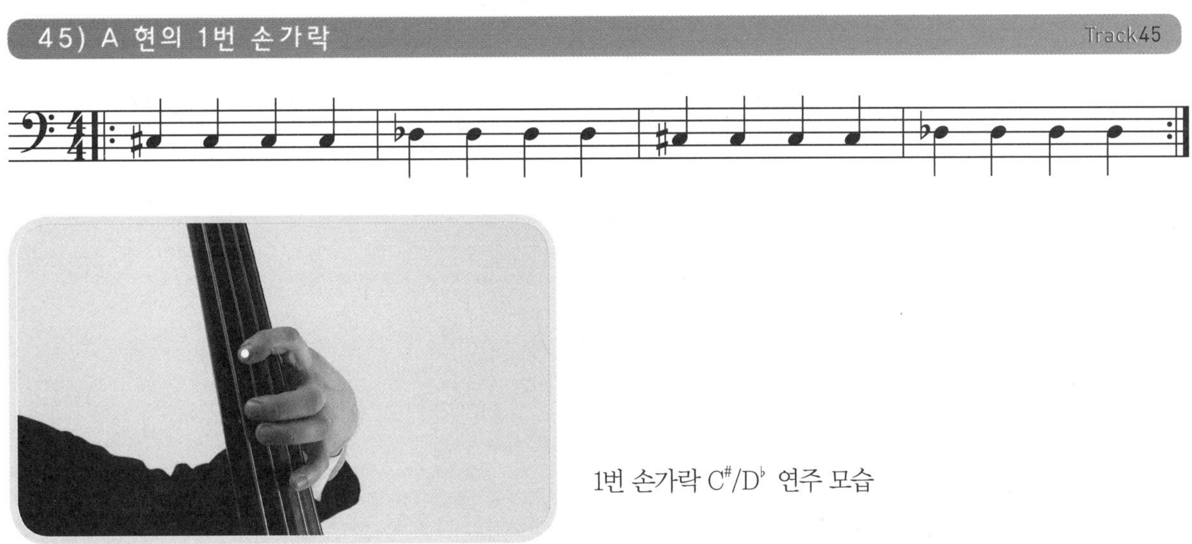

1번 손가락 C#/D♭ 연주 모습

46) D 현의 1번 손가락

1번 손가락 F#/G♭ 연주 모습

47) G 현의 1번 손가락

1번 손가락 B 연주 모습

48) E 현의 2번 손가락

2번 손가락 A 연주 모습

2번 손가락 D 연주 모습

2번 손가락 G 연주 모습

2번 손가락 C 연주 모습

Track52

4번 손가락 A#/B♭ 연주 모습

Track53

4번 손가락 D#/E♭ 연주 모습

4번 손가락 G#/A♭ 연주 모습

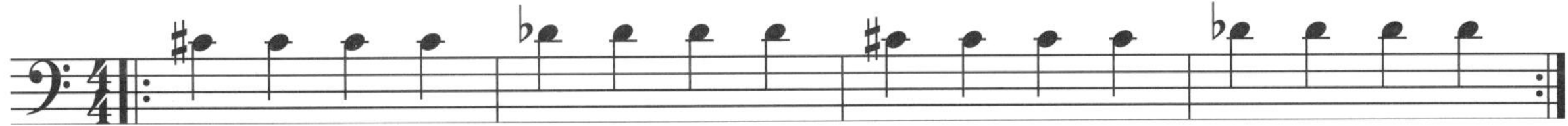

4번 손가락 C#/D♭ 연주 모습

지금까지 제2와 3사이의 인터미디에이트(Intermediate) 포지션의 각 현별 음들을 연습하였다. 이 포지션에서 전체 연습을 해보자.

56) 제 2와 3 사이의 인터미디에이트 포지션 종합 연습

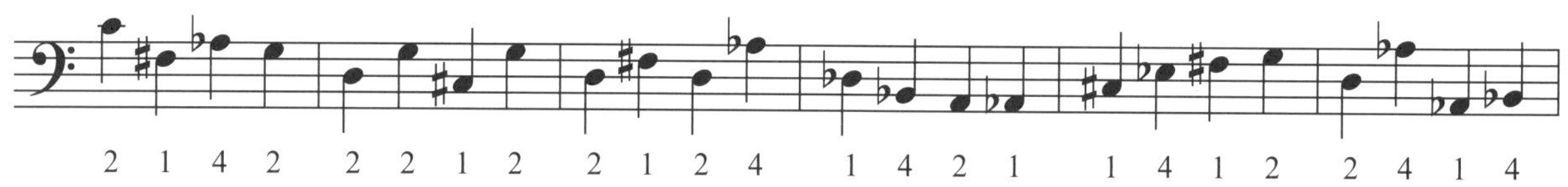

잘 외워지지도 않고 좋은 소리를 내기도 쉽지 않다.

해당 노트들 위아래 현에 어떤 음들이 있는지 숙지하면서 연습하고, 매일 연습을 게을리 하지 않고 열심히 하자.

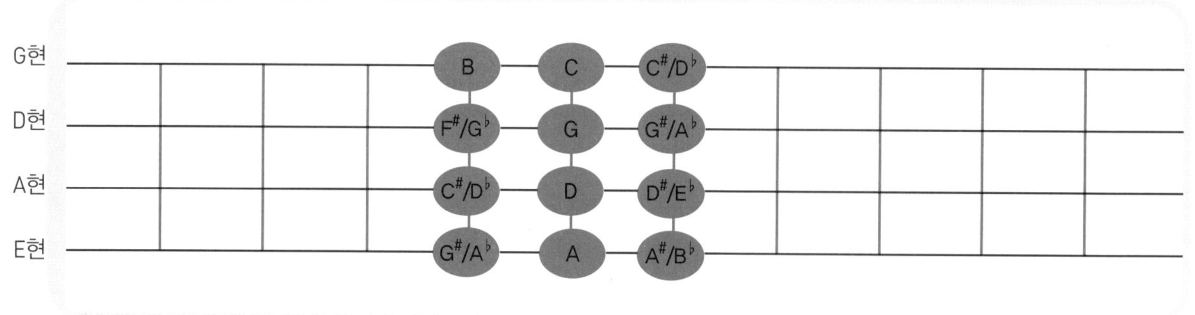

7. 제 3 포지션 (The Ⅲ. Position)

하프 포지션에서 두 음 떨어져 있다.

제 3 포지션에서 1번 손가락의 음들은 A, D, G, C 각 현에 위치하고 있다.

1번 손가락 A 연주 모습

1번 손가락 D 연주 모습

Track59

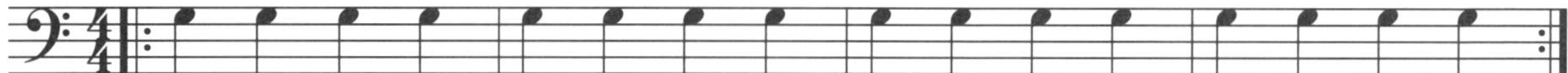

1번 손가락 G 연주 모습

Track60

1번 손가락 C 연주 모습

Track61

2번 손가락 A#/B♭ 연주 모습

Track62

2번 손가락 D$^\#$/E$^\flat$ 연주 모습

Track63

2번 손가락 G$^\#$/A$^\flat$ 연주 모습

Track64

2번 손가락 C$^\#$/D$^\flat$ 연주 모습

65) E 현의 4번 손가락

4번 손가락 B 연주 모습

66) A 현의 4번 손가락

4번 손가락 E 연주 모습

4번 손가락 A 연주 모습

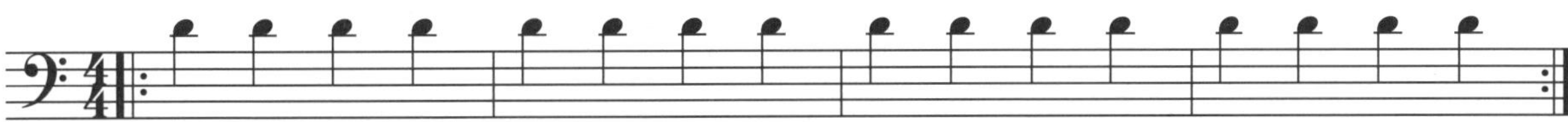

4번 손가락 D 연주 모습

지금까지 제 3 포지션의 모든 현의 음들을 연습해 보았다. 그럼 이 포지션에서 전체 연습을 해보자.

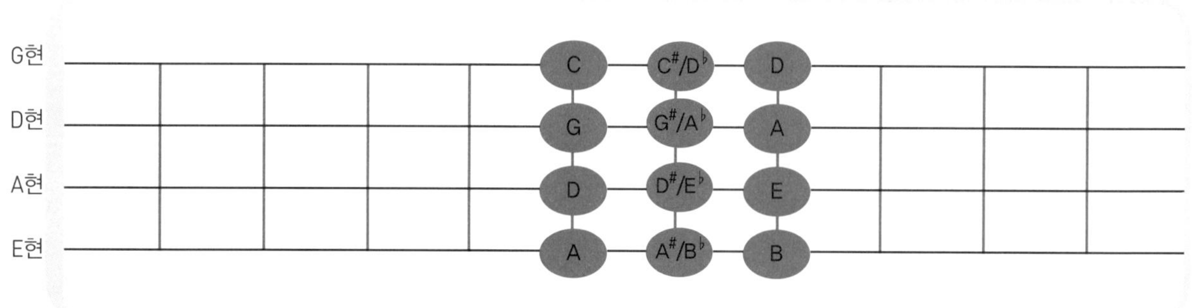

G현
D현
A현
E현
C
C#/D♭
D
G
G#/A♭
A
D
D#/E♭
E
A
A#/B♭
B

8. 제 3과 4 사이의 인터미디에이트 포지션
(Intermediate Position Between The Ⅲ. & Ⅳ. Position)

하프 포지션에서 두 음 반 떨어져 있다.

제 3과 4 포지션 사이에 있는 인터미디에이트(Intermediate) 포지션 1번 손가락의 음들은 A$^\#$(B$^\flat$), D$^\#$(E$^\flat$), G$^\#$(A$^\flat$), C$^\#$(D$^\flat$) 각 현에 위치하고 있다.

Track70

1번 손가락 A$^\#$/B$^\flat$ 연주 모습

Track71

1번 손가락 D$^\#$/E$^\flat$ 연주 모습

1번 손가락 G#/A♭ 연주 모습

73) G 현의 1번 손가락　　　　　　　　　　　　Track73

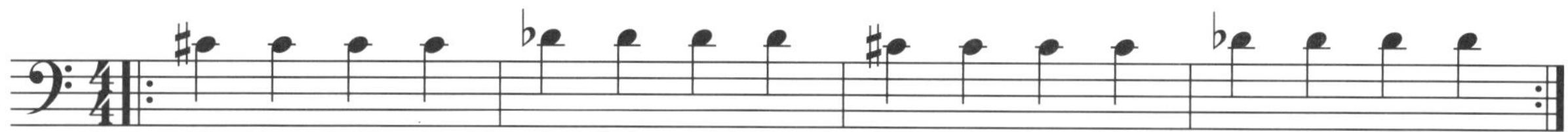

1번 손가락 C#/D♭ 연주 모습

74) E 현의 2번 손가락　　　　　　　　　　　　Track74

2번 손가락 B 연주 모습

2번 손가락 E 연주 모습

76) D 현의 2번 손가락　Track76

2번 손가락 A 연주 모습

77) G 현의 2번 손가락　Track77

2번 손가락 D 연주 모습

Track78

4번 손가락 C 연주 모습

Track79

4번 손가락 F 연주 모습

4번 손가락 A$^{\#}$/B$^{\flat}$ 연주 모습

4번 손가락 D$^{\#}$/E$^{\flat}$ 연주 모습

지금까지 제 3과 4 사이의 인터미디에이트 포지션 사이의 각 현별 음들을 연습해 보았다.

그럼 이 포지션에서 전체 연습을 해보자.

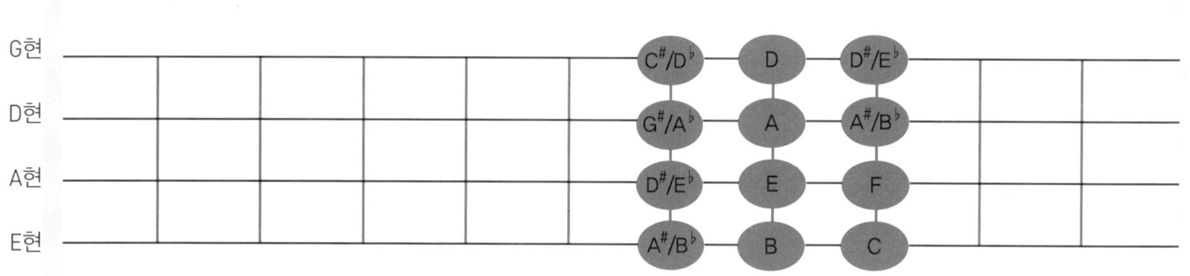

G현
D현
A현
E현
C#/Db
D
D#/Eb
G#/Ab
A
A#/Bb
D#/Eb
E
F
A#/Bb
B
C

9. 제 4 포지션 (The Ⅳ. Position)

하프 포지션에서 세 음 떨어져 있다.

제 4 포지션에서 1번 손가락의 음들은 B, E, A, D 각 현에 위치하고 있다.

1번 손가락 B 연주 모습

1번 손가락 E 연주 모습

1번 손가락 A 연주 모습

1번 손가락 D 연주 모습

2번 손가락 C 연주 모습

2번 손가락 F 연주 모습

2번 손가락 A#/B♭ 연주 모습

2번 손가락 D#/E♭ 연주 모습

91) E 현의 4번 손가락

4번 손가락 C#/D♭ 연주 모습

92) A 현의 4번 손가락

4번 손가락 F#/G♭ 연주 모습

Track93

4번 손가락 B 연주 모습

Track94

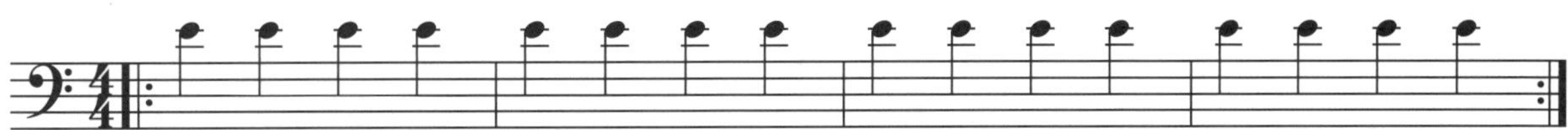

4번 손가락 E 연주 모습

지금까지 제 4 포지션의 각 현의 음들을 연습해 보았다. 그럼 이 포지션에서 전체 연습을 해보자.

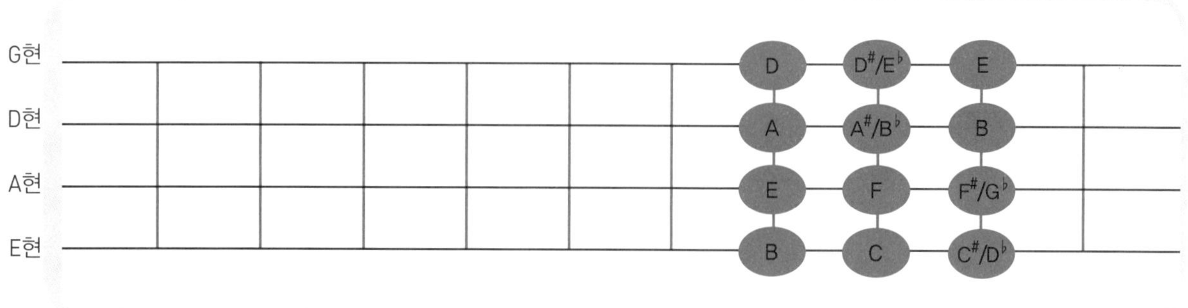

G현
D현
A현
E현
D
D#/E♭
E
A
A#/B♭
B
E
F
F#/G♭
B
C
C#/D♭

10. 제 5 포지션 (The V. Position)

하프 포지션에서 세 음 반 떨어져 있다.

제 5 포지션에서 1번 손가락의 음들은 C, F, A$^\#$(B$^\flat$), D$^\#$(E$^\flat$) 각 현에 위치하고 있다.

Track96

1번 손가락 C 연주 모습

Track97

1번 손가락 F 연주 모습

1번 손가락 A$^\#$/B$^\flat$ 연주 모습

1번 손가락 D$^\#$/E$^\flat$ 연주 모습

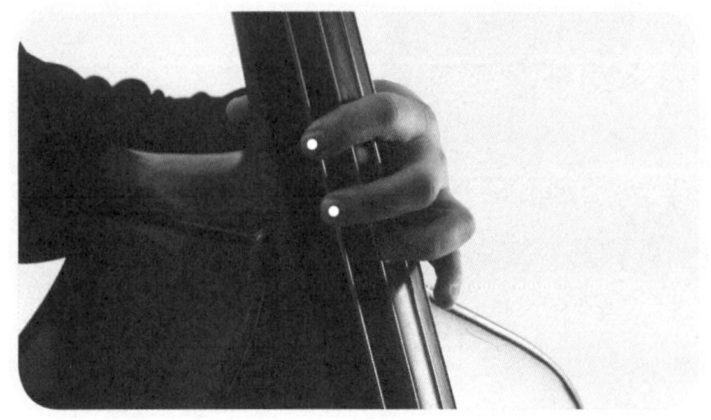

2번 손가락 C$^\#$/D$^\flat$ 연주 모습

2번 손가락 F#/G♭ 연주 모습

2번 손가락 B 연주 모습

2번 손가락 E 연주 모습

104) E 현의 4번 손가락

Track104

4번 손가락 D 연주 모습

105) A 현의 4번 손가락

Track105

4번 손가락 G 연주 모습

4번 손가락 C 연주 모습

4번 손가락 F 연주 모습

지금까지 제 5 포지션의 각 현의 음들을 연습해 보았다. 그럼 이 포지션에서 전체 연습을 해보자.

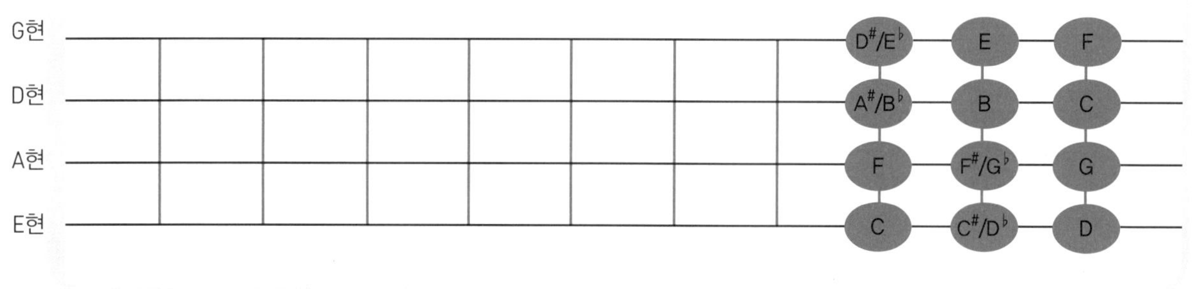

G현
D현
A현
E현
D#/E♭
E
F
A#/B♭
B
C
F
F#/G♭
G
C
C#/D♭
D

11. 제 5와 6 사이의 인터미디에이트 포지션
(Intermediate Position Between The Ⅴ. & Ⅵ. Position)

하프 포지션에서 4음 떨어져 있다.

제 5와 6 포지션 사이의 인터미디에이트(Intermediate) 포지션 1번 손가락의 음들은 C#(D♭), F#(G♭), B, E 각 현에 위치하고 있다.

1번 손가락 C#/D♭ 연주 모습

1번 손가락 F#/G♭ 연주 모습

1번 손가락 B 연주 모습

1번 손가락 E 연주 모습

1번 손가락 D 연주 모습

2번 손가락 G 연주 모습

2번 손가락 C 연주 모습

2번 손가락 F 연주 모습

4번 손가락 D$^\sharp$/E$^\flat$ 연주 모습

4번 손가락 G$^\sharp$/A$^\flat$ 연주 모습

4번 손가락 C#/D♭ 연주 모습

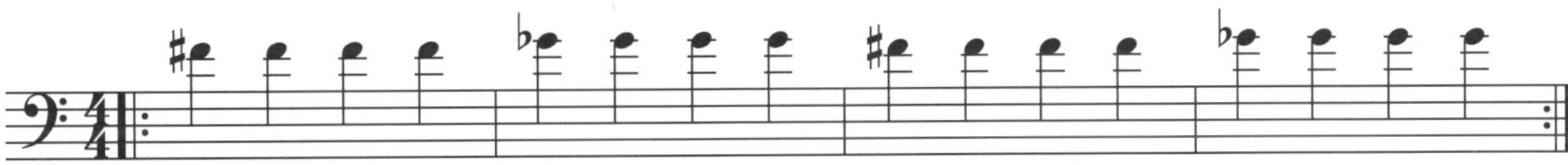

4번 손가락 F#/G♭ 연주 모습

지금까지 제 5와 6 포지션 사이의 인터미디에이트(Intermediate) 포지션 각 현의 음들을 연습해 보았다.
그럼 이 포지션에서 전체 연습을 해보자.

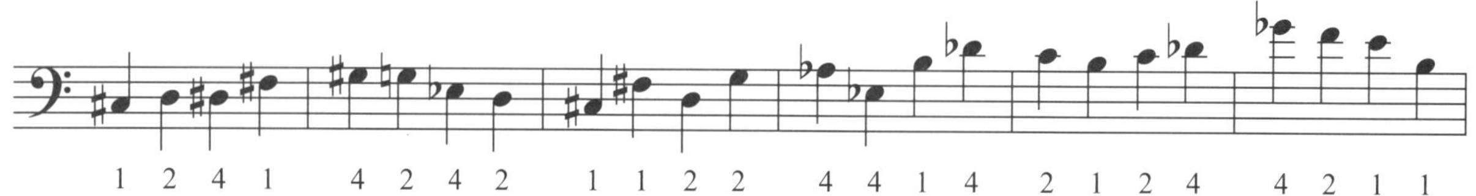

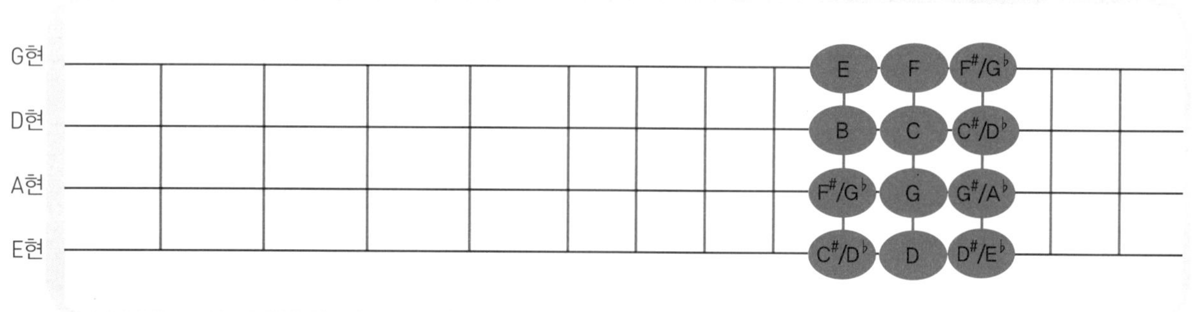

G현
D현
A현
E현
E　F　F#/G♭
B　C　C#/D♭
F#/G♭　G　G#/A♭
C#/D♭　D　D#/E♭

12. 제 6 포지션 (The Ⅵ. Position)

하프 포지션에서 4음 반 떨어져 있다.

제 6 포지션에서 1번 손가락의 음들은 D, G C, F 각 현에 위치하고 있다.

이 포지션에서는 4번 손가락이 짧아서 대신 3번 손가락이 사용되는 포지션이다.

Track 122

1번 손가락 D 연주 모습

Track 123

1번 손가락 G 연주 모습

1번 손가락 C 연주 모습

1번 손가락 F 연주 모습

1번 손가락 D#/E♭ 연주 모습

1번 손가락 G♯/A♭ 연주 모습

1번 손가락 C♯/D♭ 연주 모습

1번 손가락 F♯/G♭ 연주 모습

130) E 현의 3번 손가락

3번 손가락 E 연주 모습

131) A 현의 3번 손가락

3번 손가락 A 연주 모습

Track132

3번 손가락 D 연주 모습

Track133

3번 손가락 G 연주 모습

지금까지 제 6 포지션에서의 각 현의 음들을 연습해 보았다. 그럼 이 포지션에서 전체 연습을 해보자.

3 2 1 1　2 3 1 2　3 3 2 1　3 2 1 1　3 2 1 1　3 1 2 3

2 1 1 3　2 1 3 1　3 1 2 2　3 3 2 1　3 2 3 1　2 3 1 3

3 2 1 1　2 3 3 2　1 3 1 3　3 1 2 3　1 2 3 2　1 3 1 3

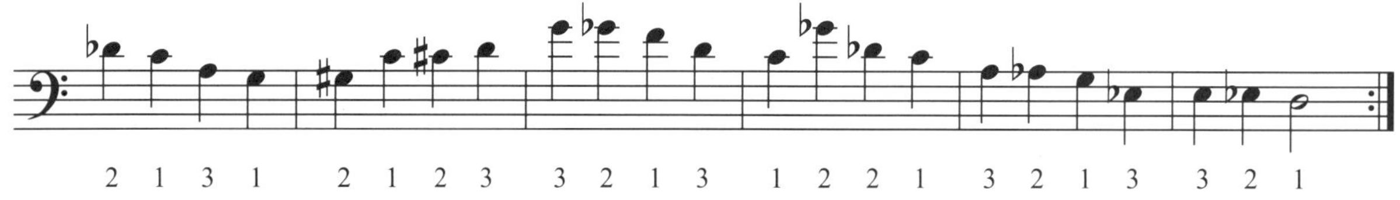
2 1 3 1　2 1 2 3　3 2 1 3　1 2 2 1　3 2 1 3　3 2 1

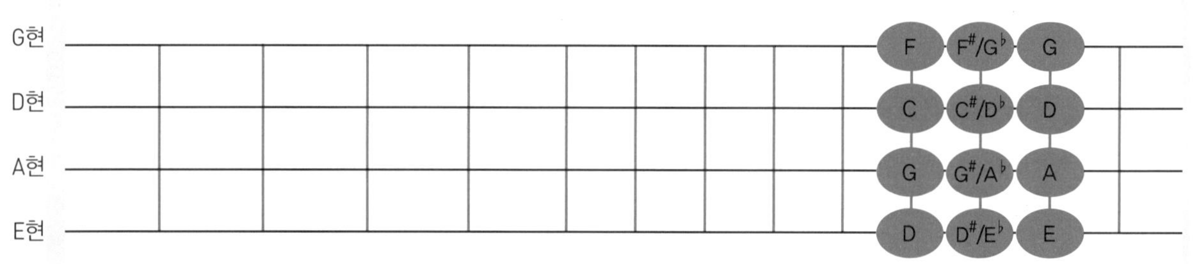
G현　F　F#/G♭　G
D현　C　C#/D♭　D
A현　G　G#/A♭　A
E현　D　D#/E♭　E

13. 제 6과 7 사이의 인터미디에이트 포지션
(Intermediate Position Between The Ⅵ. & Ⅶ. Position)

하프 포지션에서 다섯 음 떨어져 있다. 이 인터미디에이트(Intermediate) 포지션은 다른 포지션과는 조금 다르다. 제 6과 7 포지션 사이의 인터미디에이트 포지션에서는 다른 포지션과 다르게 3번과 4번 손가락을 사용하는 데 있어 변화가 있다. 왜냐하면 이 포지션에서는 손목 각도의 변화가 있어 E 현은 사용하지 않고 A 현은 3번과 4번 손가락을 사용하지 않는다. 그래서 E 현을 제외한 A 현에서부터 1번 손가락의 노트들은 $G^{\#}(A^{\flat})$, $C^{\#}(D^{\flat})$, $F^{\#}(G^{\flat})$이다.

1번 손가락 $G^{\#}/A^{\flat}$ 연주 모습

1번 손가락 $C^{\#}/D^{\flat}$ 연주 모습

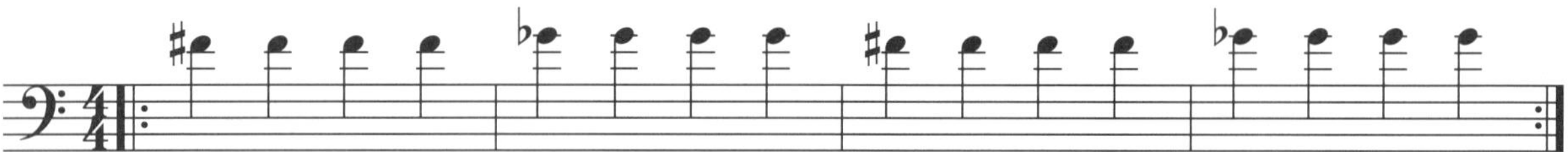

137) G 현의 1번 손가락

1번 손가락 F$^\sharp$/G$^\flat$ 연주 모습

138) A 현의 2번 손가락

2번 손가락 A 연주 모습

139) D 현의 2번 손가락

2번 손가락 D 연주 모습

2번 손가락 G 연주 모습

3번 손가락 D$^\#$/E$^\flat$ 연주 모습

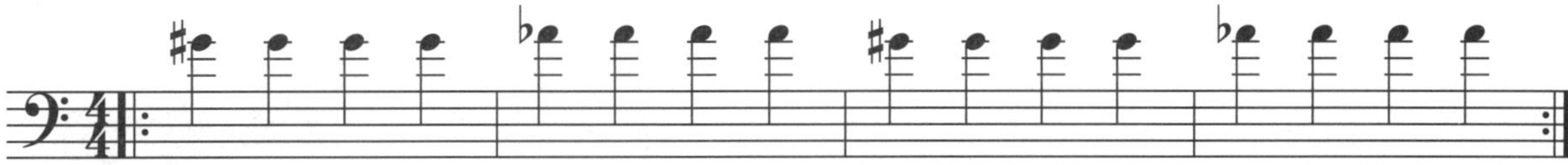

3번 손가락 G$^\#$/A$^\flat$ 연주 모습

지금까지 제 6과 7사이의 인터미디에이트(Intermediate) 포지션의 각 현의 음들을 연습해 보았다.

그럼 이 포지션에서 전체 연습을 해보자.

143) 제 6과 7 사이의 인터미디에이트 포지션 종합 연습

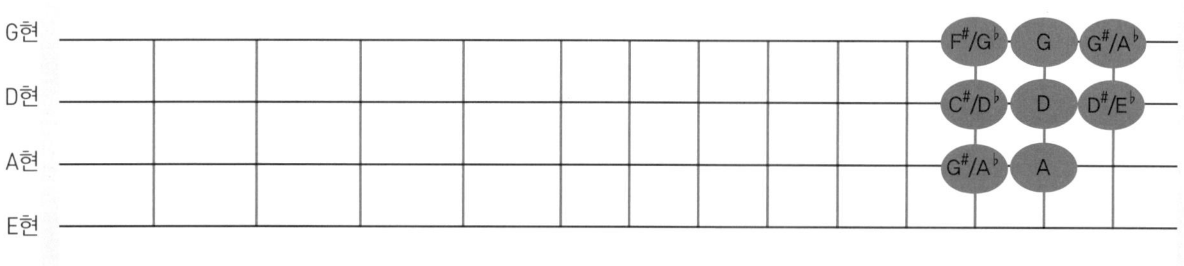

14. 제 7 포지션 (The Ⅶ Position)

하프 포지션에서 다섯 음 반 떨어져 있다.

제 7 포지션에서는 제 6, 7 포지션 사이의 인터미디에이트(intermediate) 포지션과 한 가지 다른 핑거링을 하고 있다. E 현은 사용하지 않고 A 현과 D 현은 1, 2번 손가락만 사용하고 G 현은 1, 2, 3번 손가락을 사용한다. 그래서 E 현을 제외한 A 현에서부터 1번 손가락 음들은 A, D, G이다.

A 현에서의 1번 손가락을 연습하자.

1번 손가락 A 연주 모습

1번 손가락 D 연주 모습

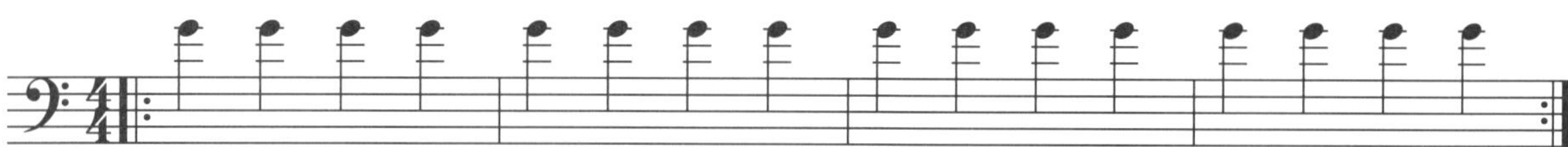

1번 손가락 G 연주 모습

1번 손가락 A#/B♭ 연주 모습

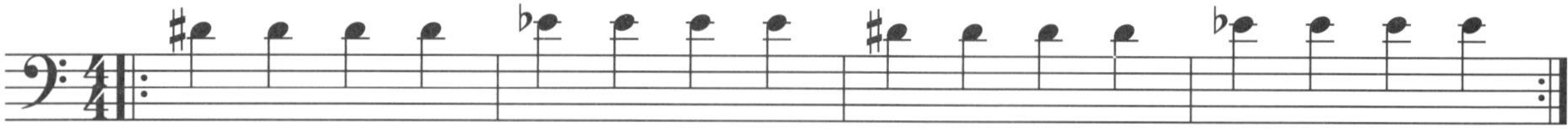

2번 손가락 D#/E♭ 연주 모습

2번 손가락 G#/A♭ 연주 모습

3번 손가락 A 연주 모습

지금까지 제 7 포지션 모든 현의 음들을 연습해 보았다. 그럼 이 포지션에서 전체 연습을 해보자.

1 2 1 2 1 2 3 2 1 2 1 2 1 2 2 1 2 3 2 2 1 1 2 3 2 1 2 1

2 1 1 1 2 3 2 1 2 1 1 3 2 2 1 1 2 1 3 2 2 1 3 2 1 2 1

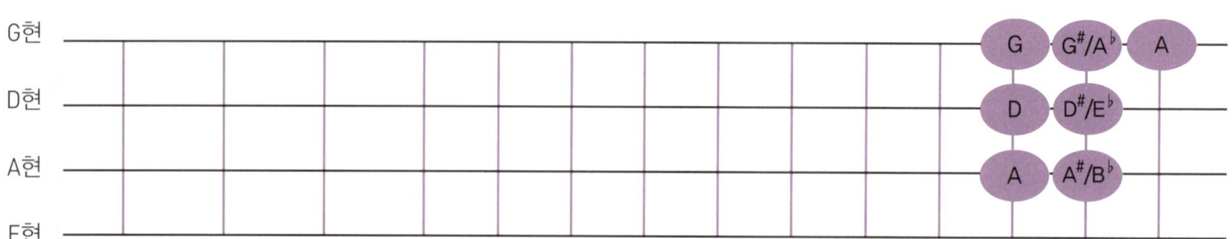

G현
D현
A현
E현
G G#/A♭ A
D D#/E♭
A A#/B♭

Chapter 04

음정(Interval)

1. 음정 (Interval)

음정은 음과 음의 간격을 말한다. 음정을 정확히 이해함으로써 코드(Chord)와 스케일(Scale)을 이해할 수 있다.

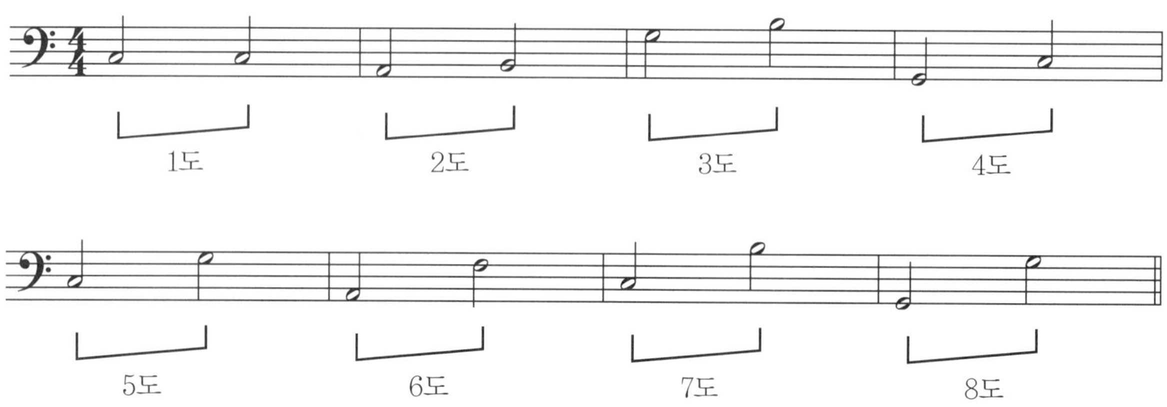

위에서 볼 수 있듯이 두 음간의 각기 다른 간격을 보여주고 있다.

음정 계산하는 방법에 대해 알아보자.

두 음간의 거리가 몇 도의 간격으로 떨어져 있는지를 파악해야 한다. 먼저 시작 음으로부터 도착 음까지의 간격을 계산하면 된다. 예를 들어 제자리에 있는 도에서 도까지의 간격은 1도, 도에서 레까지의 간격은 2도, 도에서 미까지는 3도, 도에서 파까지는 4도, 도에서 솔까지는 5도, 도에서 라까지는 6도, 도에서 시까지는 7도이다. 옥타브인 도에서 도까지는 8도이다.

그 다음은 화음의 성질이 장, 단, 완전, 증, 감인지를 파악해야 한다.

2도, 3도, 6도, 7도는 장이나 단으로 나뉘고 1도, 4도, 5도, 8도는 완전, 증, 감으로 나뉜다.

1, 4, 5, 8도 : 완전, 증, 감

2, 3, 6, 7도 : 장, 단

도 수	음정	반음의 수
2도	단2도	1
	장2도	0
3도	단3도	1
	장3도	0
6도	단6도	2
	장6도	1
7도	단7도	2
	장7도	1

도 수	음정	반음의 수
1도	완전1도	(같은 자리의 음)
4도	완전4도	1
	증4도	0
5도	완전5도	1
	감5도	2
8도	완전8도	(옥타브의 음)

2, 3도 음정 관계

음과 음사이의 간격이 2도나 3도의 간격으로 떨어져 있고 장, 단으로 나뉜다.

● 장 2도 = 음과 음 사이 간격이 온음

● 장 3도 = 음과 음 사이 간격이 온음 + 온음

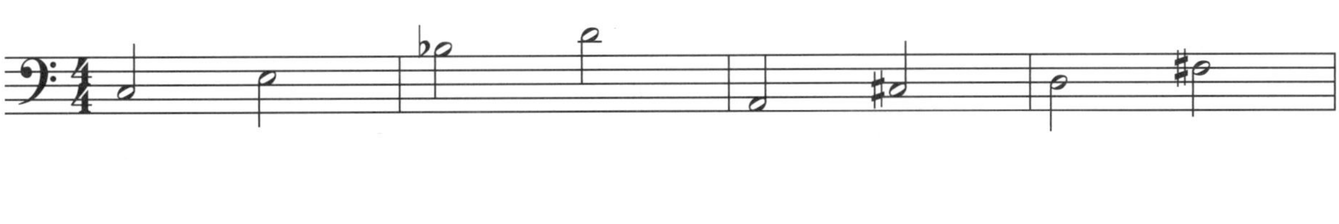
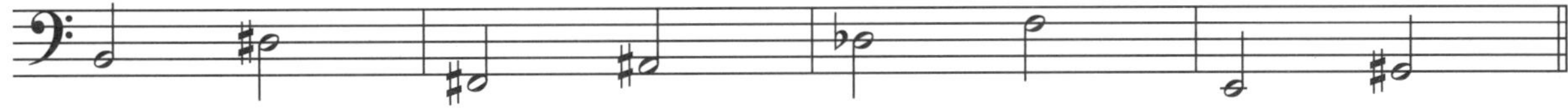

● 단 2도 = 음과 음 사이 간격이 반음

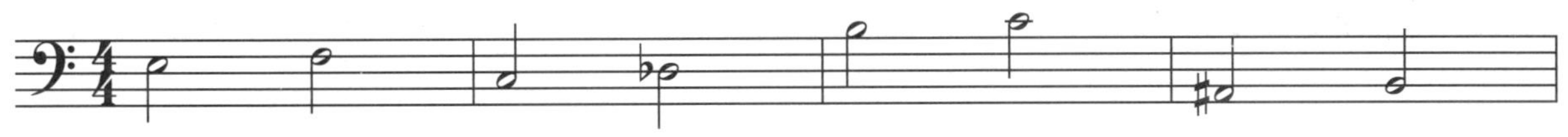
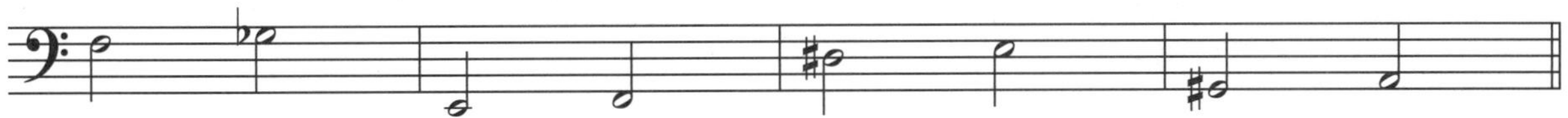

4, 5도 음정 관계

음의 간격이 4도나 5도의 거리를 두고 있고 완전, 증, 감으로 나뉜다.

● 증 4도 = 온음 3개

● 증 5도 = 온음 4개

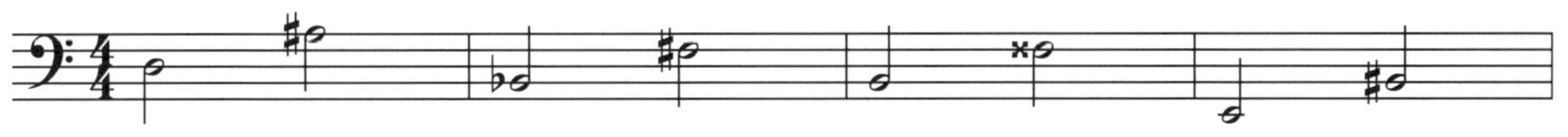

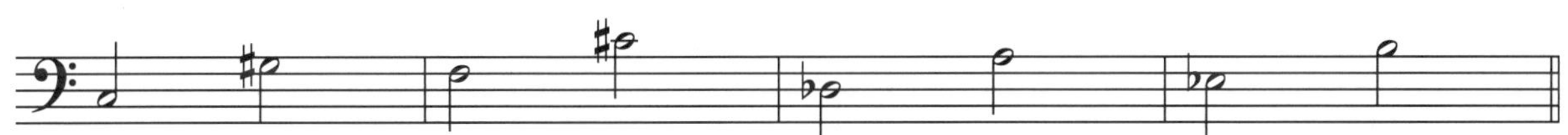

● 감 5도 = 온음 2개 + 반음 2개

6, 7 도 음정 관계

음의 간격이 6도나 7도의 거리를 두고 있으며 **장**과 **단**으로 나뉜다.

● 장 6도 = 온음 4개 + 반음 1개

● 장 7도 = 온음 5개 + 반음 1개

단 6도 = 온음 3개 + 반음 2개

단 7도 = 온음 4개 + 반음 2개

완전 8도

음과 음사이의 간격이 8도의 거리로 떨어져 있다.

한 옥타브 위의 같은 음을 말한다. 옥타브인 8도 간격은 모두 완전8도이다.

완전 1도

음과 음 사이의 간격이 1도의 거리로 떨어져 있다.

같은 자리의 같은 음을 말하며 1도 간격의 음정을 완전 1도라 한다.

2. 음정과 핑거보드와의 관계
(Relationship Between Interval and Fingerboard)

지금까지 음의 간격에 대한 기초 지식을 알아보았다.

그럼, 베이스 핑거보드에서의 음정 관계를 이해해보자. 코드와 스케일을 이해할 수 있는 기본지식이 된다.

1. 루트와 2도와의 관계

루트와 장 2도 음과 단 2도 음의 거리를 핑거보드에서의 관계로 알아보자.

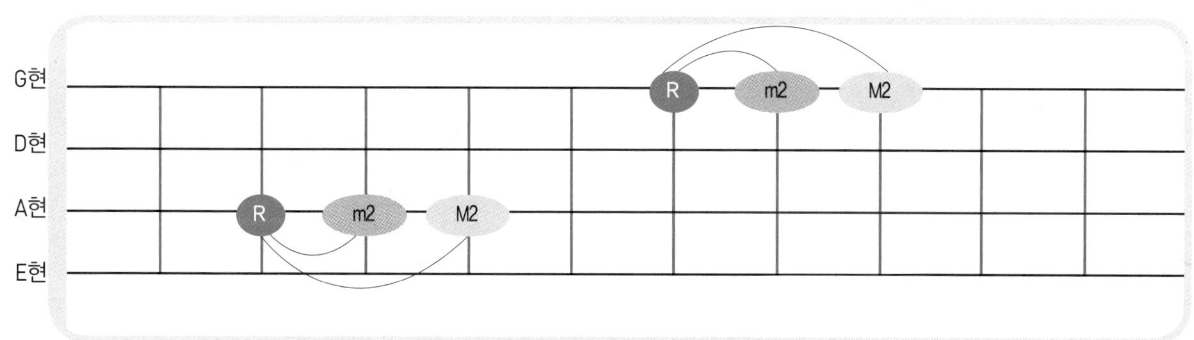

장 2도(Major 2nd) = M2

단 2도(minor 2nd) = m2

2. 루트와 3도와의 관계

루트와 장 3 도 음과 단 3도 음의 거리를 핑거보드에서의 관계로 알아보자.

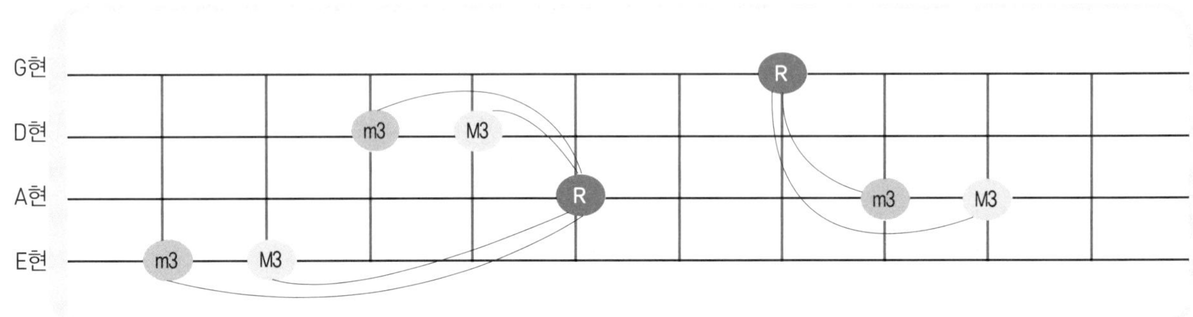

장3도(Major 3rd) = M3
단3도(minor 3rd) = m3

3. 루트와 4도와의 관계

루트와 완전 4도 음과 증 4도 음의 거리를 핑거보드에서의 관계로 알아보자.

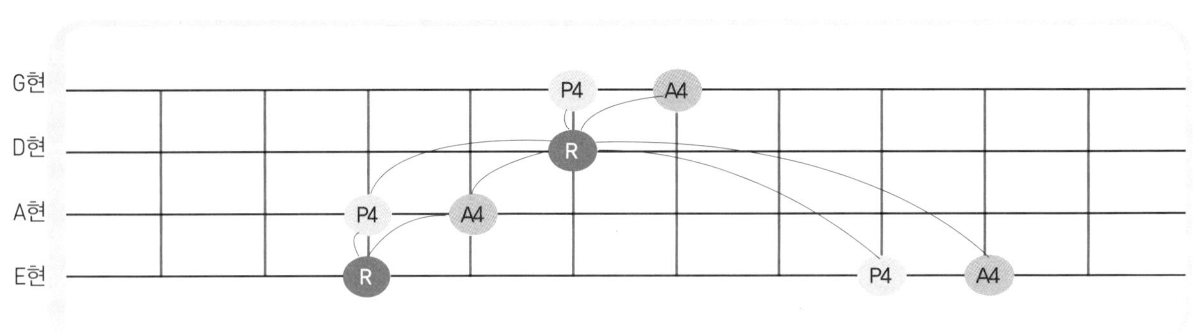

완전 4도(Perfect 4th) = P4
증 4도(Augmented 4th) = A4

4. 루트와 5도와의 관계

루트와 완전 5도, 증 5도, 감 5도와의 거리를 핑거보드에서의 관계로 알아보자.

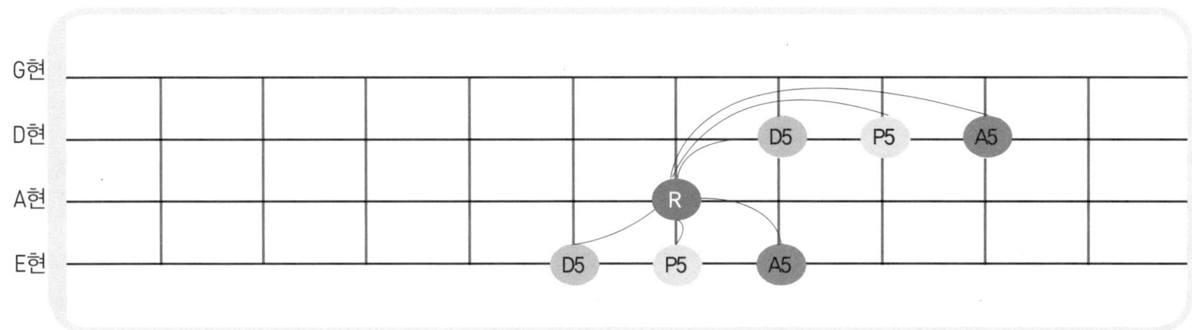

완전 5도(Perfect 5th) = P5
감 5도(Diminished 5th) = D5
증 5도(Augmented 5th) = A5

5. 루트와 6도와의 관계

루트와 장 6도(13th) 음과 단 6도 음의 거리를 핑거보드에서의 관계로 알아보자.

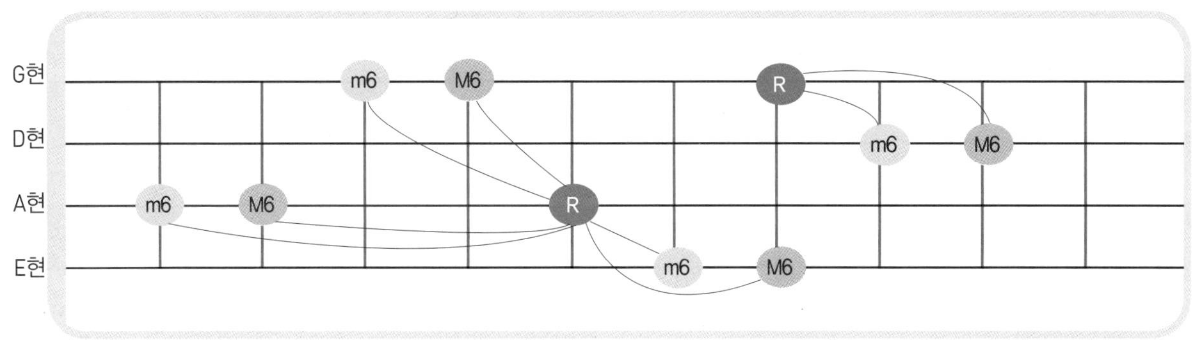

장 6도(Major 6th) = M6
단 6도(minor 6th) = m6

6. 루트와 7도와의 관계

루트와 장 7도 음과 단 7도 음의 거리를 핑거보드에서의 관계로 알아보자.

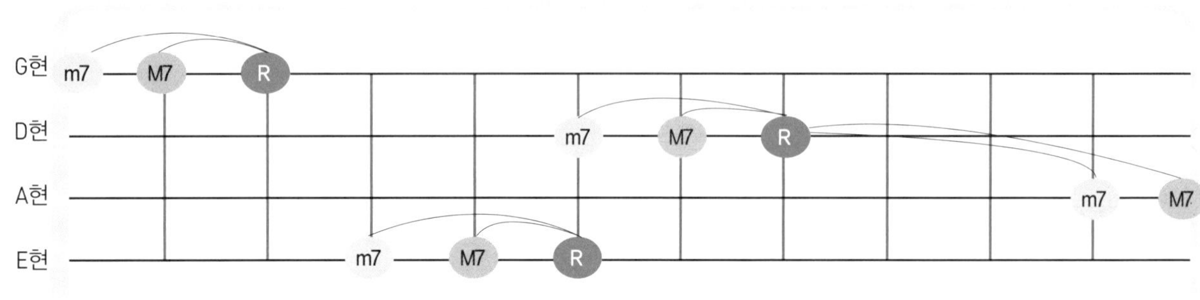

7. 루트와 옥타브와의 관계

루트와 옥타브(8th) 음의 거리를 핑거보드에서의 관계로 알아보자.

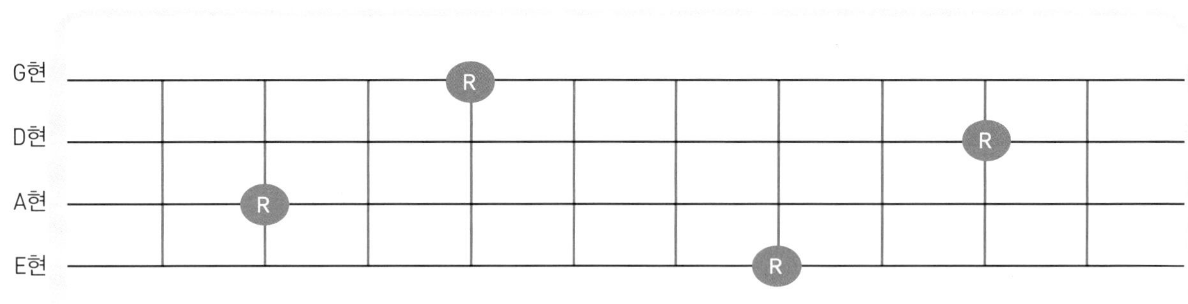

이 모든 음정과 핑거보드와의 관계를 이해하고 숙지하여

악기가 없는 상황에서도 그림으로 연상하며 음정들을 찾을 수 있다면 실제 연주 상에 큰 도움이 된다.

Chapter 05

트라이어드 코드
(Triad Chords)

트라이어드 코드 (Triad Chords)

음악을 연주함에 있어 화성(harmony)은 아주 중요한 요소이다.

아무런 화성지식이 없어도 훌륭한 연주를 할 수 있다. 그러나 화성에 대한 기본적인 지식을 갖춘다면 더욱 더 발전적인 음악적 아이디어를 만들어 내고, 표현할 수 있다. 베이스 연주자가 화성 지식을 습득 한다는 것은 연주 시 단순히 리듬파트 역할만 하는 것이 아닌 저음부에서의 또 다른 멜로디 라인을 형성할 수 있는 능력이 생긴다는 의미이다. 화성을 정확히 이해하고 연주한다면 음악이 더욱 풍성해지고 화려해질 것이다.

트라이어드 코드는 화성의 주체를 이루는 요소이다.

루트 음으로부터 3도와 5도 음이 동시에 연주되는 3화음이다. **메이저 트라이어드**(Major Triad), **마이너 트라이어드**(minor Triad), **디미니쉬드 트라이어드**(Diminished Triad), **어그멘티드 트라이어드**(Augmented Triad), **서스펜디드 트라이어드**(Suspended Triad)가 있다.

1. 메이저 트라이어드 (Major Triad)

근음과 3음 사이가 장 3도, 3음과 5음 사이가 단 3도로 이루어진 3화음이다.

(아래부터) 장 3도 + 단 3도 = 완전 5도

12key에서 각 메이저 트라이어드(Major Triad)를 찾아보자.

C	=	C	E	G
F	=	F	A	C
B♭	=	B♭	D	F
E♭	=	E♭	G	B♭
A♭	=	A♭	C	E♭
D♭	=	D♭	F	A♭
G♭	=	G♭	B♭	D♭
B	=	B	D#	F#
E	=	E	G#	B
A	=	A	C#	E
D	=	D	F#	A
G	=	G	B	D

메이저 트라이어드(Major Triad)

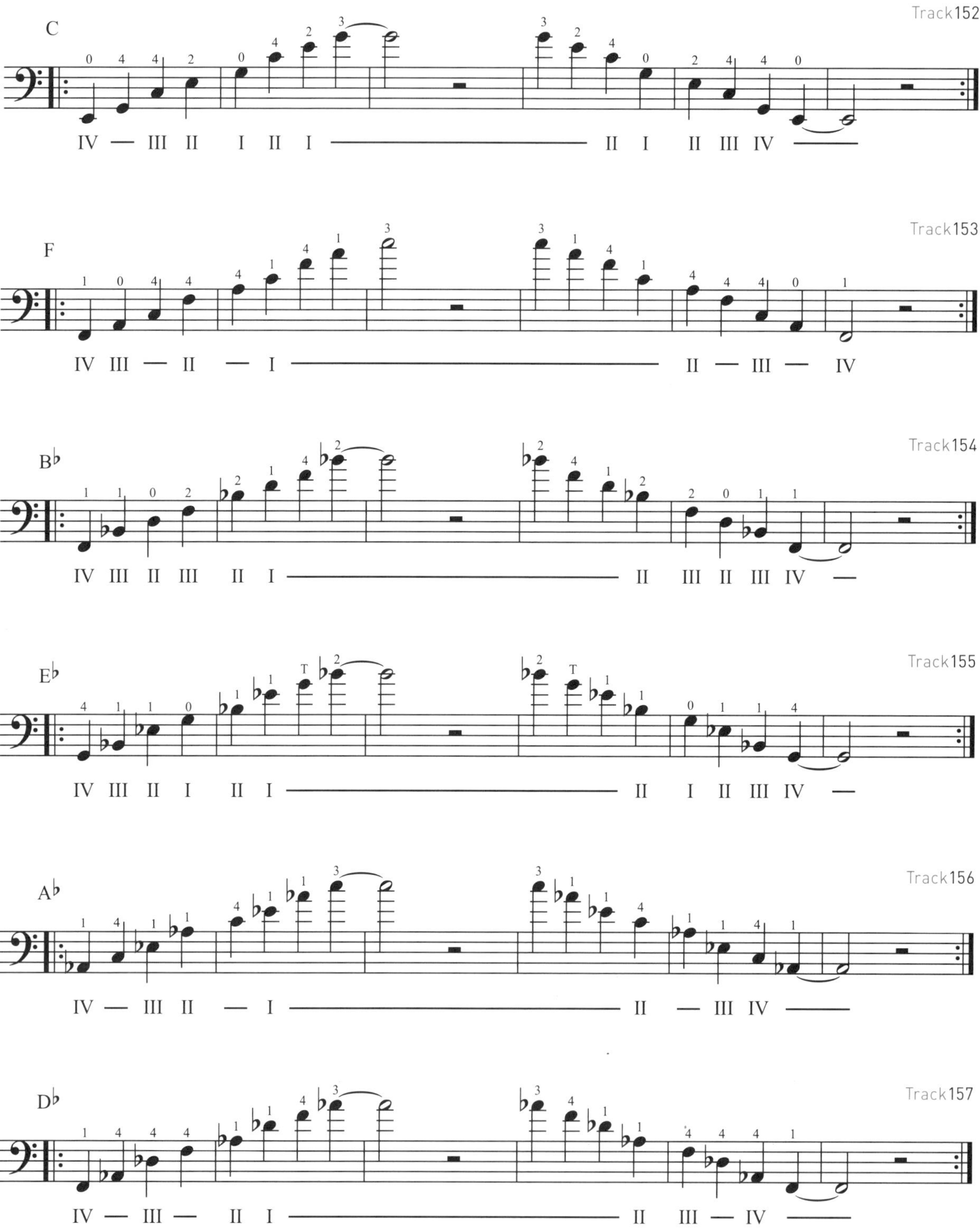

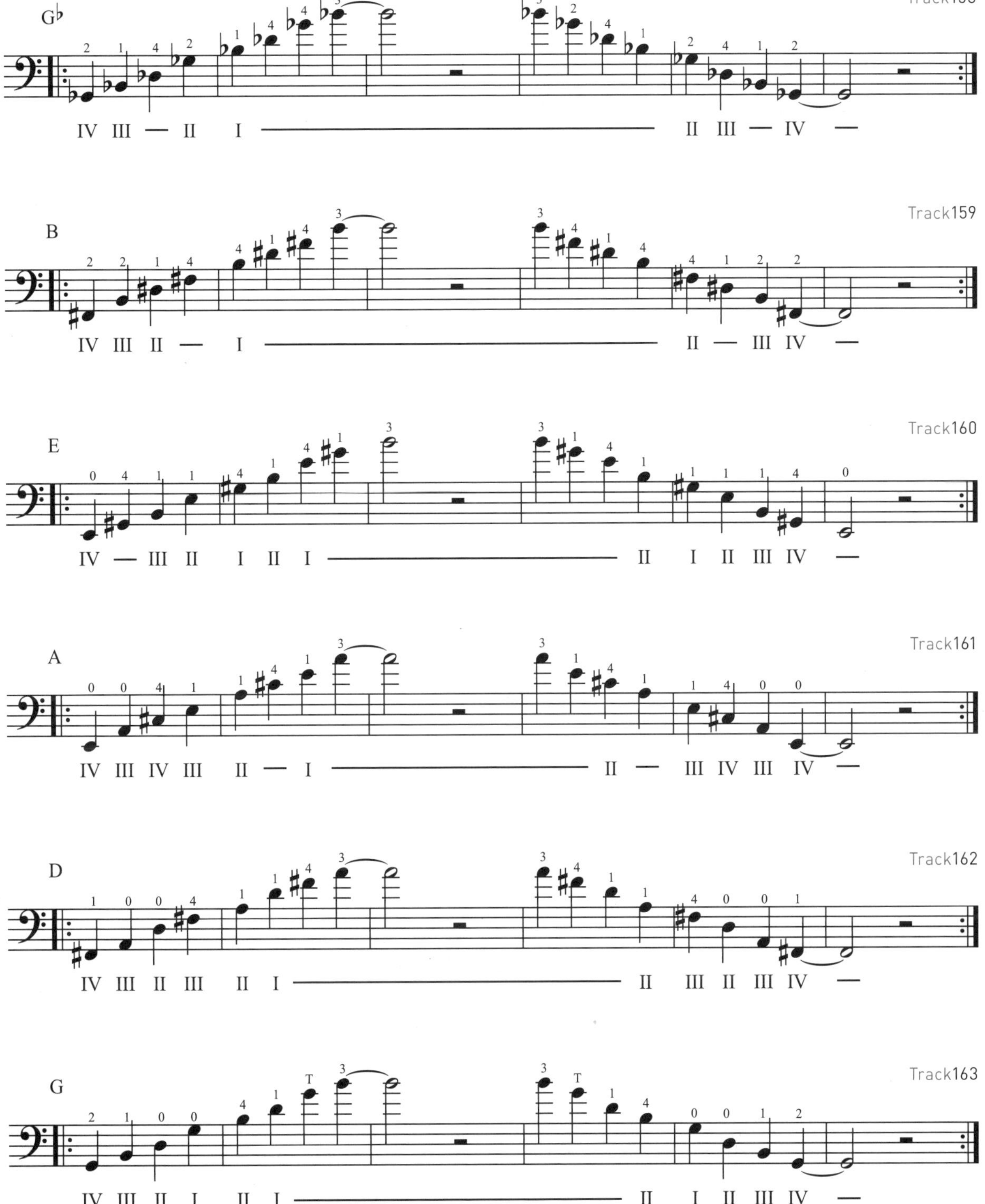
Track158
G♭
IV III — II I   II III — IV —
Track159
B
IV III II — I   II — III IV —
Track160
E
IV — III II I II I   II I II III IV —
Track161
A
IV III IV III II — I   II — III IV III IV —
Track162
D
IV III II III II I   II III II III IV —
Track163
G
IV III II I II I   II I II III IV —

2. 마이너 트라이어드 (Minor Triad)

근음과 3도 음 사이가 단3도이고 3도 음과 5도 음 사이가 장3도로 이루어진 3화음이다.

(아래부터)단3도 + 장3도 = 완전5도

12key에서 각 Minor Triad 를 찾아보자.

Cm	=	C	E♭	G
Fm	=	F	A♭	C
B♭m	=	B♭	D♭	F
E♭m	=	E♭	G♭	B♭
A♭m	=	A♭	B	E♭
D♭m	=	D♭	E	A♭
G♭m	=	G♭	A	D♭
Bm	=	B	D	F#
Em	=	E	G	B
Am	=	A	C	E
Dm	=	D	F	A
Gm	=	G	B♭	D

마이너 트라이어드(Minor Triad)

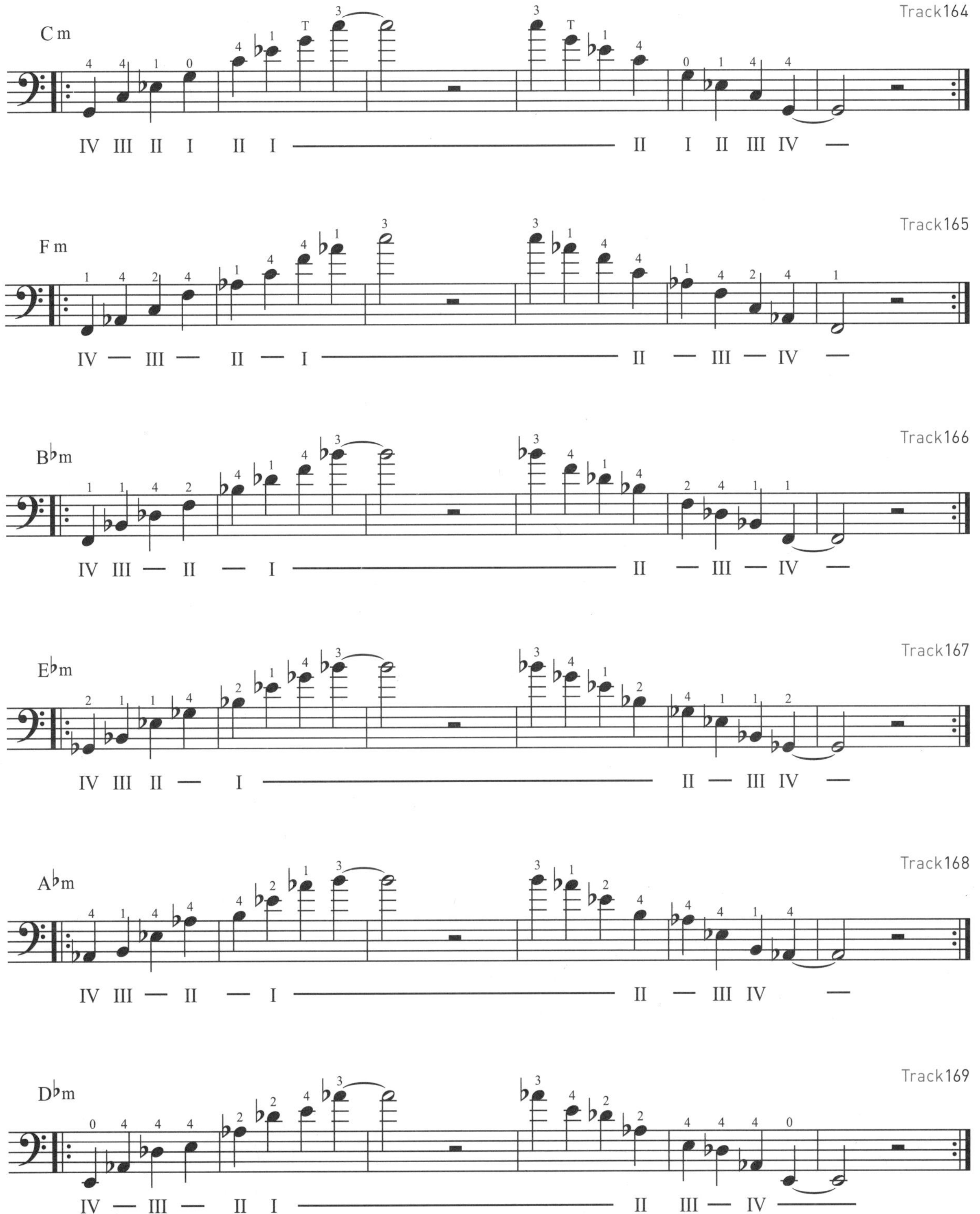

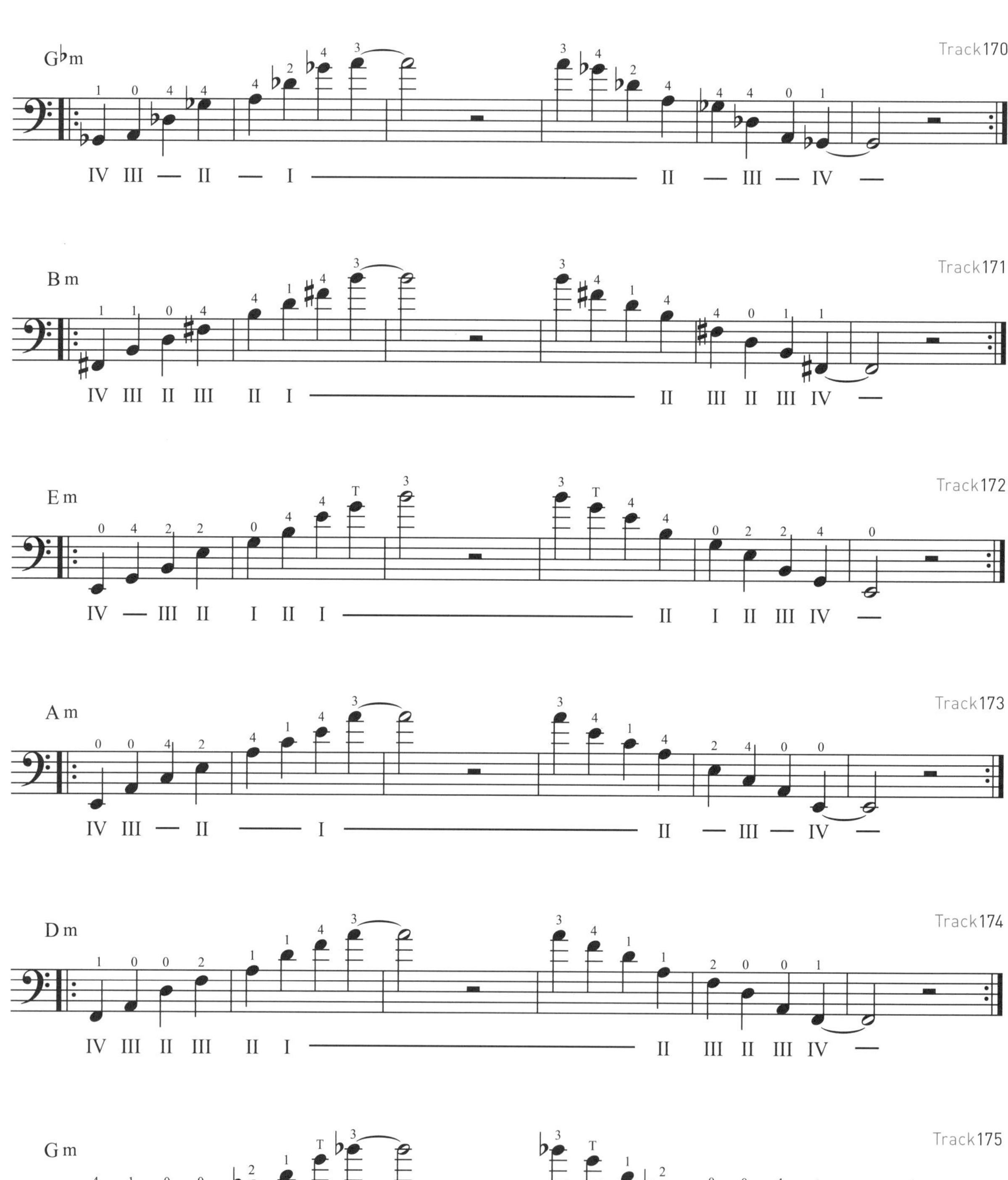

G♭m
Track170
IV III — II — I ——— II — III — IV —
B m
Track171
IV III II III II I ——— II III II III IV —
E m
Track172
IV — III II I II I ——— II I II III IV —
A m
Track173
IV III — II — I ——— II — III — IV —
D m
Track174
IV III II III II I ——— II III II III IV —
G m
Track175
IV III II I II I ——— II I II III IV —

3. 디미니쉬드 트라이어드 (Diminished Triad)

근음과 3도 음 사이가 단3도이고 3도 음과 5도 음 사이가 단3도로 이루어진 3화음이다.

(아래부터) 단3도 + 단3도 = 감5도

12key에서 각 Diminished Triad 를 찾아보자.

$Cm^{\flat5}$	=	C	$E^\flat$	$G^\flat$
$Fm^{\flat5}$	=	F	$A^\flat$	B
$B^\flat m^{\flat5}$	=	$B^\flat$	$D^\flat$	E
$E^\flat m^{\flat5}$	=	$E^\flat$	$G^\flat$	A
$A^\flat m^{\flat5}$	=	$A^\flat$	B	D
$D^\flat m^{\flat5}$	=	$D^\flat$	E	G
$G^\flat m^{\flat5}$	=	$G^\flat$	A	C
$Bm^{\flat5}$	=	B	D	F
$Em^{\flat5}$	=	E	G	$B^\flat$
$Am^{\flat5}$	=	A	C	$E^\flat$
$Dm^{\flat5}$	=	D	F	$A^\flat$
$Gm^{\flat5}$	=	G	$B^\flat$	$D^\flat$

디미니쉬드 트라이어드 (Diminished Triad)

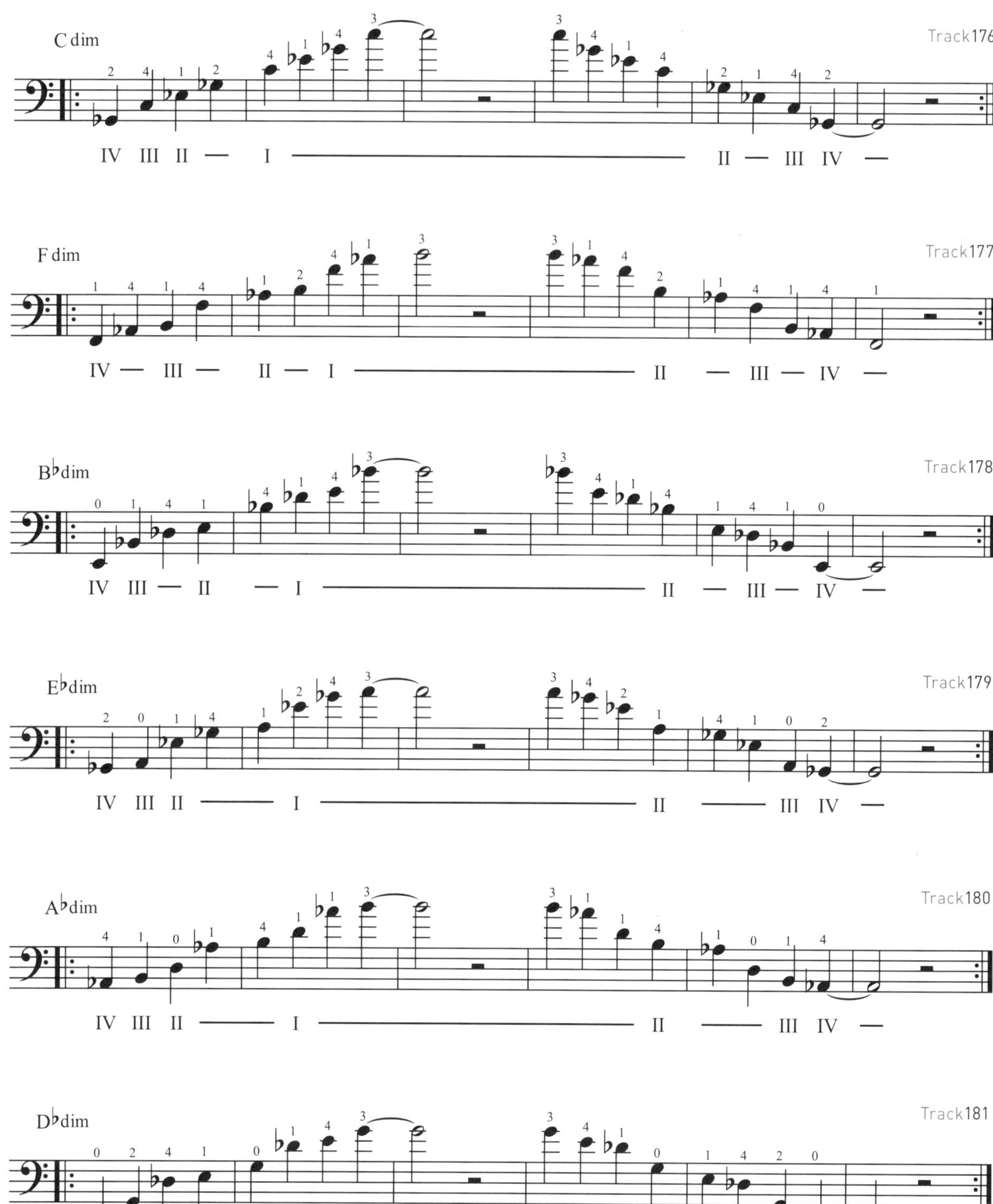

G♭dim
Track182
IV III ———— II — I ————————————— II — III ——— IV —

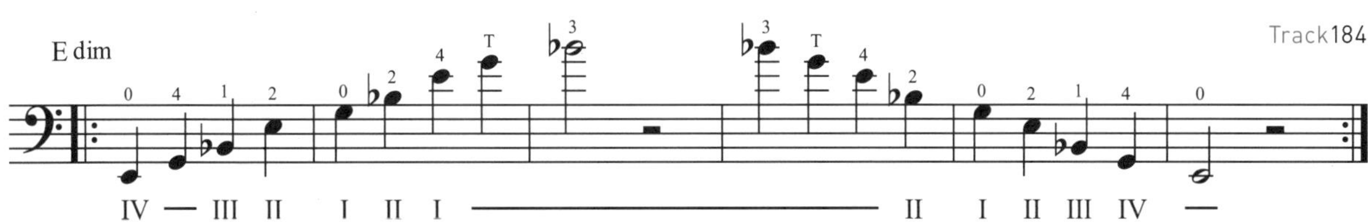

B dim
Track183
IV III II III II I ——————————————— II III II III IV —

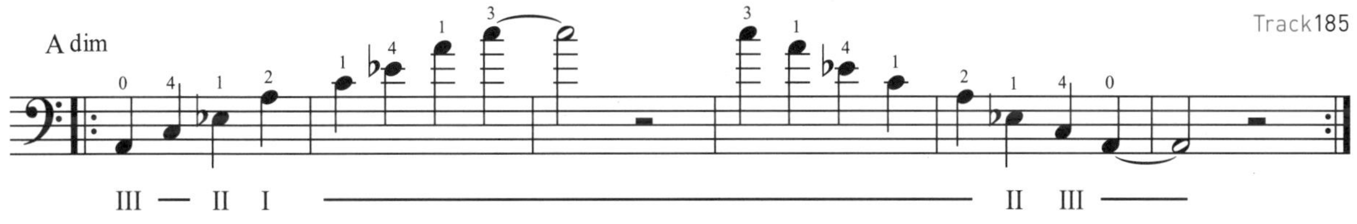

E dim
Track184
IV — III II I II I ——————————————— II I II III IV —

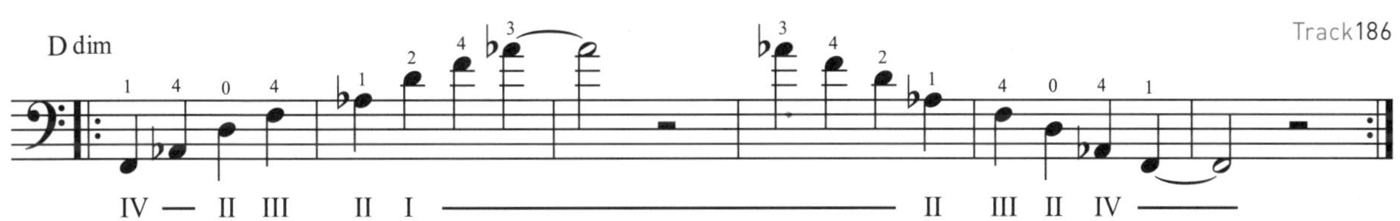

A dim
Track185
III — II I —————————————————— II III ——— —

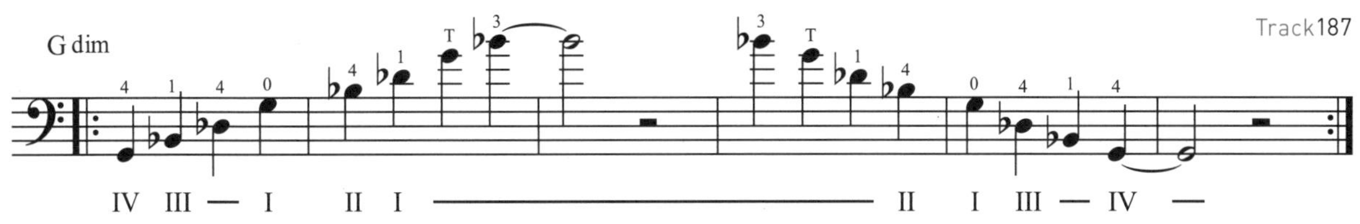

D dim
Track186
IV — II III II I —————————————— II III II IV — —

G dim
Track187
IV III — I II I —————————————— II I III — IV —

4. 어그멘티드 트라이어드 (Augmented Triad)

근음과 3도 음 사이가 장3도이고 3도 음과 5도 음 사이가 장3도로 이루어진 3화음이다.

(아래부터)**장3도 + 장3도 = 증5도**

12key에서 각 Augmented Triad 를 찾아보자.

C+	=	C	E	G$^\#$
F+	=	F	A	C$^\#$
B$^\flat$+	=	B$^\flat$	D	F$^\#$
E$^\flat$+	=	E$^\flat$	G	B
A$^\flat$+	=	A$^\flat$	C	E
D$^\flat$+	=	D$^\flat$	F	A
G$^\flat$+	=	G$^\flat$	B$^\flat$	D
B+	=	B	D$^\#$	G
E+	=	E	G$^\#$	C
A+	=	A	C$^\#$	F
D+	=	D	F$^\#$	A$^\#$
G+	=	G	B	D$^\#$

어그멘티드 트라이어드 (Augmented Triad)

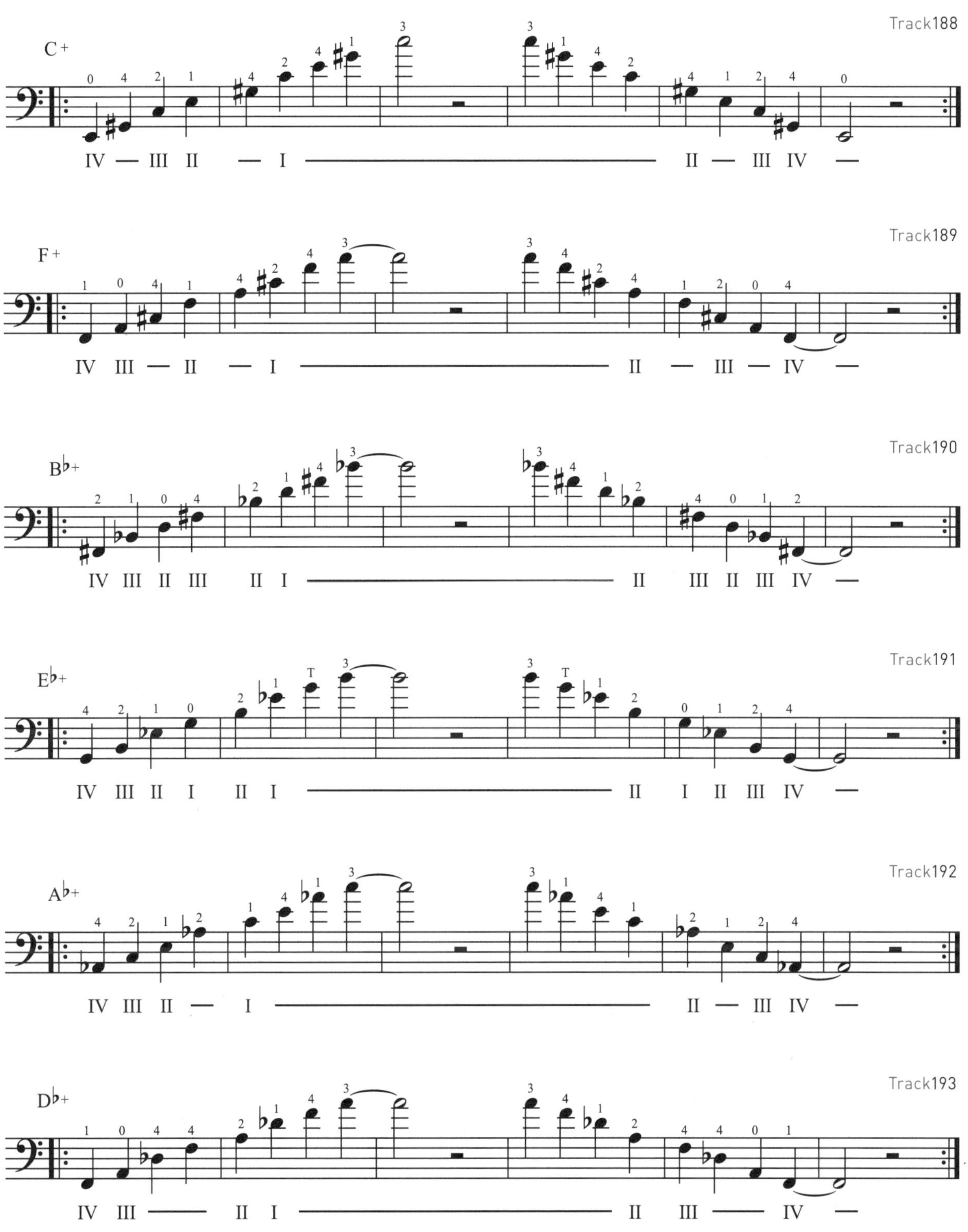

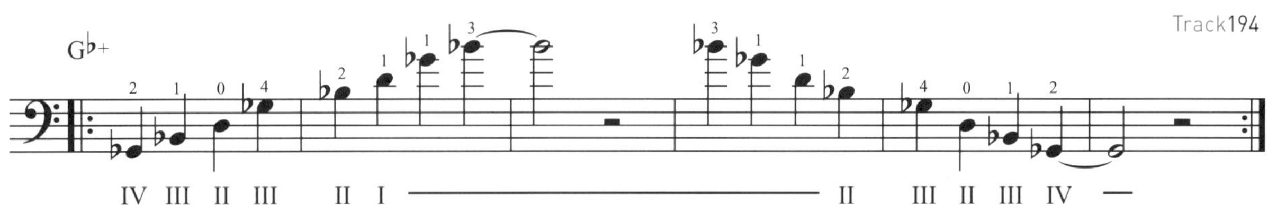
G♭+
IV III II III   II I ——————————————————— II   III II III IV —

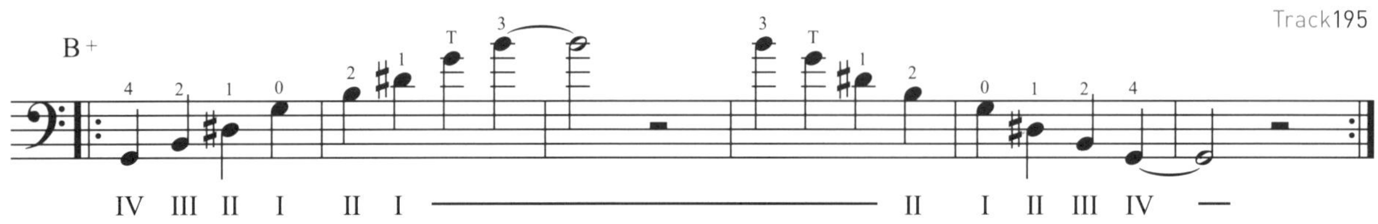
B+
IV III II I   II I ——————————————————— II   I II III IV —

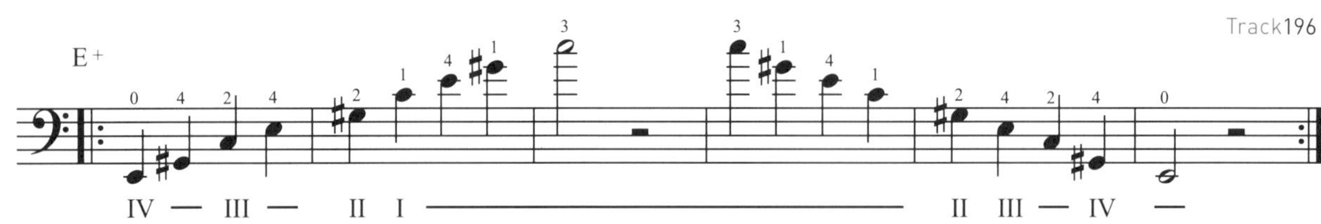
E+
IV — III — II I ——————————————————— II III — IV —

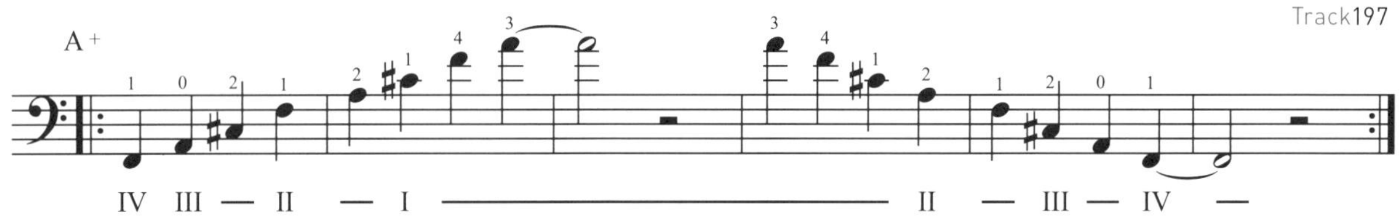
A+
IV III — II — I ——————————————————— II — III — IV —

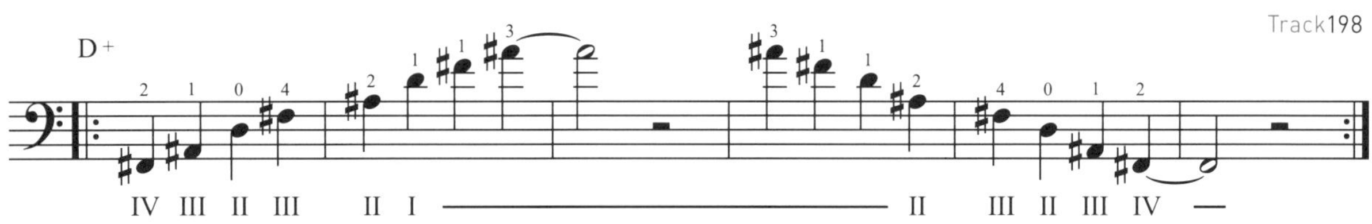
D+
IV III II III   II I ——————————————————— II   III II III IV —

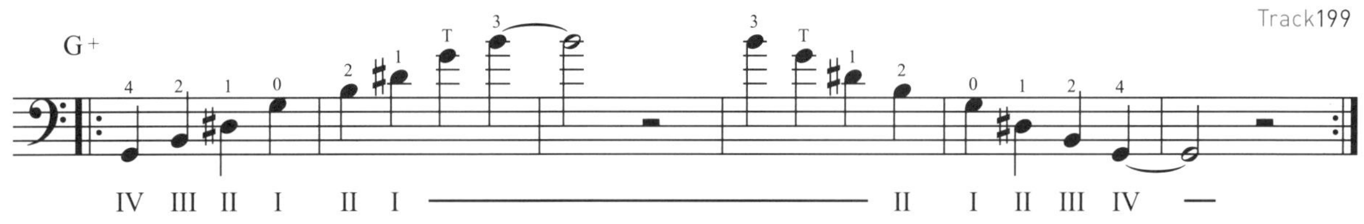
G+
IV III II I   II I ——————————————————— II   I II III IV —

5. 서스펜디드 트라이어드(Suspended Triad)

근음과 4도 음 사이가 완전4도이고 4도 음 과 5도 음 사이가 장2도로 이루어진 3화음이다.

(아래부터)**완전4도 + 장2도 = 완전5도**

12key에서 각 Sus4 Triad를 찾아보자.

Csus 4	=	C	F	G
Fsus 4	=	F	B♭	C
B♭sus 4	=	B♭	E♭	F
E♭sus 4	=	E♭	A♭	B♭
A♭sus 4	=	A♭	D♭	E♭
D♭sus 4	=	D♭	G♭	A♭
G♭sus 4	=	G♭	B	D♭
Bsus 4	=	B	E	F♯
Esus 4	=	E	A	B
Asus 4	=	A	D	E
Dsus 4	=	D	G	A
Gsus 4	=	G	C	D

서스펜디드 트라이어드(Suspended Triad)

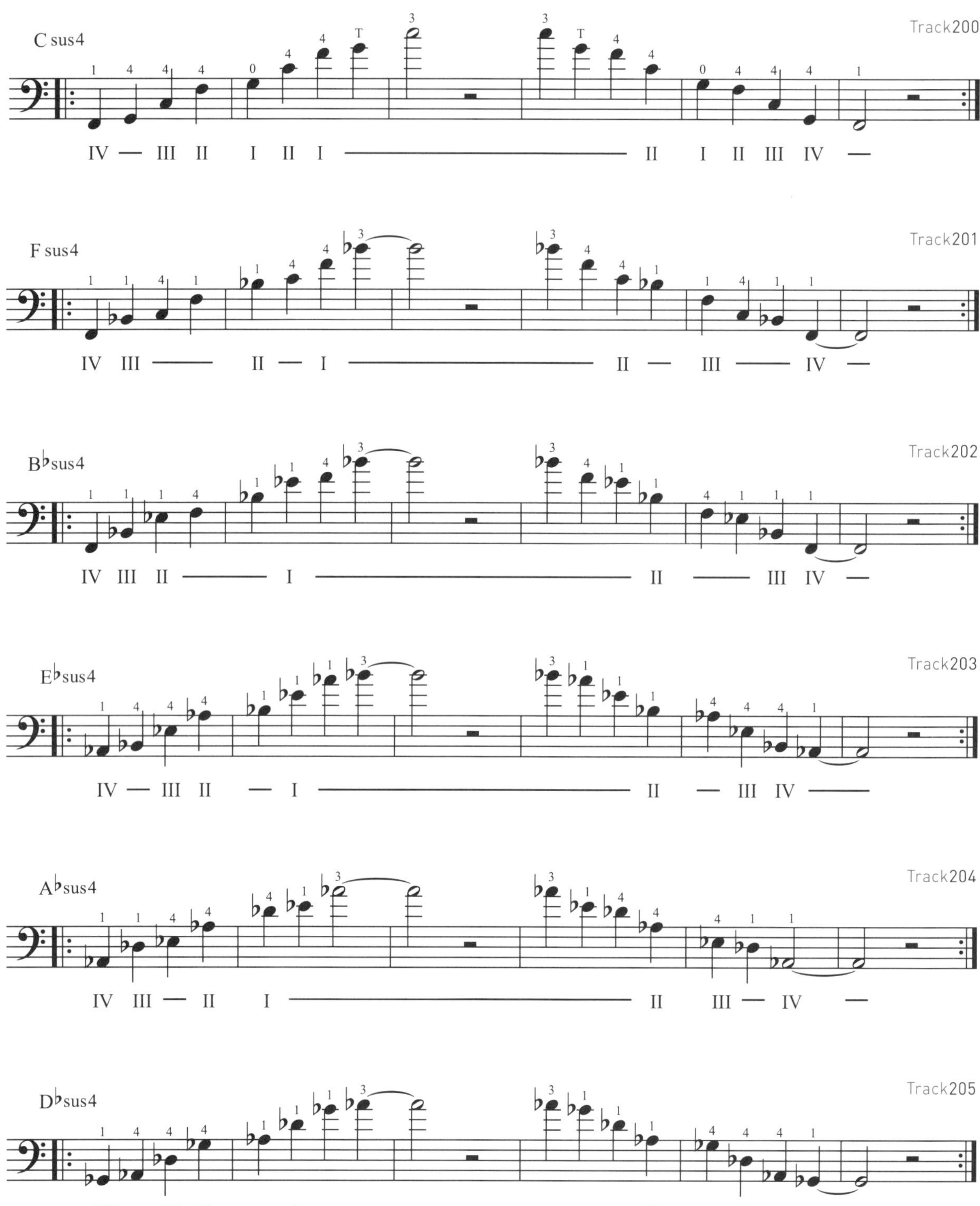

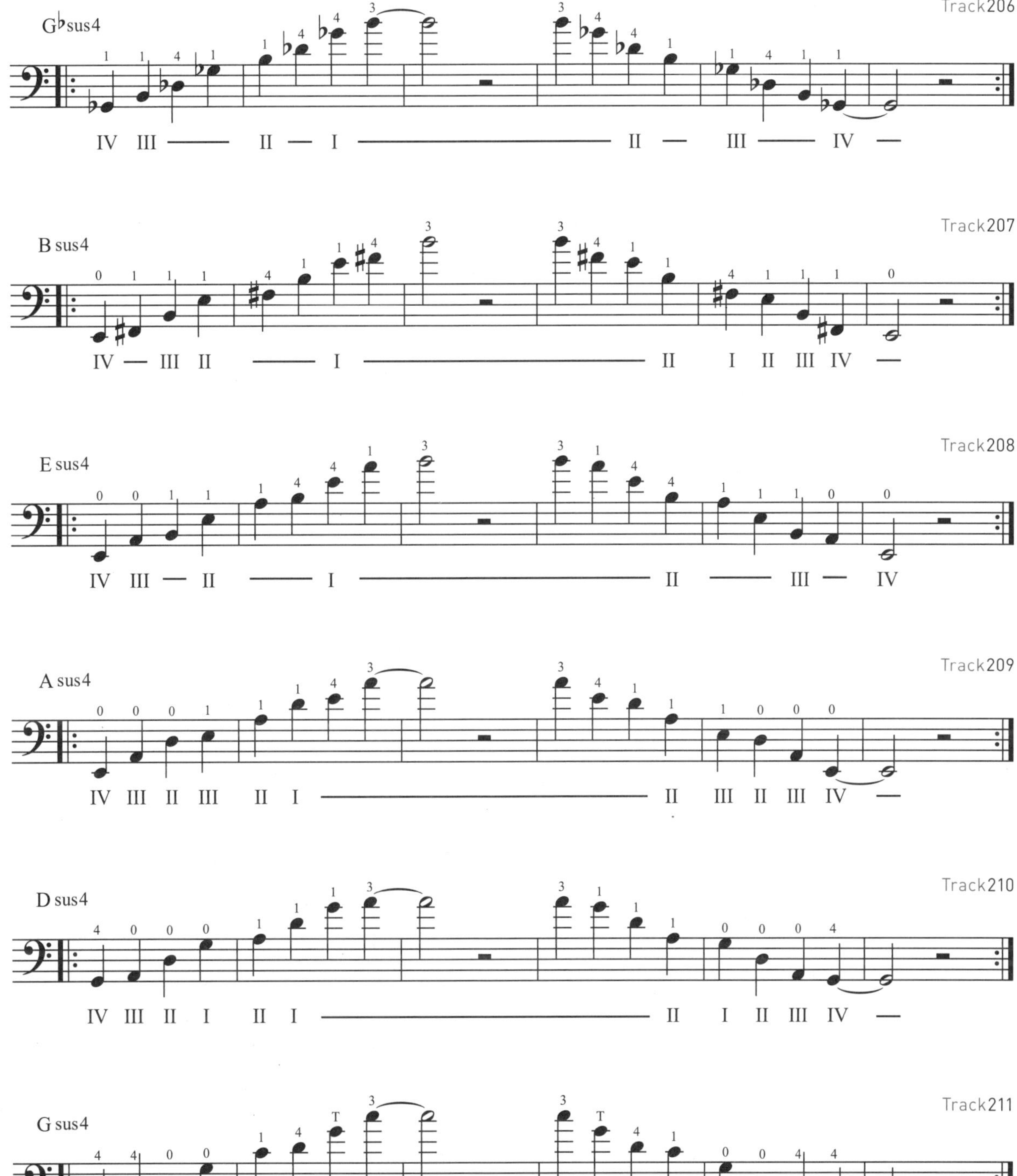

Track206
G♭sus4
IV III — II — I — II — III — IV —
Track207
B sus4
IV — III II — I — II I II III IV —
Track208
E sus4
IV III — II — I — II — III — IV
Track209
A sus4
IV III II III II I — II III II III IV —
Track210
D sus4
IV III II I II I — II I II III IV —
Track211
G sus4
IV III II I — II III IV —

트라이어드 코드의 가장 중요한 키포인트는 트라이어드 코드들이 발전해서 7th코드가 되고 스케일이 된다는 점이다. 그러므로 많은 연습을 필요로 한다. 이 코드들을 베이스 핑거보드에서 바로 찾아내고 연주할 수 있어야한다.

트라이어드 코드 연습 방법에 대해 알아보자.

- 모든 트라이어드의 각 노트들을 숙지한다. (즉각적으로 생각해낼 수 있을 때 까지)
- 메트로놈 템포 60에 맞추어 가장 저음부터 연주를 시작한다. (피치카토와 아르코 연주 병행)
- 일정한 템포에서 12key 연습이 끝났다면 템포를 한 단계(템포 2씩) 올려서 연습해보자.
  ex) 62, 64, 66, 68, 70, 72…
- 이런 식으로 천천히 템포 60부터 120까지 연습한다.

이 연습은 하루도 거르지 않고 연습해야 한다. 이렇게 연습해야만 손가락 위치와 번호를 기억하고 연주에 필요한 모든 근육들이 베이스 악기와 코드에 대해 익숙해지고 자연스러워질 것이다. 혹 힘들고 지겨운 연습이 될지 몰라도 꾸준히 천천히 기초 공사를 튼튼히 해 나아가는 마음으로 열심히 해야 만한다.

Chapter 06

세븐스 코드
(7th Chords)

세븐스 코드 (7th Chords)

세븐스 코드는 더 세련되고 풍부한 하모니를 위해 트라이어드 코드위에 7도 음을 더하여 4개의 음이 동시에 연주되는 4화음이다. 메이저 세븐스 코드, 마이너 세븐스 코드, 도미넌트 세븐스 코드, 어그멘티드 세븐스 코드, 서스펜디드 세븐스 코드, 하프 디미니쉬드 세븐스 코드, 디미니쉬드 세븐스 코드, 마이너 메이저 세븐스 코드 가 있다.

1. 메이저 세븐스 코드(Major 7th Chords)

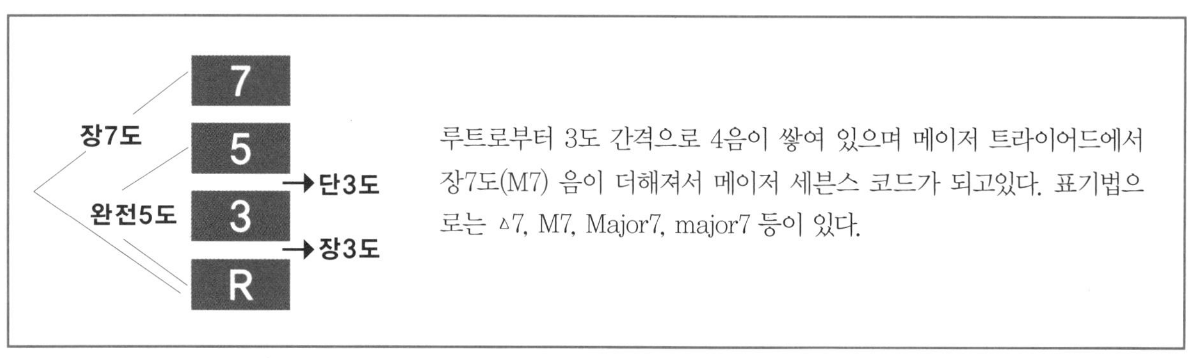

루트로부터 3도 간격으로 4음이 쌓여 있으며 메이저 트라이어드에서 장7도(M7) 음이 더해져서 메이저 세븐스 코드가 되고있다. 표기법으로는 △7, M7, Major7, major7 등이 있다.

메이저 세븐스 코드를 12key에서 찾아보면 다음과 같다.

C Maj⁷	=	C	E	G	B
F Maj⁷	=	F	A	C	E
B♭ Maj⁷	=	B♭	D	F	A
E♭ Maj⁷	=	E♭	G	B♭	D
A♭ Maj⁷	=	A♭	C	E♭	G
D♭ Maj⁷	=	D♭	F	A♭	C
G♭ Maj⁷	=	G♭	B♭	D♭	F
B Maj⁷	=	B	D#	F#	A#
E Maj⁷	=	E	G#	B	D#
A Maj⁷	=	A	C#	E	G#
D Maj⁷	=	D	F#	A	C#
G Maj⁷	=	G	B	D	F#

12key의 모든 메이저 세븐스 코드를 숙지하고 핑거보드에서 코드톤 아르페지오를 연습한다.

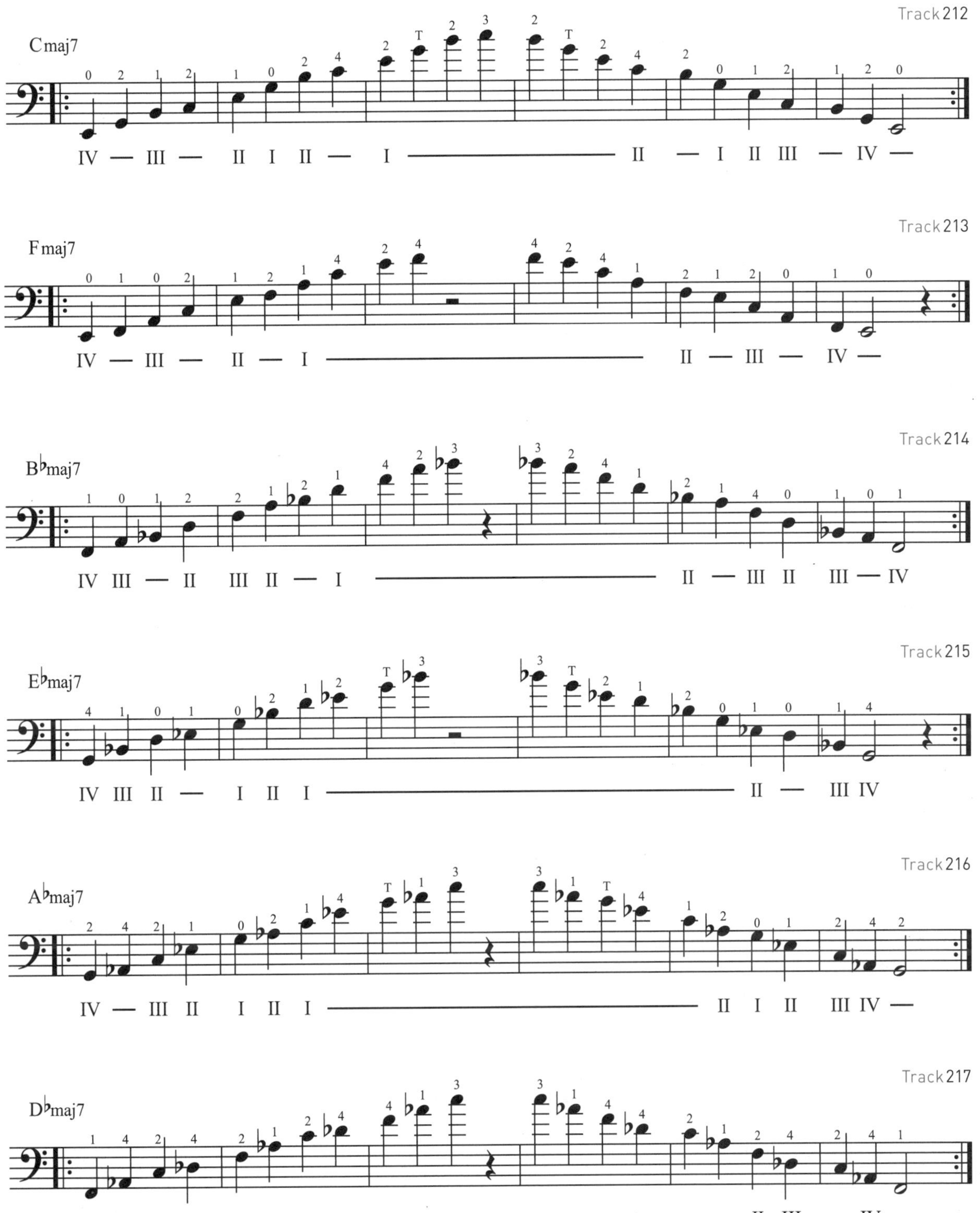

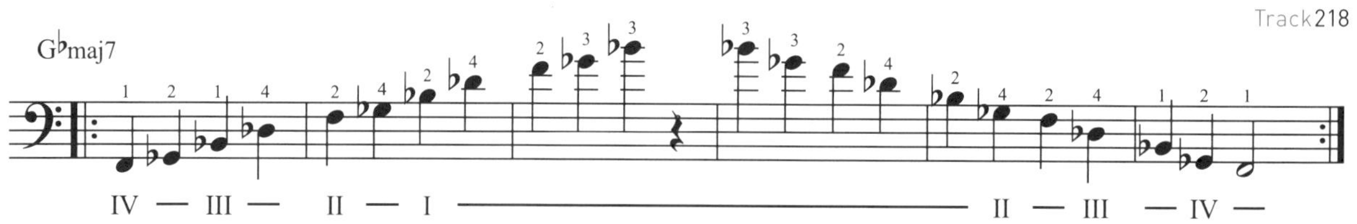
Gᵇmaj7
1 2 1 4   2 4 2 3 2 3 3 3 2 2 4 2 4 1 2 1
IV — III — II — I ———————————————— II — III — IV —

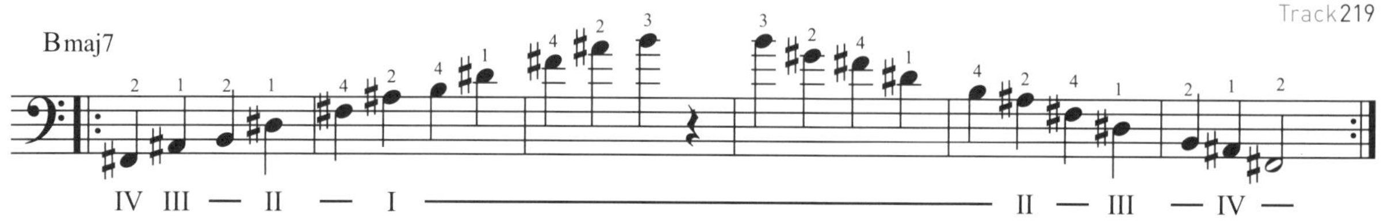
Bmaj7
2 1 2 1 4 2 4 2 3 3 2 4 4 2 4 1 2 1 2
IV III — II — I ———————————————— II — III — IV —

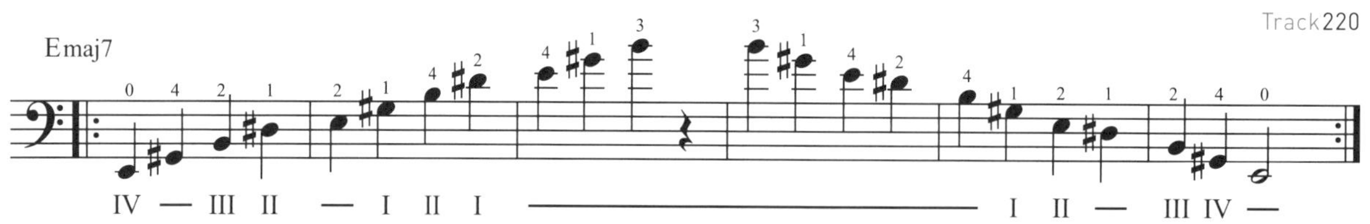
Emaj7
0 4 2 1 2 1 4 2 3 3 4 2 4 1 2 1 2 4 0
IV — III II — I II I ———————————————— I II — III IV —

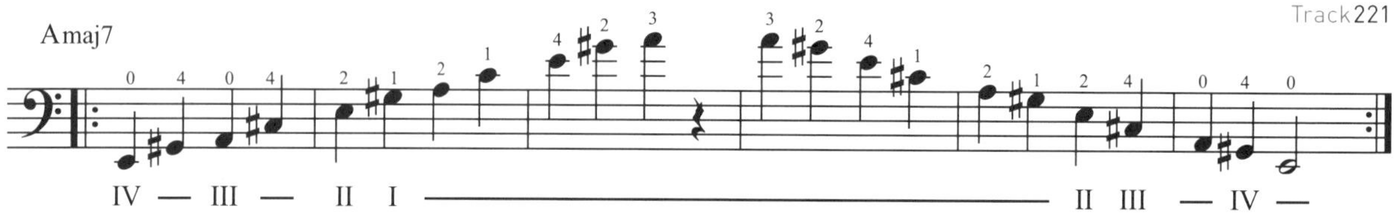
Amaj7
0 4 0 4 2 1 2 4 2 3 3 2 4 2 1 2 4 0 4 0
IV — III — II I ———————————————— II III — IV —

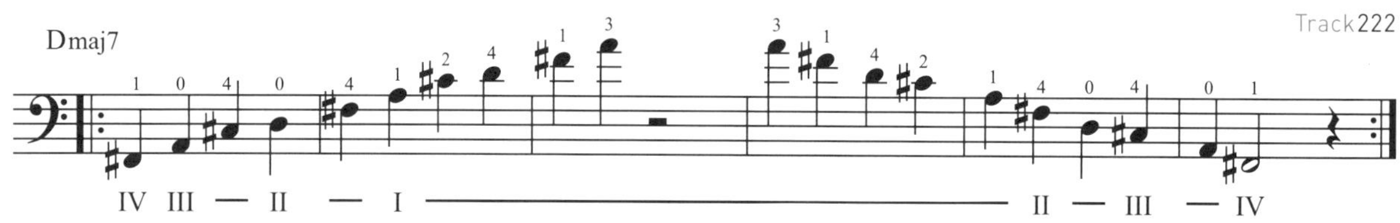
Dmaj7
1 0 4 0 4 1 2 4 1 3 3 1 2 1 4 0 4 0 1
IV III — II — I ———————————————— II — III — IV

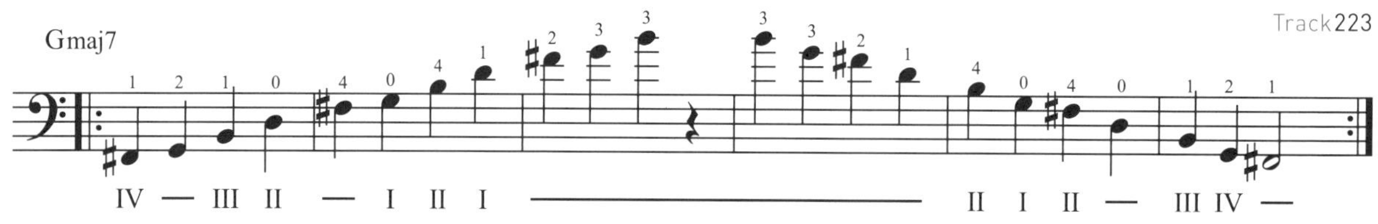
Gmaj7
1 2 1 0 4 0 1 2 3 3 3 3 1 4 0 4 0 1 2 1
IV — III II — I II I ———————————————— II I II — III IV —

2. 도미넌트 세븐스 코드 (Dominant 7th Chords)

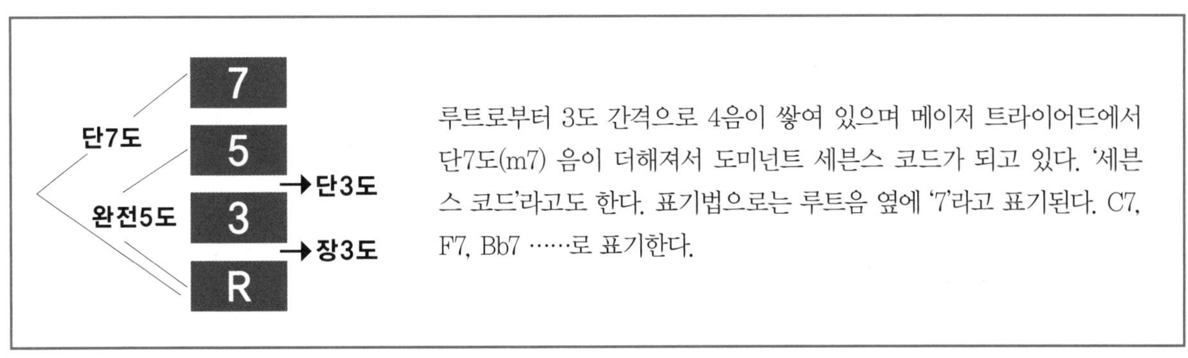

루트로부터 3도 간격으로 4음이 쌓여 있으며 메이저 트라이어드에서 단7도(m7) 음이 더해져서 도미넌트 세븐스 코드가 되고 있다. '세븐스 코드'라고도 한다. 표기법으로는 루트음 옆에 '7'라고 표기된다. C7, F7, Bb7 ……로 표기한다.

도미넌트 세븐스 코드를 12key에서 찾아보면 다음과 같다.

C^7	=	C	E	G	$B^\flat$
F^7	=	F	A	C	$E^\flat$
$B^{\flat 7}$	=	$B^\flat$	D	F	$A^\flat$
$E^{\flat 7}$	=	$E^\flat$	G	$B^\flat$	$D^\flat$
$A^{\flat 7}$	=	$A^\flat$	C	$E^\flat$	$G^\flat$
$D^{\flat 7}$	=	$D^\flat$	F	$A^\flat$	B
$G^{\flat 7}$	=	$G^\flat$	$B^\flat$	$D^\flat$	E
B^7	=	B	$D^\#$	$F^\#$	A
E^7	=	E	$G^\#$	B	D
A^7	=	A	$C^\#$	E	G
D^7	=	D	$F^\#$	A	C
G^7	=	G	B	D	F

12key의 모든 도미넌트 세븐스 코드를 숙지하고 핑거보드에서 코드톤 아르페지오를 연습한다.

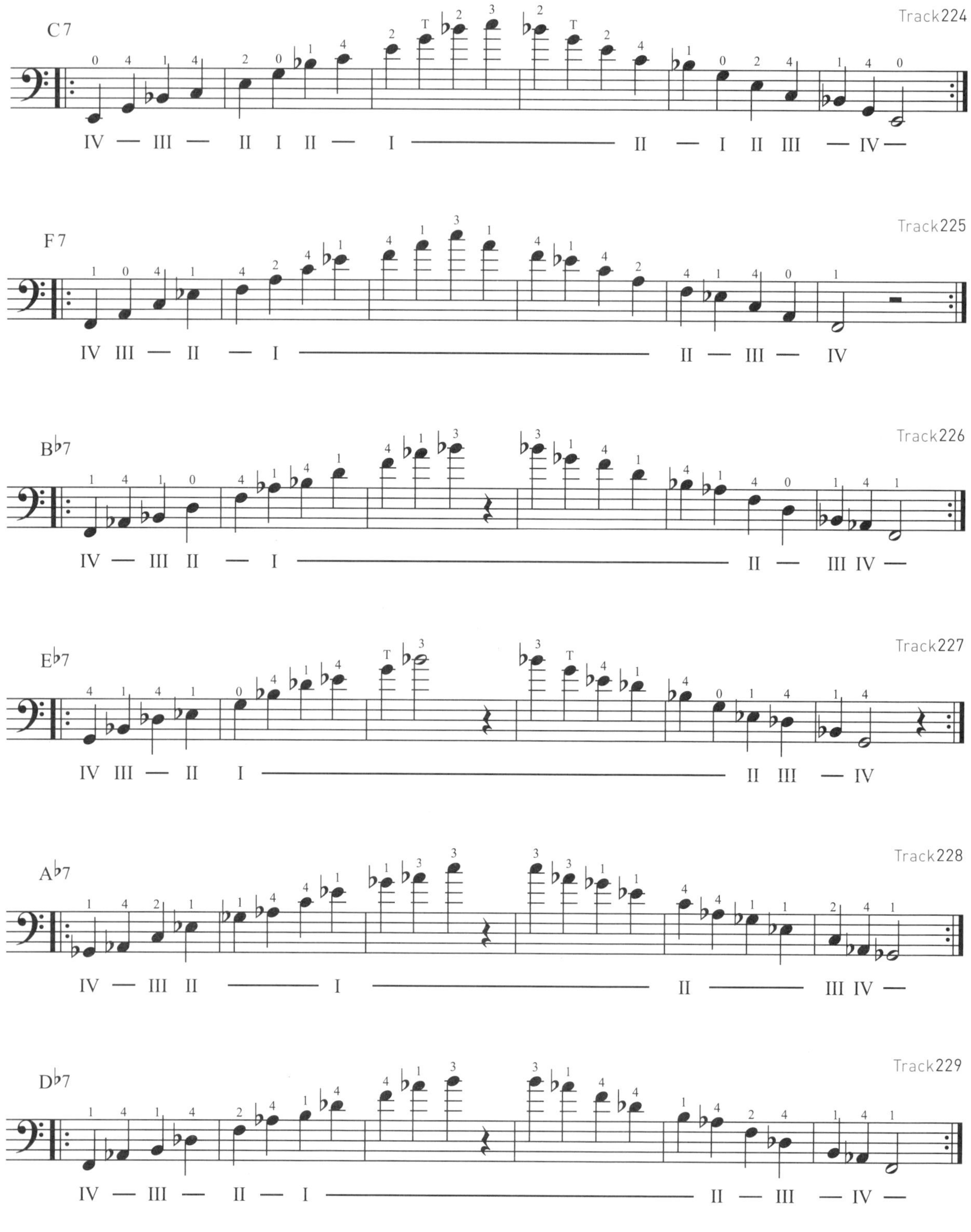

G♭7
IV — III — II — I — II — III — IV —

B7
IV III — II — I — II — III — IV

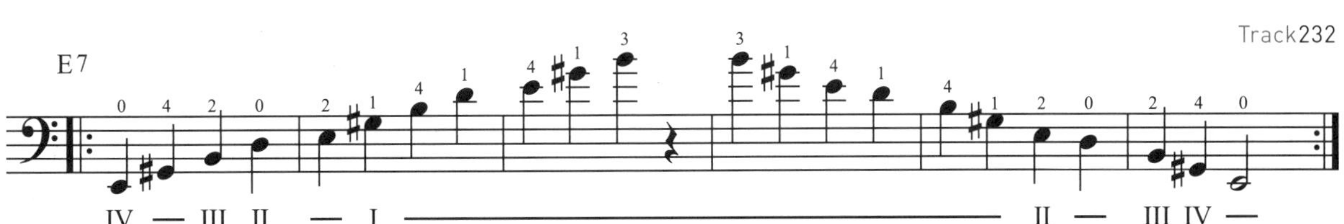
E7
IV — III II — I — II — III IV —

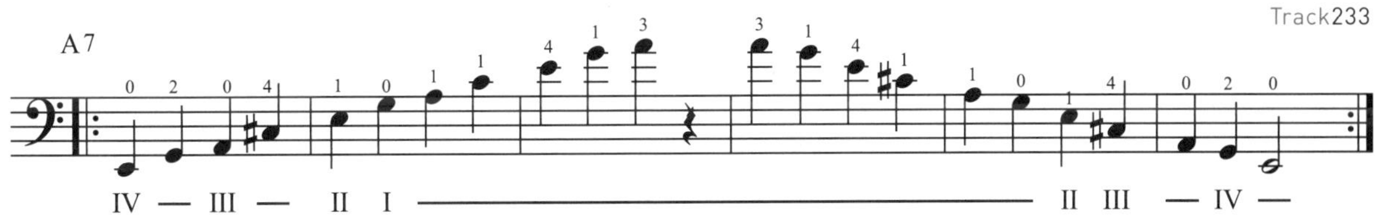
A7
IV — III — II I — II III — IV —

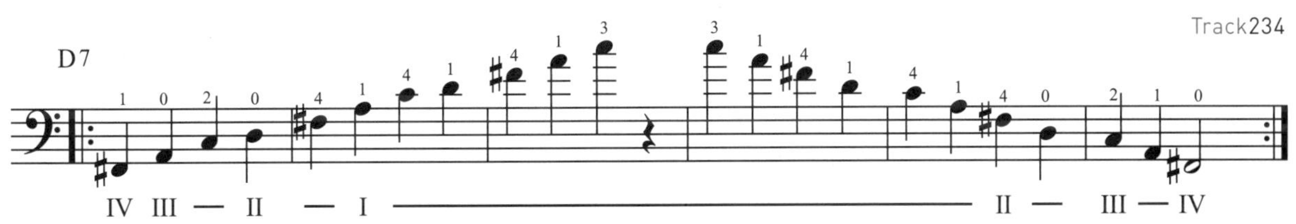
D7
IV III — II — I — II — III — IV

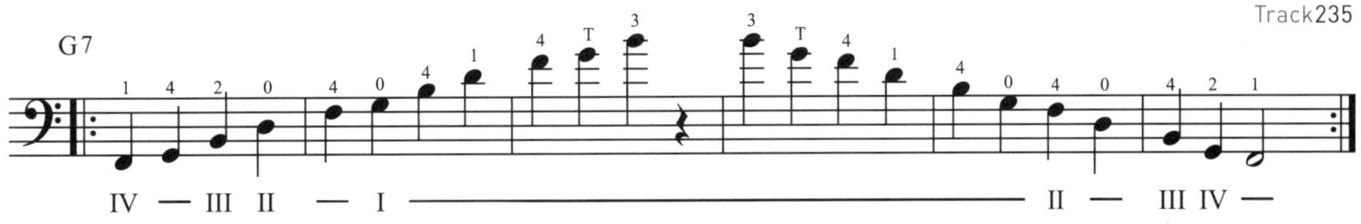
G7
IV — III II — I — II — III IV —

3. 마이너 세븐스 코드(Minor 7th Chords)

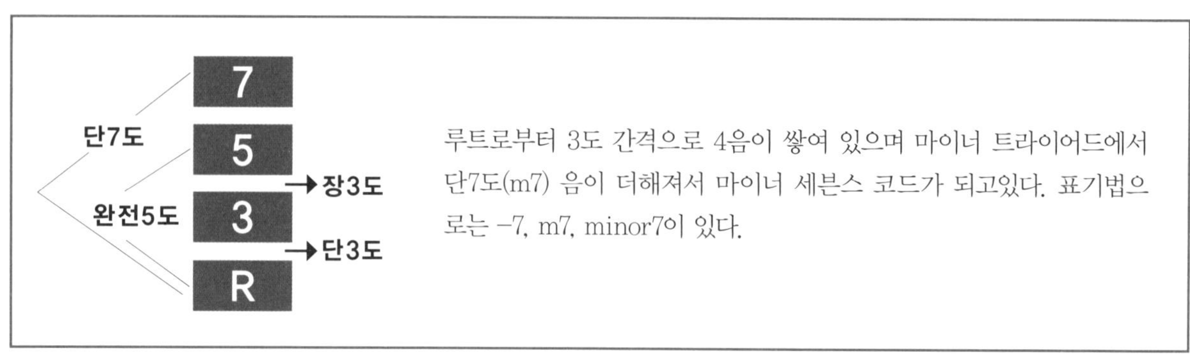

루트로부터 3도 간격으로 4음이 쌓여 있으며 마이너 트라이어드에서 단7도(m7) 음이 더해져서 마이너 세븐스 코드가 되고있다. 표기법으로는 −7, m7, minor7이 있다.

마이너 세븐스 코드를 12key에서 찾아보면 다음과 같다.

$C\text{-}^7$	=	C	$E^\flat$	G	$B^\flat$
$F\text{-}^7$	=	F	$A^\flat$	C	$E^\flat$
$B^\flat\text{-}^7$	=	$B^\flat$	$D^\flat$	F	$A^\flat$
$E^\flat\text{-}^7$	=	$E^\flat$	$G^\flat$	$B^\flat$	$D^\flat$
$A^\flat\text{-}^7$	=	$A^\flat$	B	$E^\flat$	$G^\flat$
$D^\flat\text{-}^7$	=	$D^\flat$	E	$A^\flat$	B
$G^\flat\text{-}^7$	=	$G^\flat$	A	$D^\flat$	E
$B\text{-}^7$	=	B	D	$F^\sharp$	A
$E\text{-}^7$	=	E	G	B	D
$A\text{-}^7$	=	A	C	E	G
$D\text{-}^7$	=	D	F	A	C
$G\text{-}^7$	=	G	$B^\flat$	D	F

12key의 모든 마이너 세븐스 코드를 숙지하고 핑거보드에서 코드톤 아르페지오를 연습한다.

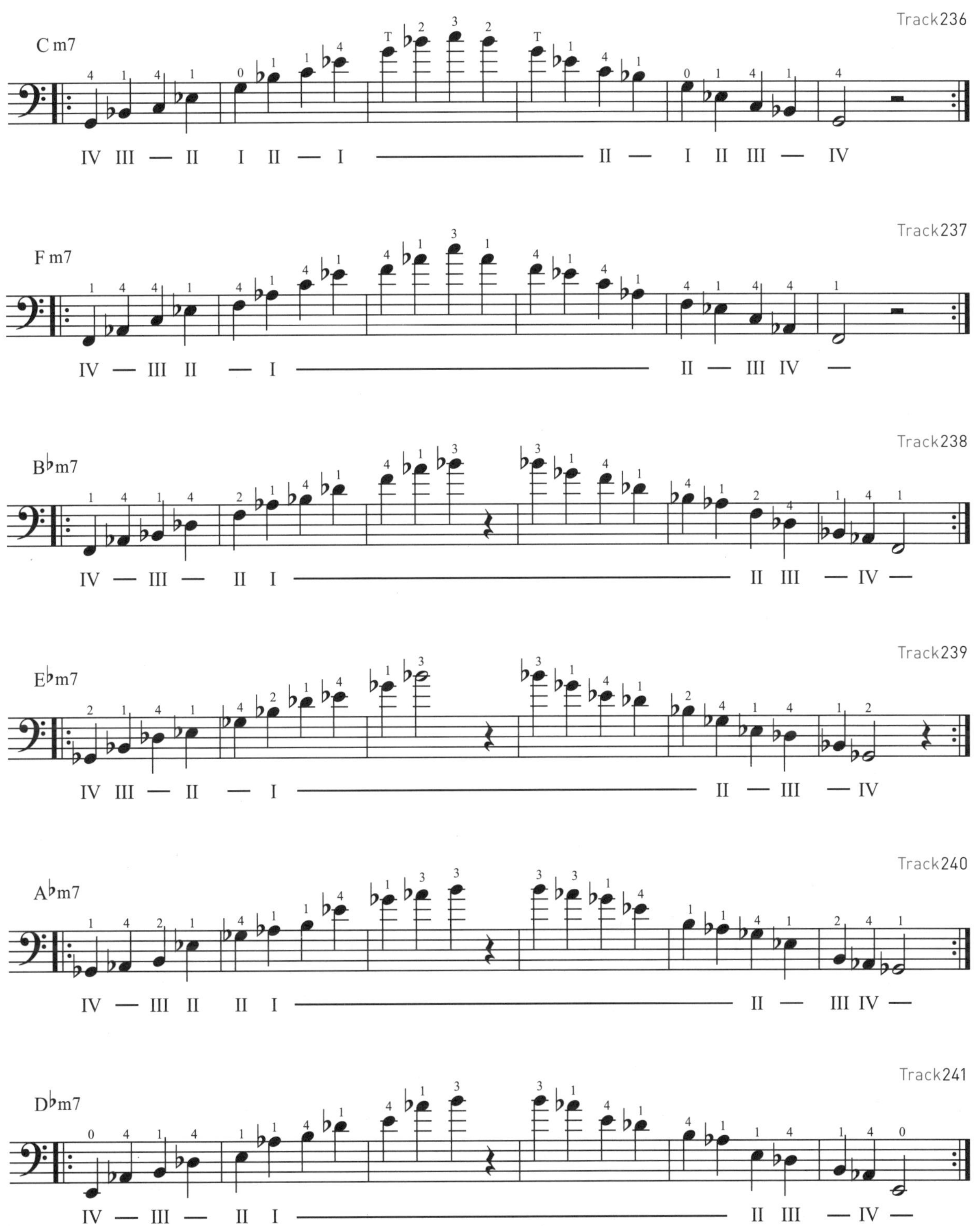

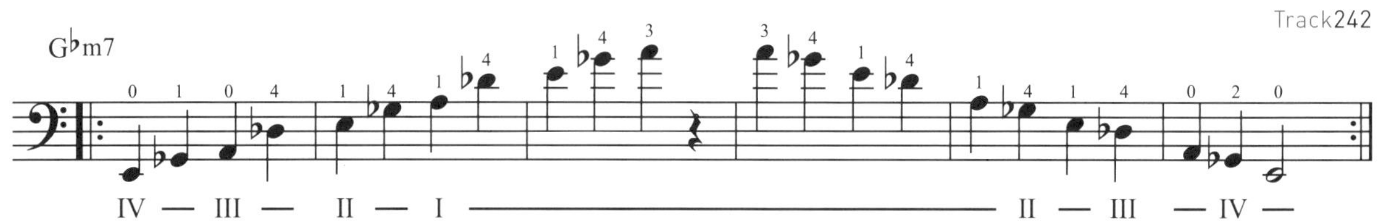
G♭m7
IV — III — II — I — II — III — IV —

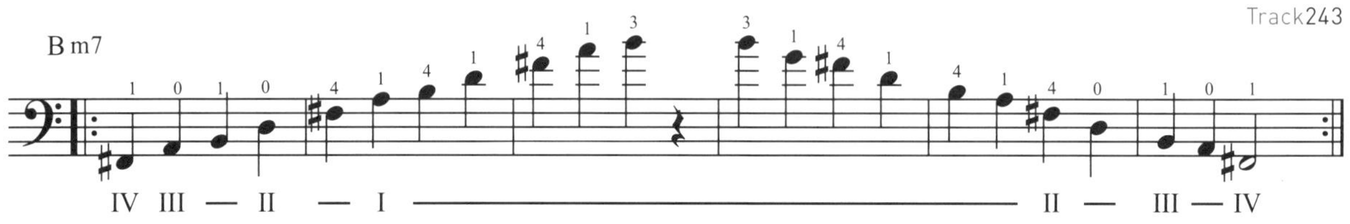
B m7
IV III — II — I — II — III — IV

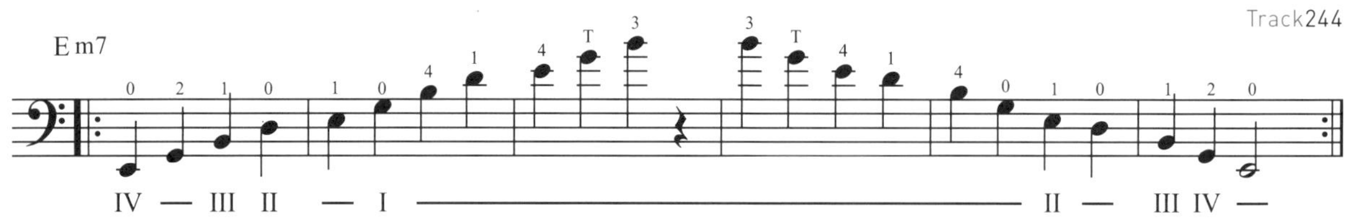
E m7
IV — III II — I — II — III IV —

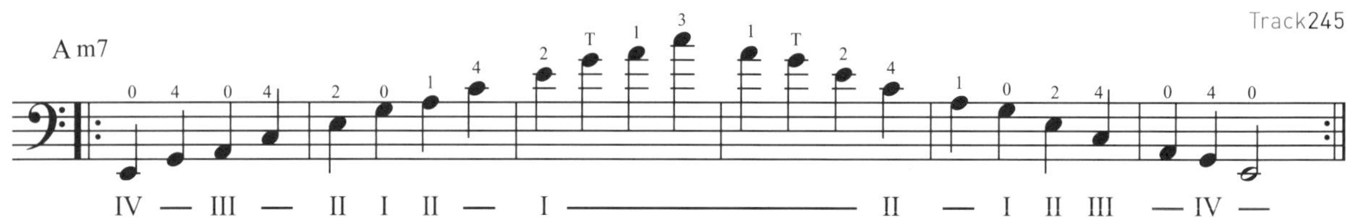
A m7
IV — III — II I II — I — II — I II III — IV —

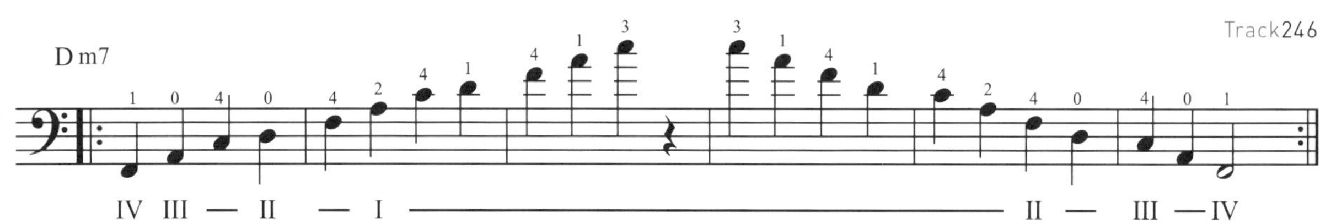
D m7
IV III — II — I — II — III — IV

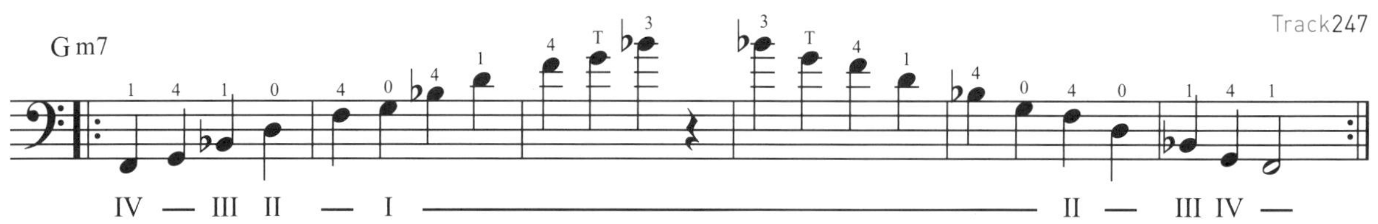
G m7
IV — III II — I — II — III IV —

4. 하프 디미니쉬드 세븐스 코드(Half Diminished 7th Chords)

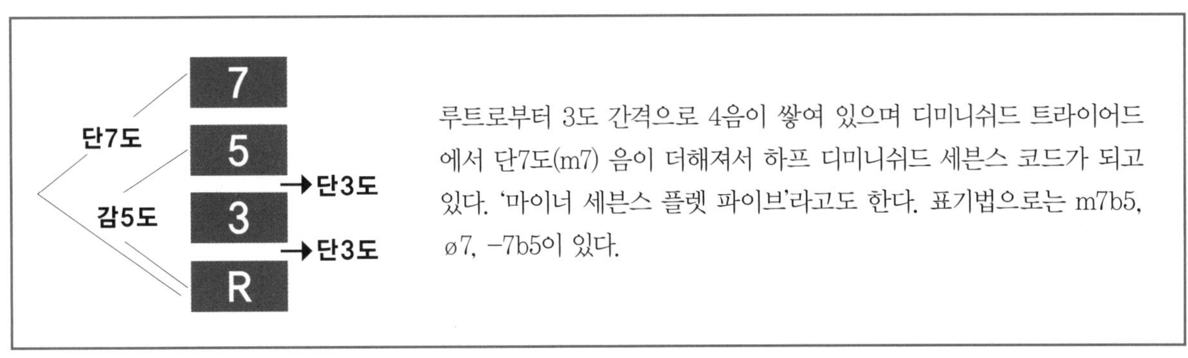

루트로부터 3도 간격으로 4음이 쌓여 있으며 디미니쉬드 트라이어드에서 단7도(m7) 음이 더해져서 하프 디미니쉬드 세븐스 코드가 되고 있다. '마이너 세븐스 플렛 파이브'라고도 한다. 표기법으로는 m7b5, ø7, −7b5이 있다.

하프 디미니쉬드 세븐스 코드를 12key에서 찾아보면 다음과 같다.

C^{ø}7	=	C	E$^{♭}$	G$^{♭}$	B$^{♭}$
F^{ø}7	=	F	A$^{♭}$	B	E$^{♭}$
B$^{♭ø}$7	=	B$^{♭}$	D$^{♭}$	E	A$^{♭}$
E$^{♭ø}$7	=	E$^{♭}$	G$^{♭}$	A	D$^{♭}$
A$^{♭ø}$7	=	A$^{♭}$	B	D	G$^{♭}$
D$^{♭ø}$7	=	D$^{♭}$	E	G	B
G$^{♭ø}$7	=	G$^{♭}$	A	C	E
B^{ø}7	=	B	D	F	A
E^{ø}7	=	E	G	B$^{♭}$	D
A^{ø}7	=	A	C	E$^{♭}$	G
D^{ø}7	=	D	F	A$^{♭}$	C
G^{ø}7	=	G	B$^{♭}$	D$^{♭}$	F

$$C^{ø}7 = Cm7^{♭5} = C{-}7^{♭5}$$

12key의 모든 하프 디미니쉬드 세븐스 코드를 숙지하고 베이스 핑거보드에서 코드톤 아르페지오를 연습한다.

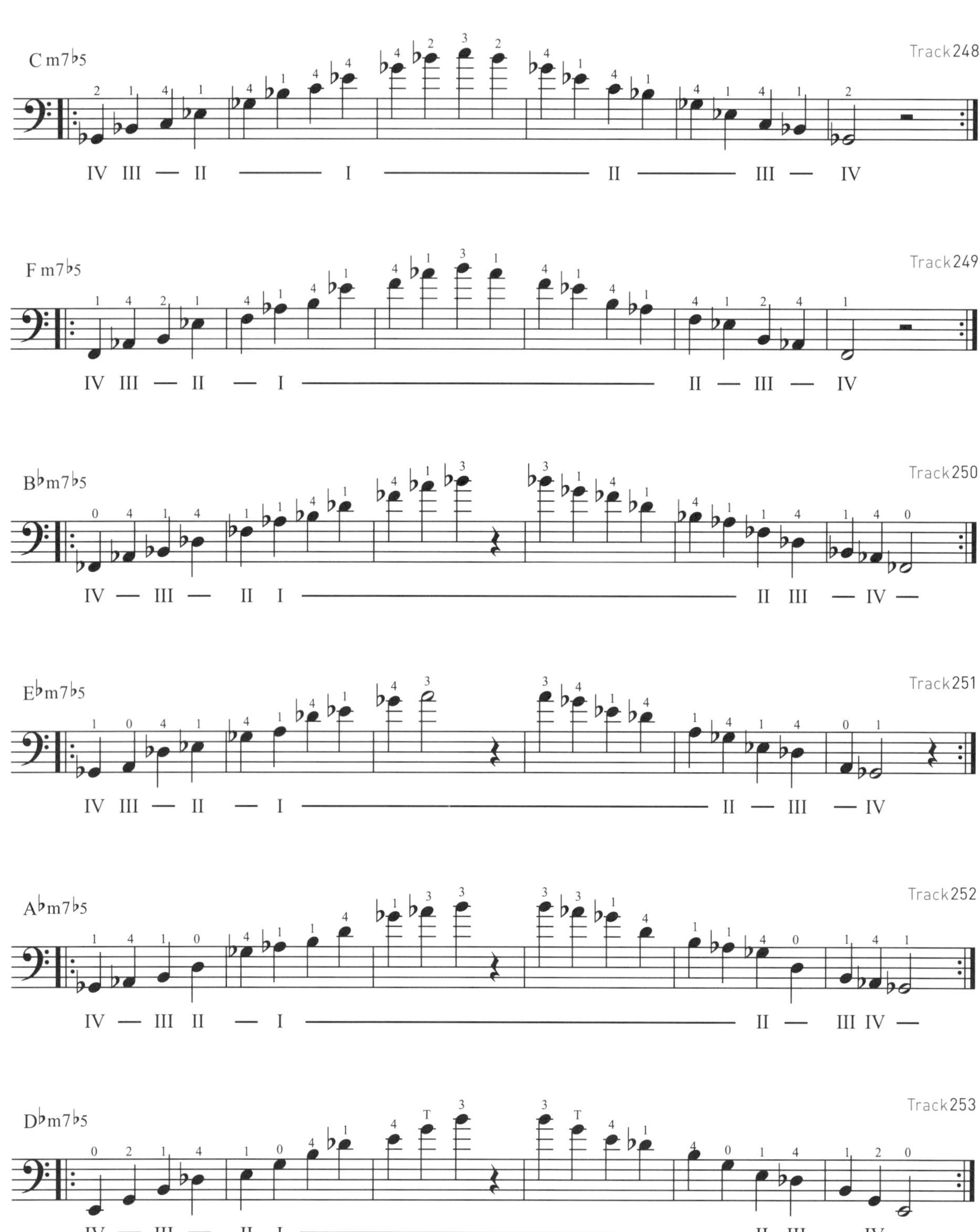

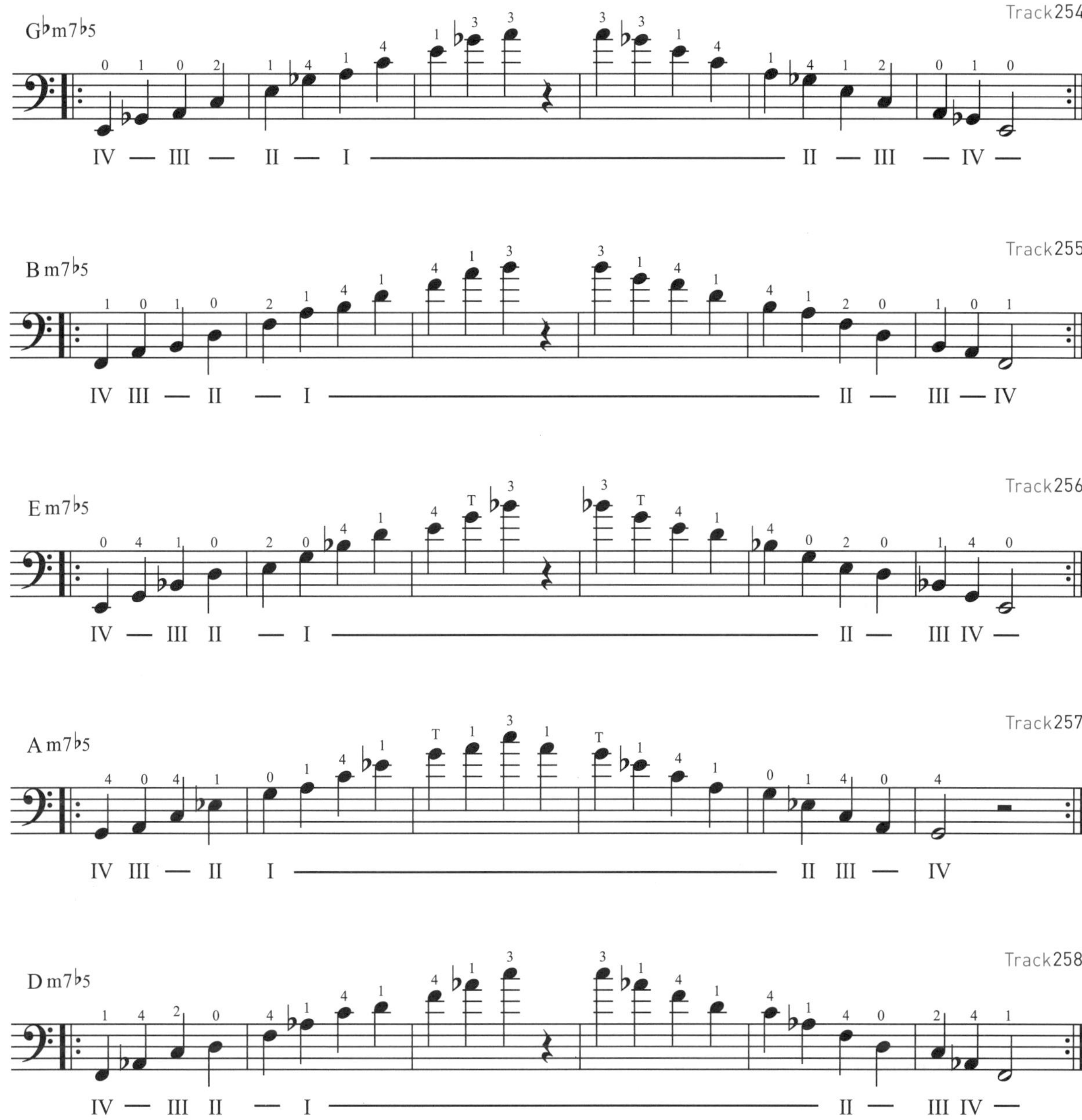

G♭m7♭5
Track254
IV — III — II — I — II — III — IV —
B♭m7♭5
Track255
IV III — II — I — II — III — IV
E♭m7♭5
Track256
IV — III II — I — II — III IV —
A♭m7♭5
Track257
IV III — II I — II III — IV
D♭m7♭5
Track258
IV — III II — I — II — III IV —
G♭m7♭5
Track259
IV — III — II I II I — II I II III — IV —

5. 디미니쉬드 세븐스 코드(Diminshed 7th Chords)

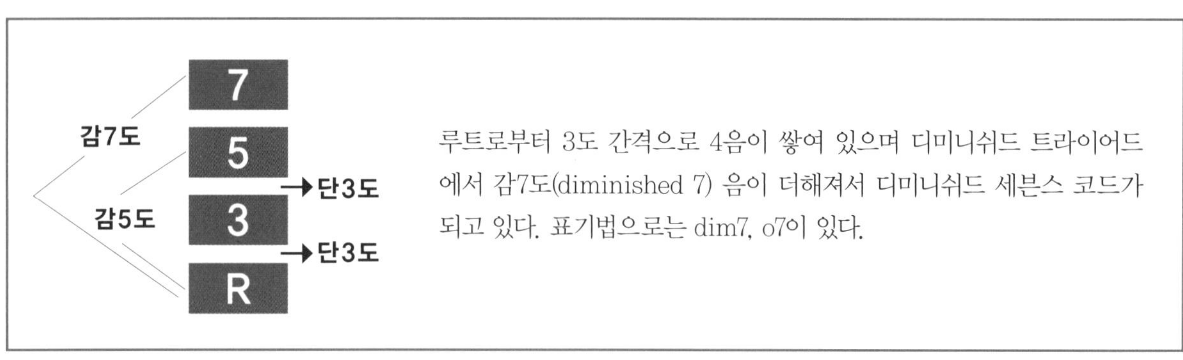

루트로부터 3도 간격으로 4음이 쌓여 있으며 디미니쉬드 트라이어드
에서 감7도(diminished 7) 음이 더해져서 디미니쉬드 세븐스 코드가
되고 있다. 표기법으로는 dim7, o7이 있다.

디미니쉬드 세븐스 코드를 12key에서 찾아보면 다음과 같다.

C ^{o7}	=	C	E$^\flat$	G$^\flat$	A
F ^{o7}	=	F	A$^\flat$	B	D
B $^{\flat o7}$	=	B$^\flat$	D$^\flat$	E	G
E $^{\flat o7}$	=	E$^\flat$	G$^\flat$	A	C
A$^\flat$ ^{o7}	=	A$^\flat$	B	D	F
D$^\flat$ ^{o7}	=	D$^\flat$	E	G	B$^\flat$
G$^\flat$ ^{o7}	=	G$^\flat$	A	C	E$^\flat$
B ^{o7}	=	B	D	F	A$^\flat$
E ^{o7}	=	E	G	B$^\flat$	D$^\flat$
A ^{o7}	=	A	C	E$^\flat$	G$^\flat$
D ^{o7}	=	D	F	A$^\flat$	B
G ^{o7}	=	G	B$^\flat$	D$^\flat$	E

12key의 모든 디미니쉬드 세븐스 코드를 숙지하고 베이스 핑거보드에서 코드톤 아르페지오를 연습한다.

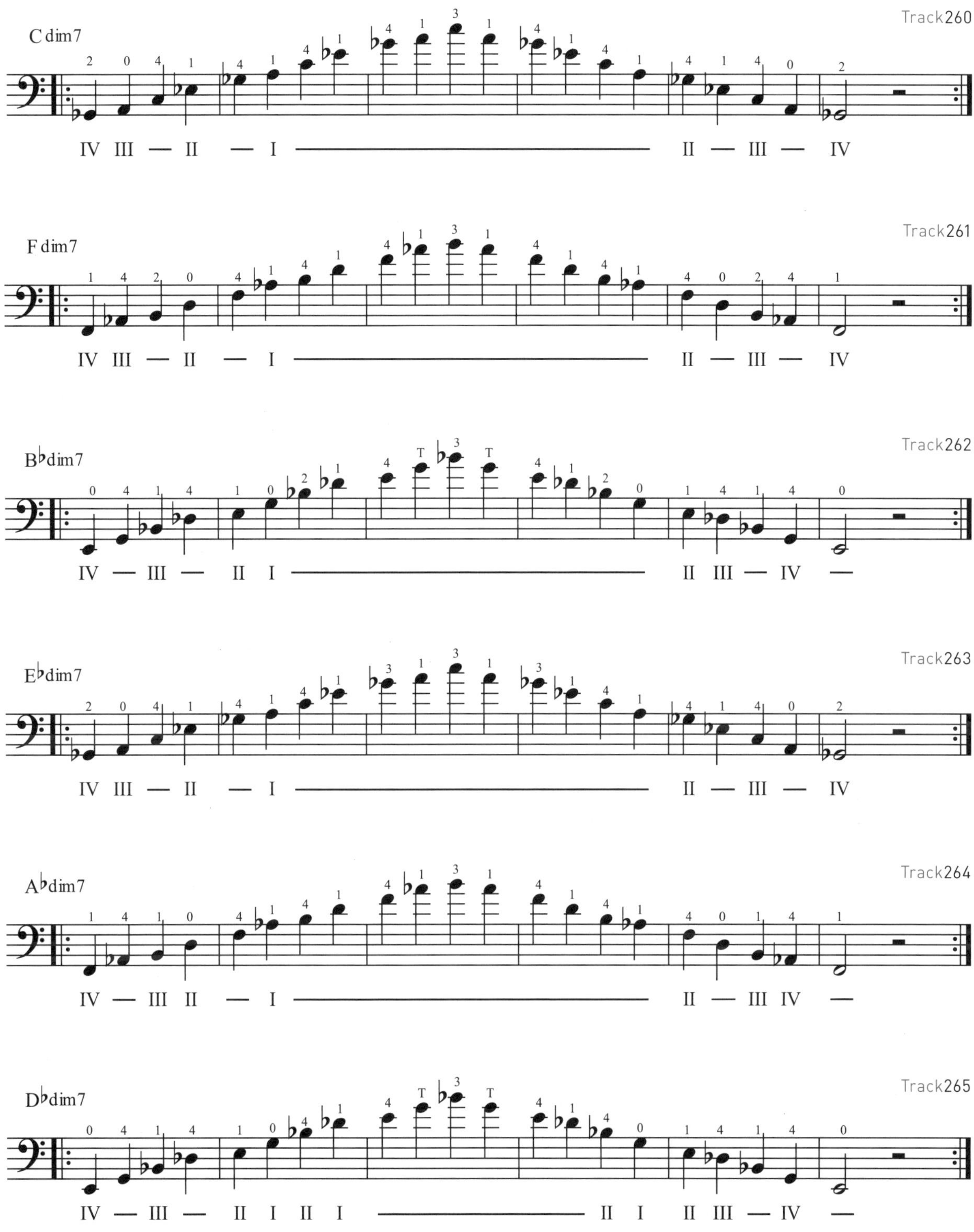

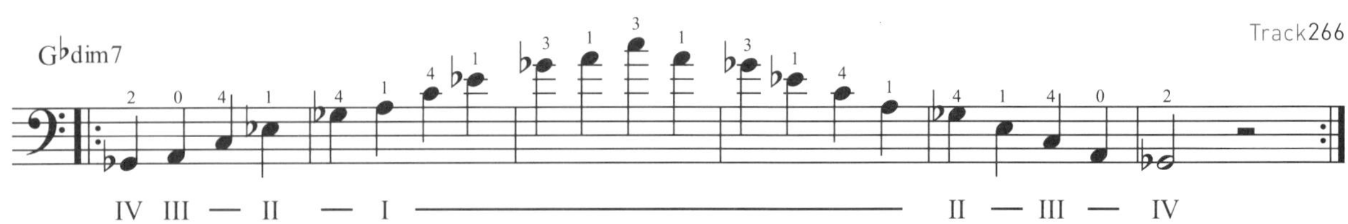

Track266
Gbdim7
IV III — II — I — II — III — IV

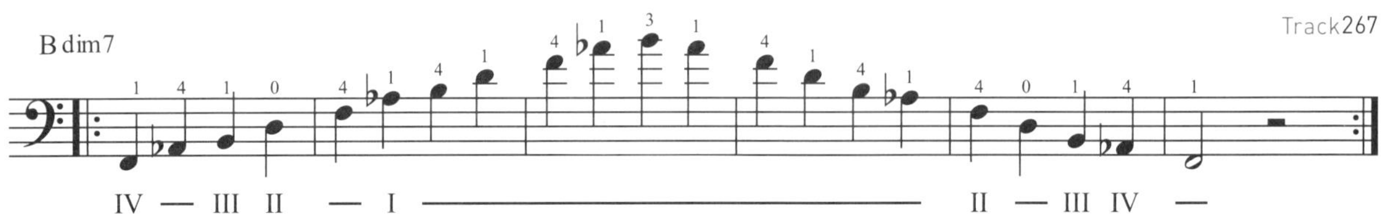

Track267
Bdim7
IV — III II — I — II — III IV —

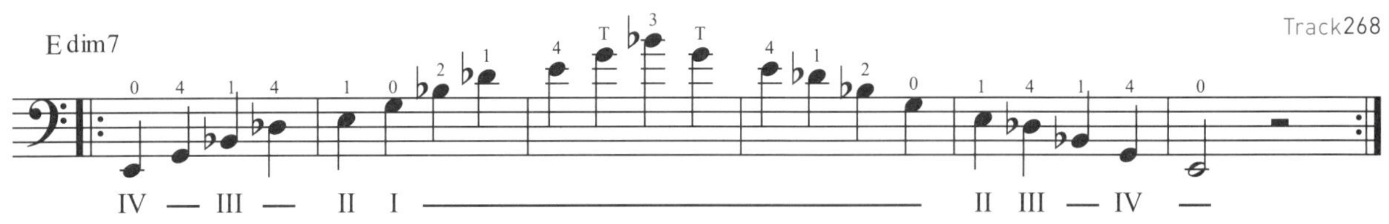

Track268
Edim7
IV — III — II I — II III — IV —

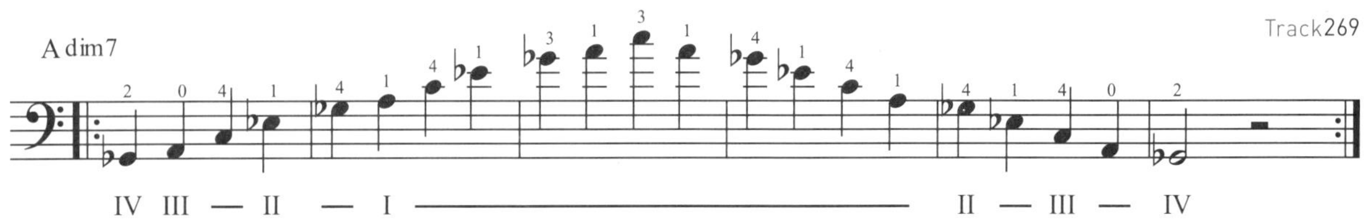

Track269
Adim7
IV III — II — I — II — III — IV

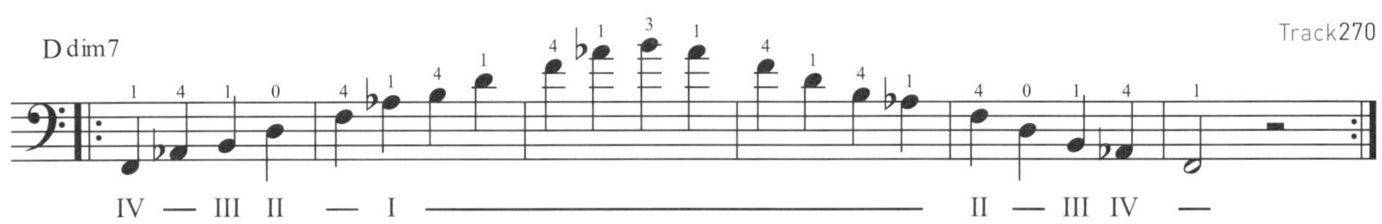

Track270
Ddim7
IV — III II — I — II — III IV —

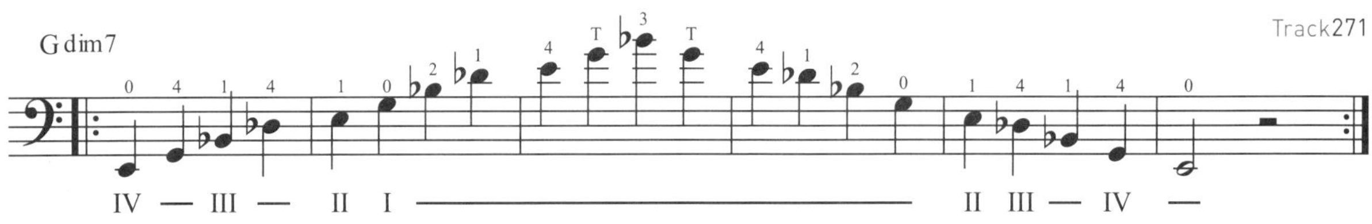

Track271
Gdim7
IV — III — II I — II III — IV —

6. 서스펜디드 세븐스 코드(Suspened 7th Chords)

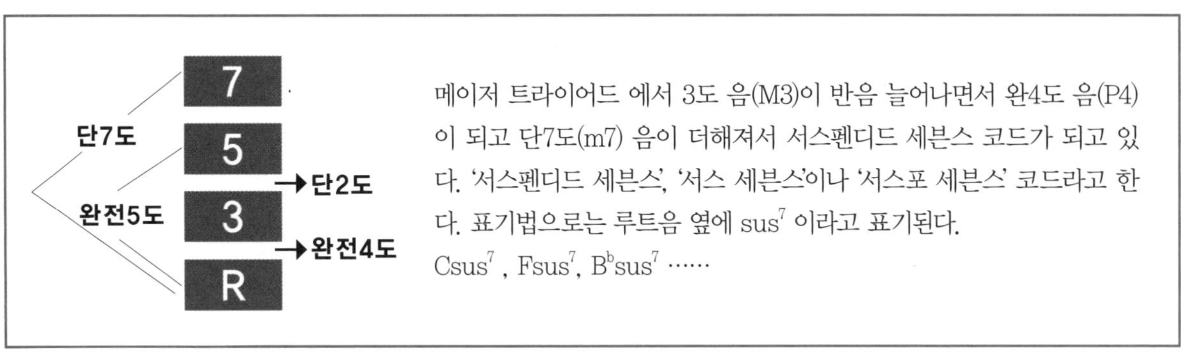

메이저 트라이어드 에서 3도 음(M3)이 반음 늘어나면서 완4도 음(P4)이 되고 단7도(m7) 음이 더해져서 서스펜디드 세븐스 코드가 되고 있다. '서스펜디드 세븐스', '서스 세븐스'이나 '서스포 세븐스' 코드라고 한다. 표기법으로는 루트음 옆에 sus^7 이라고 표기된다.

Csus^7 , Fsus^7 , B$^\flat$sus^7 ······

서스펜디드 세븐스 코드를 12key에서 찾아보면 다음과 같다.

C sus^7	=	C	F	G	B$^\flat$
F sus^7	=	F	B$^\flat$	C	E$^\flat$
B$^\flat$ sus^7	=	B$^\flat$	E$^\flat$	F	A$^\flat$
E$^\flat$ sus^7	=	E$^\flat$	A$^\flat$	B$^\flat$	D$^\flat$
A$^\flat$ sus^7	=	A$^\flat$	D$^\flat$	E$^\flat$	G$^\flat$
D$^\flat$ sus^7	=	D$^\flat$	G$^\flat$	A$^\flat$	B
G$^\flat$ sus^7	=	G$^\flat$	B	D$^\flat$	E
B sus^7	=	B	E	F$^\#$	A
E sus^7	=	E	A	B	D
A sus^7	=	A	D	E	G
D sus^7	=	D	G	A	C
G sus^7	=	G	C	D	F

12key의 모든 서스펜디드 세븐스 코드를 숙지하고 베이스 핑거보드에서 코드톤 아르페지오를 연습한다.

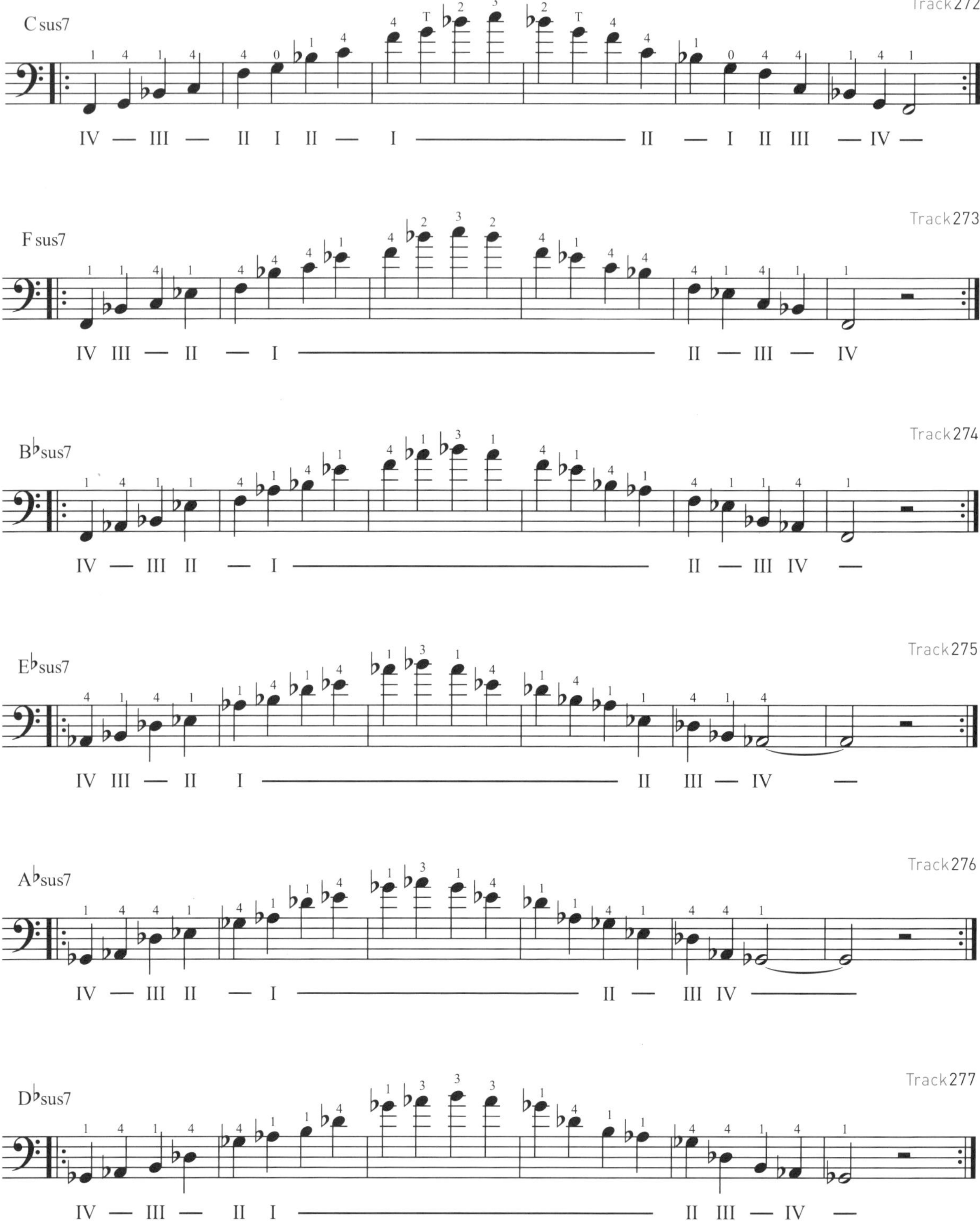

G♭sus7
Track278
Track279
Track280

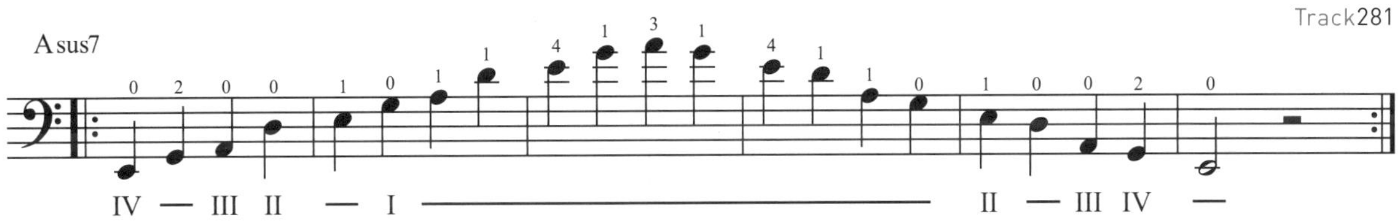
Asus7
Track281

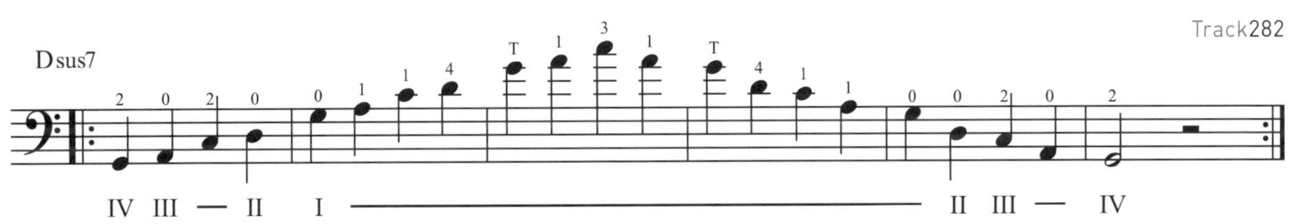
Dsus7
Track282

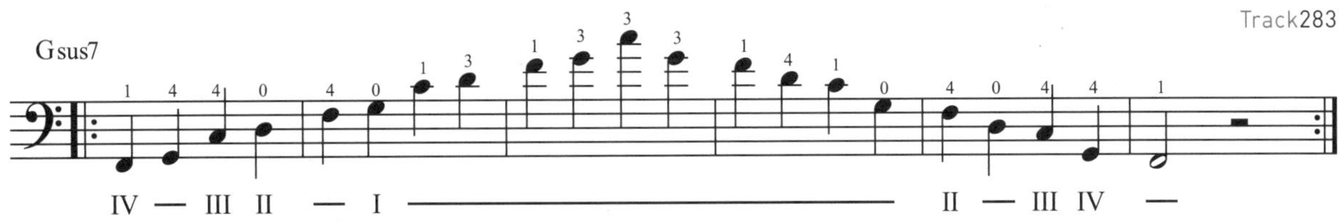
Gsus7
Track283

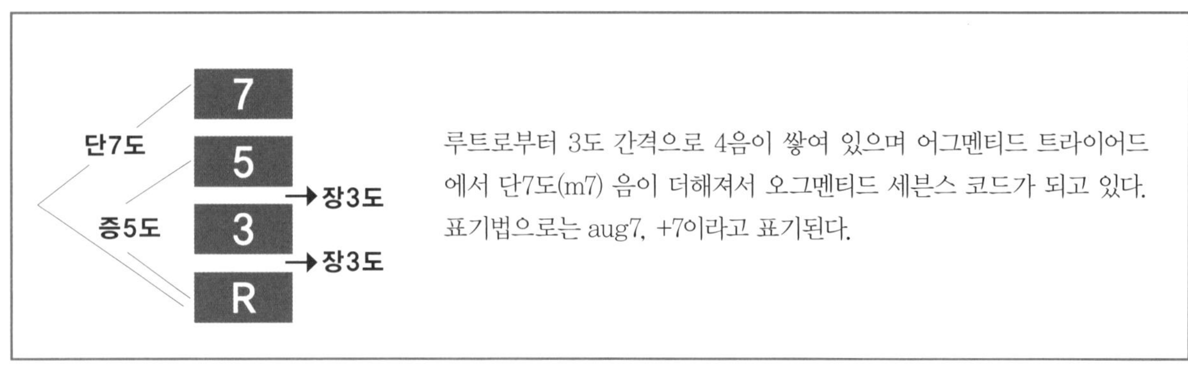

루트로부터 3도 간격으로 4음이 쌓여 있으며 어그멘티드 트라이어드에서 단7도(m7) 음이 더해져서 오그멘티드 세븐스 코드가 되고 있다. 표기법으로는 aug7, +7이라고 표기된다.

어그멘티드 세븐스 코드를 12key에서 찾아보면 다음과 같다.

C aug^7 =	C	E	G$^\#$	B$^\flat$
F aug^7 =	F	A	C$^\#$	E$^\flat$
B$^\flat$ aug^7 =	B$^\flat$	D	F$^\#$	A$^\flat$
E$^\flat$ aug^7 =	E$^\flat$	G	B	D$^\flat$
A$^\flat$ aug^7 =	A$^\flat$	C	E	G$^\flat$
D$^\flat$ aug^7 =	D$^\flat$	F	A	B
G$^\flat$ aug^7 =	G$^\flat$	B$^\flat$	D	E
B aug^7 =	B	D$^\#$	G	A
E aug^7 =	E	G$^\#$	C	D
A aug^7 =	A	C$^\#$	F	G
D aug^7 =	D	F$^\#$	A$^\#$	C
G aug^7 =	G	B	D$^\#$	F

12key의 모든 어그멘티드 세븐스 코드를 숙지하고 베이스 핑거보드에서 코드톤 아르페지오를 연습한다.

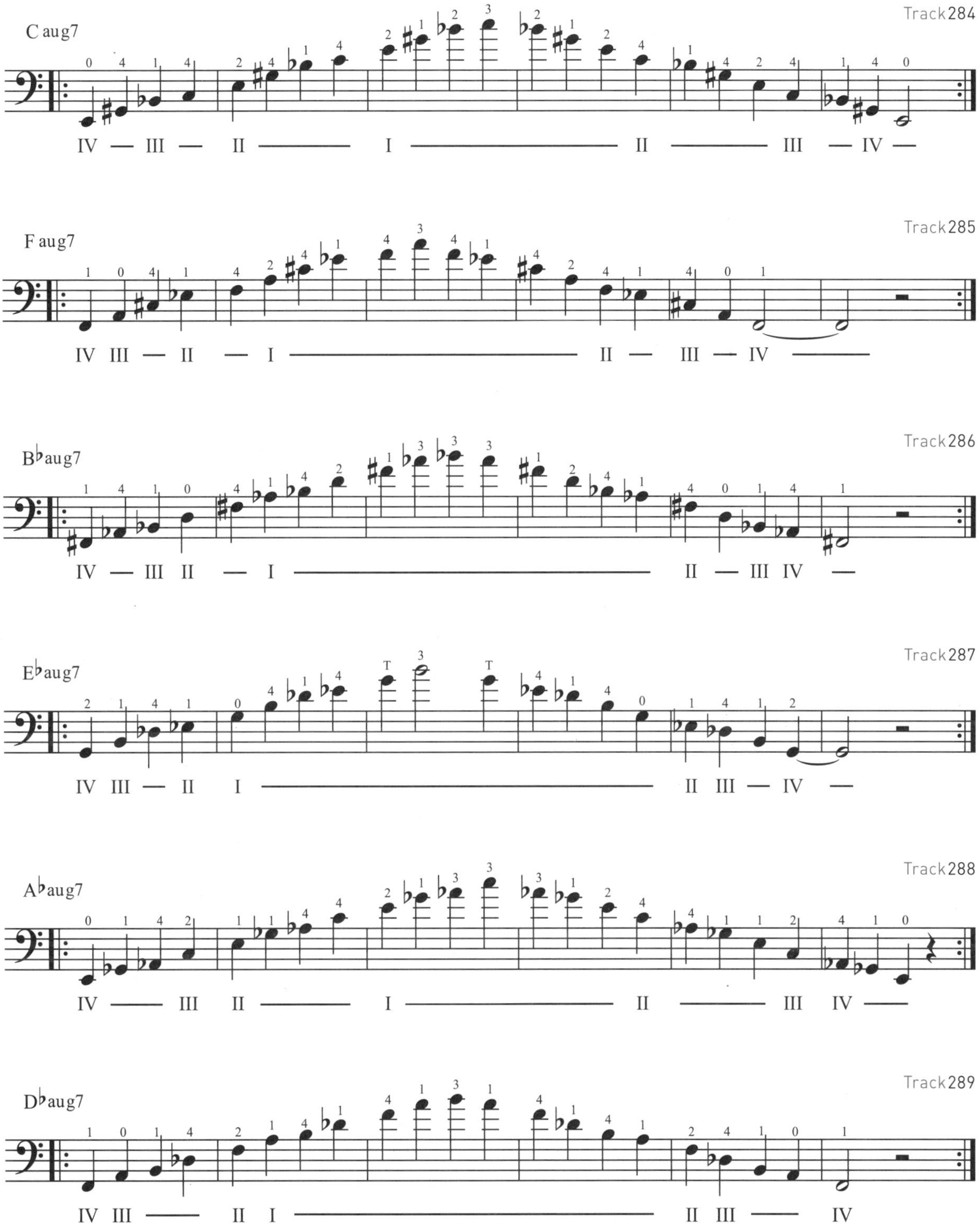

Track290

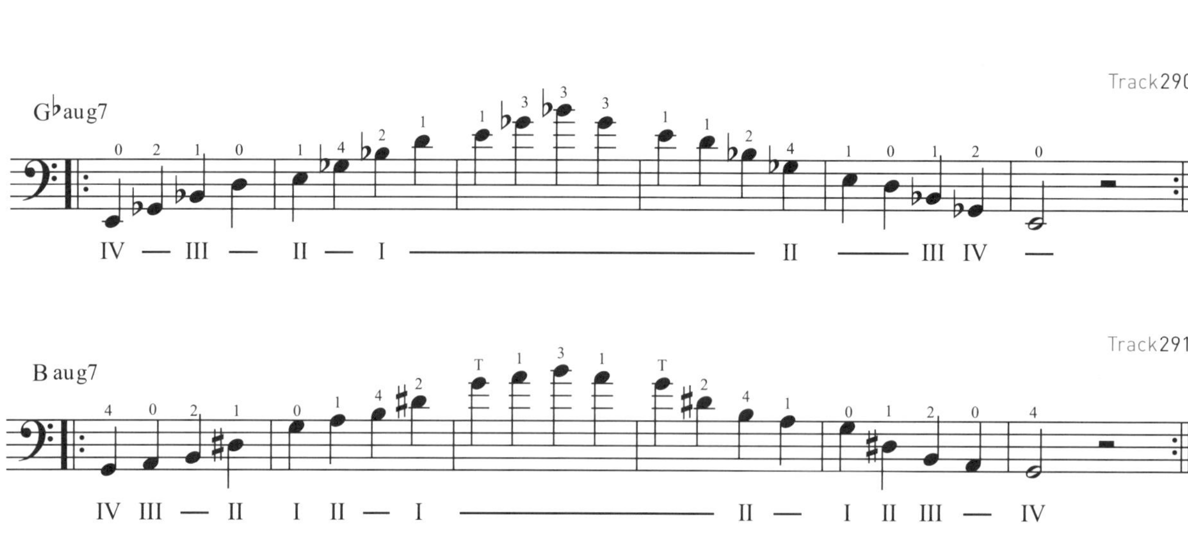
G♭aug7

Track291
B aug7

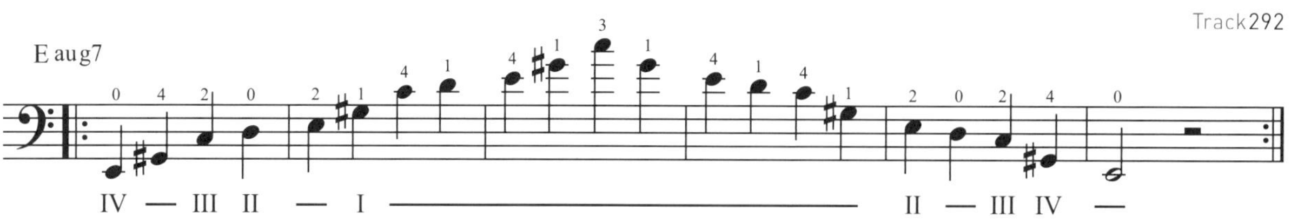

Track292
E aug7

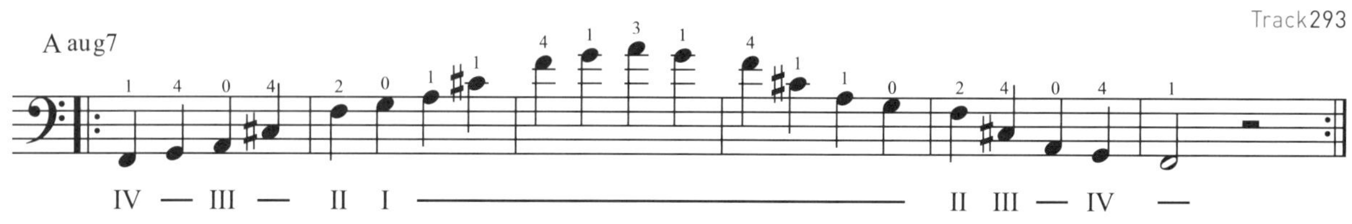

Track293
A aug7

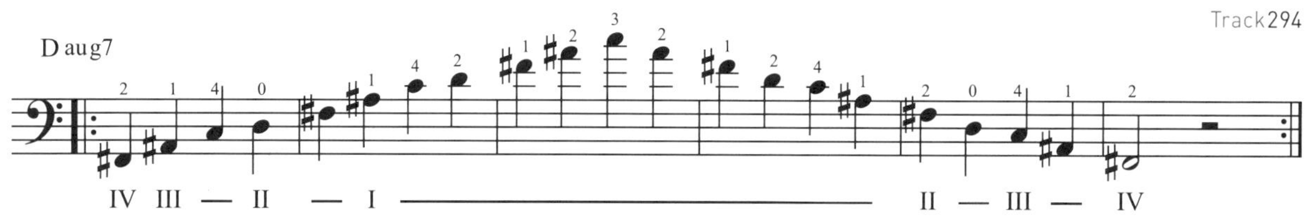

Track294
D aug7

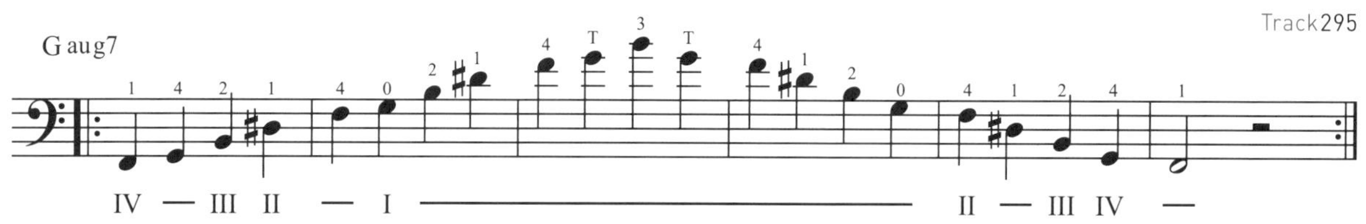

Track295
G aug7

8. 마이너 메이저 세븐스 코드(Minor Major 7th Chords)

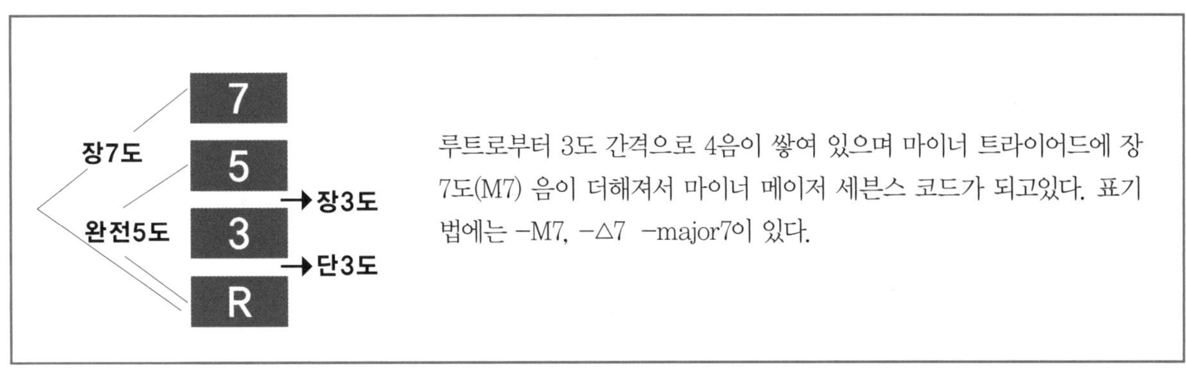

루트로부터 3도 간격으로 4음이 쌓여 있으며 마이너 트라이어드에 장
7도(M7) 음이 더해져서 마이너 메이저 세븐스 코드가 되고있다. 표기
법에는 −M7, −△7 −major7이 있다.

마이너 메이저 세븐스 코드를 12key에서 찾아보면 다음과 같다.

C-M7	=	C	E♭	G	B
F-M7	=	F	A♭	C	E
B♭-M7	=	B♭	D♭	F	A
E♭-M7	=	E♭	G♭	B♭	D
A♭-M7	=	A♭	B	E♭	G
D♭-M7	=	D♭	E	A♭	C
G♭-M7	=	G♭	A	D♭	F
B-M7	=	B	D	F#	A#
E-M7	=	E	G	B	D#
A-M7	=	A	C	E	G#
D-M7	=	D	F	A	C#
G-M7	=	G	B♭	D	F#

12key의 모든 마이너 메이저 세븐스 코드를 숙지하고 베이스 핑거보드에서 코드톤 아르페지오를 연습한다.

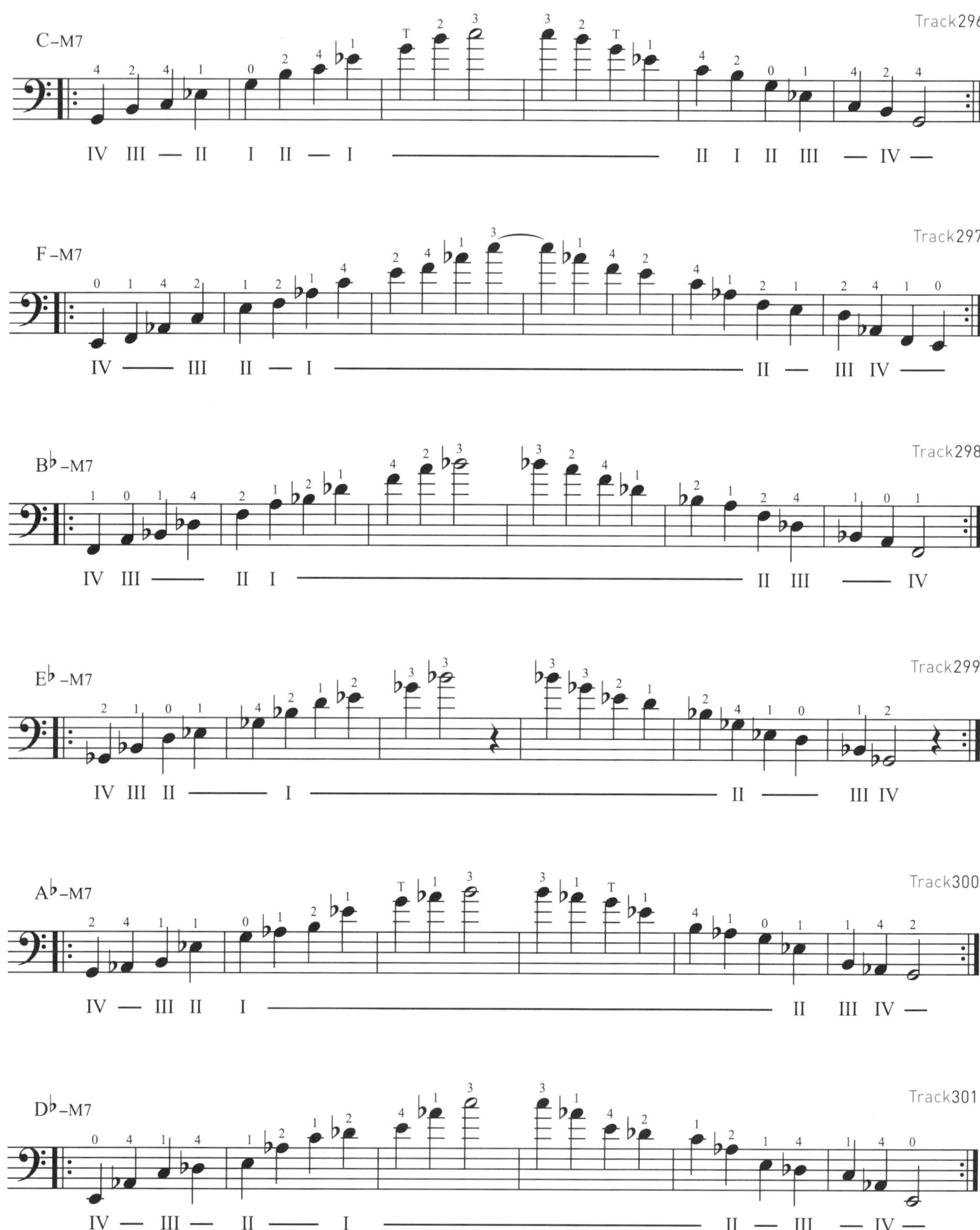

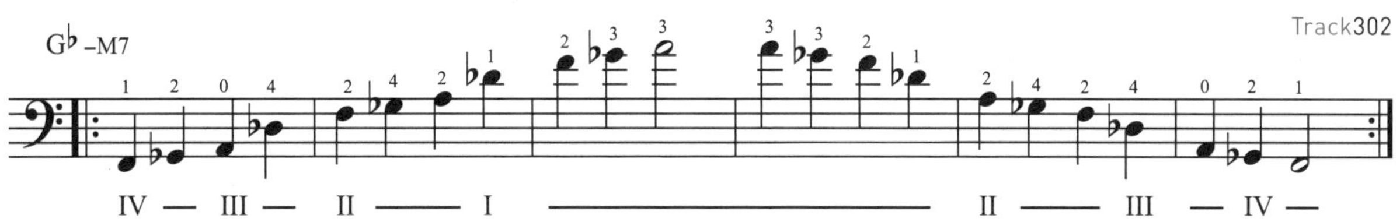

G♭ –M7
Track302
IV — III — II — I — II — III — IV —

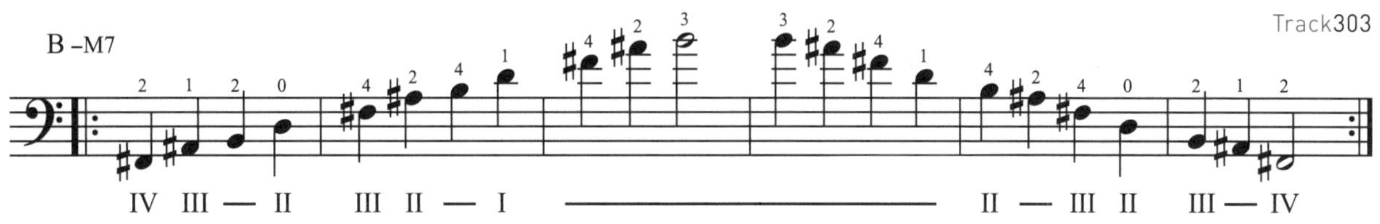

B –M7
Track303
IV III — II III II — I — II — III II III — IV

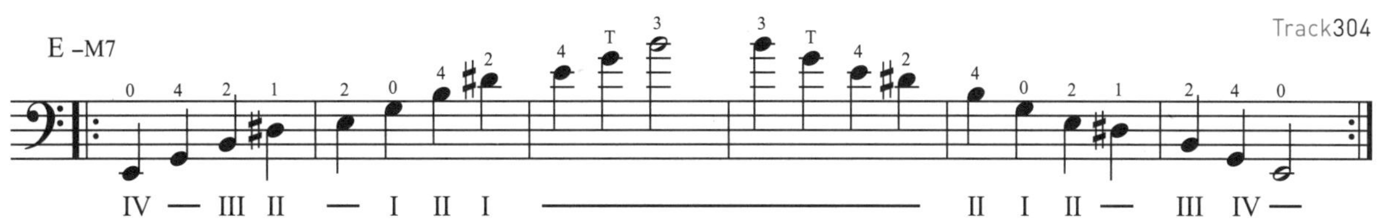

E –M7
Track304
IV — III II — I II I — II I II — III IV —

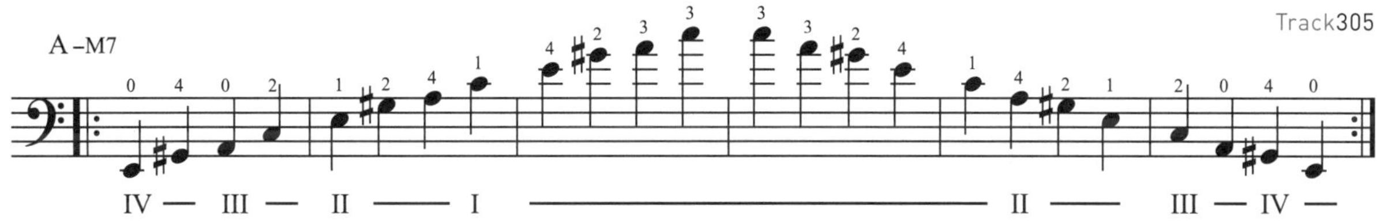

A –M7
Track305
IV — III — II — I — II — III — IV —

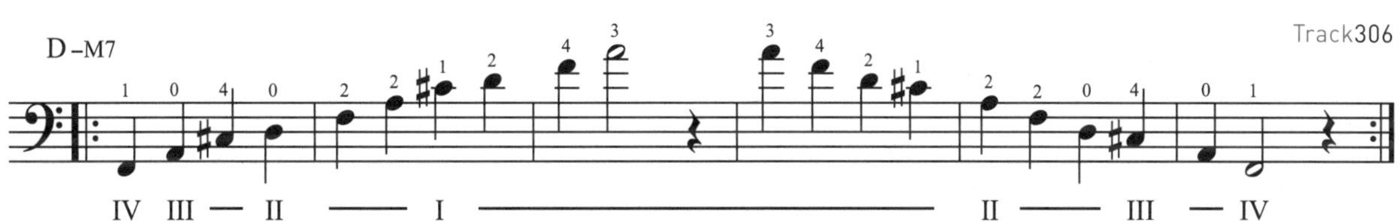

D –M7
Track306
IV III — II — I — II — III — IV

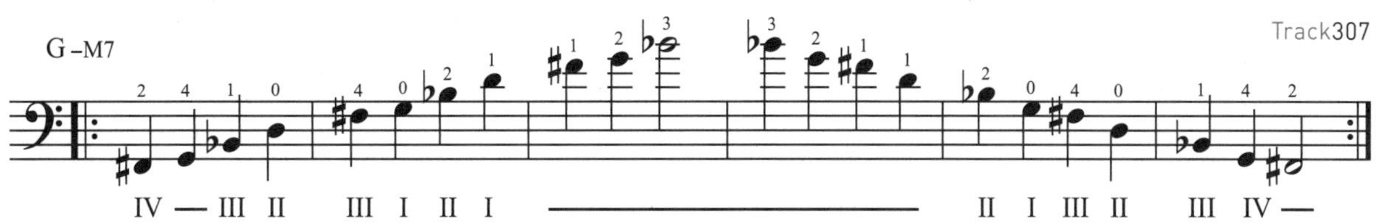

G –M7
Track307
IV — III II III I II I — II I III II III IV —

9. 이해하기 쉬운 코드 숫자 표기법 (Numbering of Chord Tones)

코드 숫자 표기법을 이해하기 앞서 메이저 세븐스 코드들의 노트를 숙지한다. 시간이 오래 걸려도 꼭 해결하고 넘어가야 한다. (일상 생활 할 때도 Root 포지션이 circle of 5th 순서대로 코드 네임을 만들면서 코드톤들을 연상하는 연습을 하자)

예

C Major	C	E	G	B
F Major	F	A	C	E
B♭ Major	B♭	D	F	A
E♭ Major	E♭	G	B♭	D
A♭ Major	A♭	C	E♭	G
D♭ Major	D♭	F	A♭	C
G♭ Major	G♭	B♭	D♭	F
B Major	B	D♯	F♯	A♯
E Major	E	G♯	B	D♯
A Major	A	C♯	E	G♯
D Major	D	F♯	A	C♯
G Major	G	B	D	F♯

메이저 세븐스(Major 7th) 코드톤을 정확히 숙지 하였다면 다른 코드들을 연상하고 숙지하기는 그리 어렵지 않을 것이다.

메이저 세븐스(Major 7th) 코드톤에서 3도 음과 7도 음을 반음 내리면 마이너 세븐스(Minor 7th) 코드톤을 아주 쉽게 찾을 수 있다.

예 C Major 7 = C, E, G, B 에서 3도 음과 7도 음을 반음 내린다.
C Minor 7 = C, E♭, G, B♭

F Major7 = F, A, C, E 에서 3도 음과 7도 음을 반음 내린다.
F Minor 7 = F, A♭, C, E♭

이렇게 쉽게 찾을 수 있다. 숙지하자!

Major 7th = R 3 5 7   Minor 7th = R ♭3 5 ♭7

도미넌트 7th 코드 역시 쉽게 찾을 수 있다.

메이저 세븐스 코드톤에서 7도 음만 반음 내리면 도미넌트 7th 코드가 된다.

例 C Major 7 = C, E, G, B 에서 7도 음만 반음 내린다.
    C 7   = C, E, G, B♭

    F Major 7 = F, A, C, E 에서 7 도 음만 반음 내린다.
    F 7   = F, A, C, E♭

Dominant 7th = R 3 5 ♭7

하프 디미니쉬드 세븐스 코드 역시 쉽게 찾을 수 있다.

메이저 세븐스 코드톤에서 3도, 5도, 7도음 모두 반음을 내리면 하프 디미니쉬드 세븐스 코드가 된다.

例 C Major 7 = C, E, G, B 에서 3, 5, 7도 음을 반음 내린다.
    C −7♭5   = C, E♭, G♭, B♭

ø7 = R ♭3 ♭5 ♭7

디미니쉬드 세븐스 코드 역시 쉽게 찾을 수 있다.

메이저 세븐스 코드톤에서 3도, 5도에서는 반음, 7도 음에서는 온음을 내리면 디미니쉬드 세븐스 코드가 된다.

例 C Major 7 = C, E, G, B 에서 3, 5도 음에서는 반음, 7도 음에서는 온음 내린다.
    C°7   = C, E♭, G♭, A

°7 = R ♭3 ♭5 ♭♭7(6)

어그멘티드 세븐스 코드역시 쉽게 찾을 수 있다.

메이저 세븐스 코드톤에서 5도 음에는 반음 올리고, 7도 음에는 반음을 내리면 어그멘티드 세븐스 코드가
된다.

예 C Major 7 = C, E, G, B 에서 5도 음을 반음 올리고 7도 음을 반음 내린다.
　 C +7　　　 = C, E, G♯, B♭

$$+7 \quad = \quad R \quad 3 \quad {}^{\#}5 \quad {}^{\flat}7$$

서스펜디드 세븐스 코드 역시 쉽게 찾을 수 있다.

메이저 세븐스 코드톤에서 3도 음에는 반음 올리고, 7도 음에는 반음을 내리면 서스펜디드 세븐스 코드가
된다.

예 C Major 7 = C, E, G, B 에서 3도 음을 반음 올리고 7도 음을 반음 내린다.
　 C sus7　　 = C, F, G, B♭

$$sus^{7} \quad = \quad R \quad 4 \quad 5 \quad {}^{\flat}7$$

마이너 메이저 세븐스 코드 역시 쉽게 찾을 수 있다.

메이저 세븐스 코드톤에서 3도 음에 반음을 내리면 마이너 메이저 세븐스 코드가 된다.

예 C Major 7 = C, E, G, B 에서 3도 음에만 반음 내린다.
　 C −M7　　 = C, E♭, G, B

$$-M^{7} \quad = \quad R \quad {}^{\flat}3 \quad 5 \quad 7$$

8개의 세븐스 코드들을 한 눈에 알아볼 수 있게 비교하였다.

Major 7th	=	R	3	5	7
Minor 7th	=	R	$\flat$3	5	$\flat$7
7	=	R	3	5	$\flat$7
m7$\flat$5	=	R	$\flat$3	$\flat$5	$\flat$7
dim7	=	R	$\flat$3	$\flat$5	6
Aug7	=	R	3	$\sharp$5	$\flat$7
sus7	=	R	4	5	$\flat$7
-M7	=	R	$\flat$3	5	7

지금까지 가장 중요한 코드들에 대해서 공부해보았고 어떻게 연습해야 하는지에 대해서 알아보았다. 다시 한 번 강조하지만, 이런 기본적인 상식을 알고 평상시에 머릿속에서 여러 번 반복해서 습관처럼 되뇌어 본다면 연주 시에 즉각적으로 코드톤들을 떠올릴 수 있을 것이다. 연습 시 근음에서만 시작하지 말고 출발음이 어떤 음이라도 자연스럽게 코드의 연결이 될 수 있도록 연습해야겠다.

이 모든 코드들을 빠짐없이 매일 연습하는 것이 실력 향상에 가장 중요하다. 처음에는 활(bow)로 연습을 하고 나서 익숙해졌다면 피치카토(Pizzicato)로도 연습을 해야 한다. 모든 연습이 정확한 템포 안에서 이루어질 수 있도록 항상 메트로놈과 함께 연습하는 것을 잊지 말아야겠다. 활(bow) 테크닉을 익히기 위해서는 클래식 베이스 선생님께 지도를 받는 것이 실력 향상에 도움이 될 것이다.

첨부 되어 있는 CD의 연습 트랙들을 따라가며 함께 연습하면 효과적이다.

Chapter 07

코드 심볼과 사용 스케일들
(Chord Symbols and Scales)

1. 코드 심볼(Chord Symbols)

현대음악을 연주함에 있어 연주자가 다양한 음악기호를 이해하고 연주하는 것은 기본이며 필수 요소이다. 다양한 코드 심볼에 대해 알아 보자.

"△"

루트 음 옆에 '7'이라는 표기만 있으면 도미넌트 7th 코드가 된다. C7, F7, B♭7

"−"

디미니쉬드 코드에 사용되는 표기이다.
Co, Co7, dim

"+, #"

하프 디미니쉬드 코드에 사용되는 표기이다
(다른 표기로는 m7$^{♭5}$, −7$^{♭5}$)
Cø, Cø7

"♭"

도미넌트 7th 코드 옆에 ♭9 심볼이 있으면 ♭9, #9, #11음들이 포함되었다는 표기이다.
C7♭9 = D♭, E♭, F#

"#9"

메이저 7th 코드에 쓰이는 심볼이다. 코드에 '7'이 빠져있어도 7음을 생각하며 연주해야 한다. 마이너 메이저 7th 코드에도 쓰인다.
C△, C△7, C−△, C−△7

"7"

루트 음 옆에 마이너스 심볼이 있다면 마이너 코드에 사용되는 표기이다.
C−, C−7

"o", dim

반음을 올리라는 표기이다.
C+7= C 어그멘티드 7th
(5도 음을 반음 올려 어그멘티드가 된다)
C#11= 11th 음을 반음 올려 F#이 더해지는 코드다
C#9 = 9th 음을 반음 올려 D#이 더해지는 코드다
C#5 = 5th 음을 반음 올려 G#이 더해지는 코드다

"ø"

루트 옆 숫자 오른쪽에
♭ 심볼이 있으면 반음을 내리라는 표기이다.
C♭9= 9th 음을 반음 내려 D♭이 더해지는 코드다
C♭5= 5th 음을 반음 내려 G♭이 더해지는 코드다
C♭13 = 13th 음을 반음 내려 A♭이 더해지는 코드다

"♭9"

도미넌트 세븐스 코드 옆에 #9 심볼이 있으면 코드톤과 텐션 ♭9, #9, #4, #5 음들이 포함되었다는 표기이다.
C7#9 = D♭, E♭, F#, G#

2. 이해하기 쉬운 스케일 숫자 표기법 (Numbering of Scale Notes)

수많은 스케일을 한 번에 이해하고 암기하기란 쉬운 일이 아니다. 스케일마다 변화되는(#, ♭) 특성을 숫자와 함께 기억하고 암기한다면 연습과 연주에 빠른 방법으로 접근할 수 있다.

5개의 기본 스케일

1. 메이저 스케일 – 아이오니안 스케일 (C△7)

R　9　3　11　5　13　7　R

2. 믹솔리디안 스케일 (C7)

R　9　3　11　5　13　♭7　R

3. 마이너 스케일 – 도리안 스케일 (C−7)

R　9　♭3　11　5　13　♭7　R

4. 로크리안 스케일 (Cø7)

R　♭9　♭3　11　♭5　♭13　♭7　R

5. 홀 하프스케일 (Co7) 온음 – 반음

R　9　♭3　11　♭5　♭13　13　7　R

3. 메이저 코드 계열의 스케일 (Scales for Major Chords)

1. C△, C△#4, C△#11

아이오니안 스케일 (C△7)	리디안 스케일 (C△#4, C△#11)
R 9 3 11 5 13 7 R	R 9 3 #11 5 13 7 R

2. C

메이저 펜타토닉 스케일(11th과 7th음이 없다)	메이저 비밥스케일(5th와 13th도 사이 반음이 있다)
R 9 3 5 13 R	R 9 3 11 5 #5 13 7 R
어그멘티드 스케일 (11th음이 없다)	하모닉 마이너 6 번째 모드 스케일
R #9 3 5 ♭13 7 R	R #9 3 #11 5 13 7 R
디미니쉬드 스케일 (반음–온음)	블루스 스케일
R ♭9 #9 3 #11 5 13 ♭7 R	R ♭3 11 #11 5 ♭7 R

3. C△♭6   4. C△+5, C△+4

하모닉 메이저 스케일	리디안 어그멘티드 스케일
R 9 3 11 5 ♭13 7 R	R 9 3 #11 #5 13 7 R

4. 도미넌트 코드 계열의 스케일 (Scales for Dominant Chords)

1. C7

믹소리디안 스케일	메이저 펜타토닉 스케일
R 9 3 11 5 13 ♭7 R	R 9 3 5 13 R
도미넌트 비밥 스케일	블루스 스케일
R 9 3 11 5 13 ♭7 7 R	R ♭3 11 #11 5 ♭7 R

2. C7#4, C7#11, C7♭5   3. C7♭6   4. C7+, C7aug, C7+5, C7#11

리디안 도미넌트 스케일	힌두 스케일	홀톤 스케일(온음으로 이루어진 스케일)
R 9 3 #11 5 13 ♭7 R	R 9 3 11 5 ♭13 ♭7 R	R 9 3 #11 ♭13 ♭7 R

5. C7♭9   6. C7#9

디미니쉬드 스케일(반음—온음)	얼터드 스케일(디미니쉬드 홀톤 스케일, 수퍼 로크리안)
R ♭9 #9 3 #11 5 13 ♭7 R	R ♭9 #9 3 #11 ♭13 ♭7

7. C7sus4, G-/C

믹솔리디안 스케일	메이저 펜타토닉(온음 밑 시작하는 음계)	도미넌트 비밥 스케일
R 9 3 11 5 13 ♭7 R	R 9 3 5 13 R B♭ C D F G B♭	R 9 3 11 5 13 ♭7 7 R

5. 마이너 코드 계열의 스케일
(Scale for Minor Chords)

1. C−, C−7

도리안 스케일	마이너 펜타토닉 스케일	마이너 비밥 스케일
R 9 ♭3 11 5 13 ♭7 R	R ♭3 11 5 ♭7 R	R 9 ♭3 3 11 5 13 ♭7 R

블루스 스케일	디미니쉬 스케일(온음−반음 디미니쉬드 스케일)
R ♭3 11 #11 5 ♭7 R	R 9 ♭3 11 #11 #5 13 7 R

2. C−△, C−△7   3. C-, C-6   4. C-△7 ♭6

멜로딕 마이너 스케일	마이너 비밥 NO.2 스케일	하모닉 마이너 스케일
R 9 ♭3 11 5 13 7 R	R 9 ♭3 11 5 #5 13 7 R	R 9 ♭3 11 5 ♭13 7 R

5. C−♭9 ♭6   6. C−, C−♭6

프리지안 스케일	네추럴 마이너 스케일(에올리안 스케일)
R ♭9 ♭3 11 5 ♭13 ♭7 R	R 9 ♭3 11 5 ♭13 ♭7 R

6. 하프 디미니쉬드 코드 계열의 스케일 (Scale for Half Diminished Chords)

1. Cø, Cø7

로크리안 스케일	비밥 스케일
R ♭9 ♭3 11 ♭5 ♭13 ♭7 R	R ♭9 ♭3 11 ♭5 5 ♭13 ♭7 R

2. Cø#2, Cø9

로크리안 ♮9 스케일
R 9 ♭3 11 ♭5 ♭13 ♭7 R

7. 디미니쉬드 코드 계열의 스케일 (Scale for Diminished Chords)

1. Co, Co7

디미니쉬드 스케일(온음–반음 디미니쉬드 스케일)
R 9 ♭3 11 ♭5 ♭13 13 7 R

Chapter 08

모드
(Mode)

1. 모드의 이해(Understanding Modes)

메이저스케일이나 마이너 스케일을 구성하는 7음에서 각 근음(Root)으로부터 7가지의 다른 스케일을 말한다. 대표적으로 메이저 스케일 모드와 재즈 마이너(멜로딕 마이너) 스케일 모드가 있고, 다른 스케일에서도 모드를 사용한다.

메이저 스케일 모드(Modes of The Major Scale)

재즈마이너 스케일 모드(Modes of The Jazz Minor Scale)

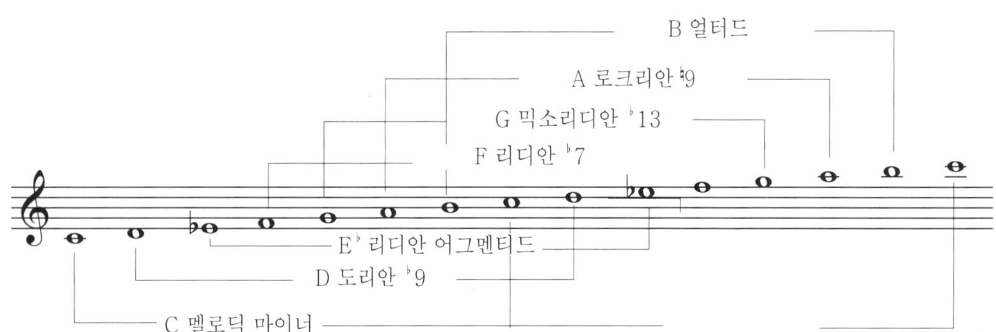

2. 메이저 스케일 모드(Modes of The Major Scale)

1st mode: 아이오니안(IONIAN)

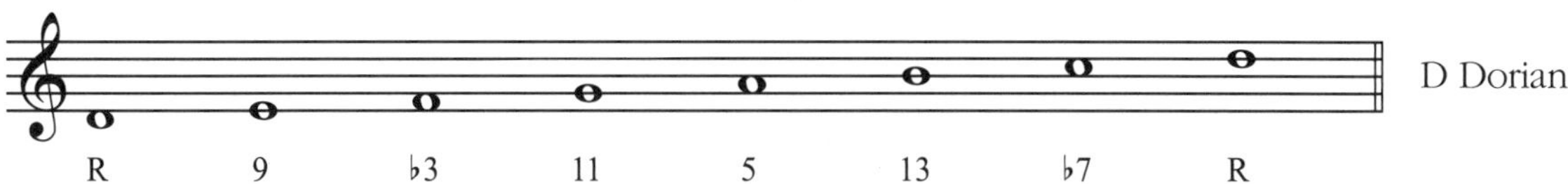

2nd mode: 도리안(DORLAN)

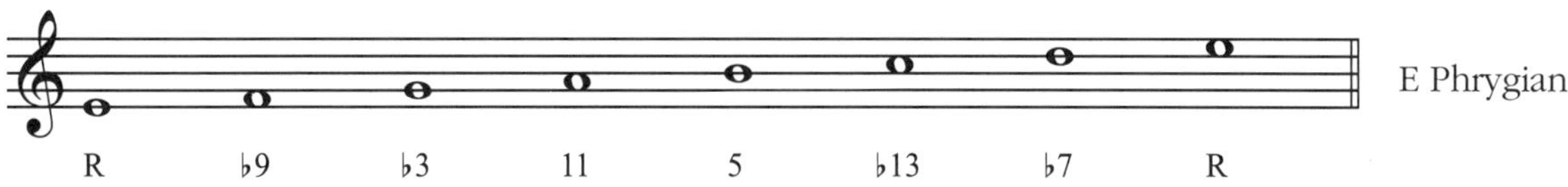

3rd mode: 프리지안(PHRYGIAN)

4th mode: 리디안(LYDIAN)

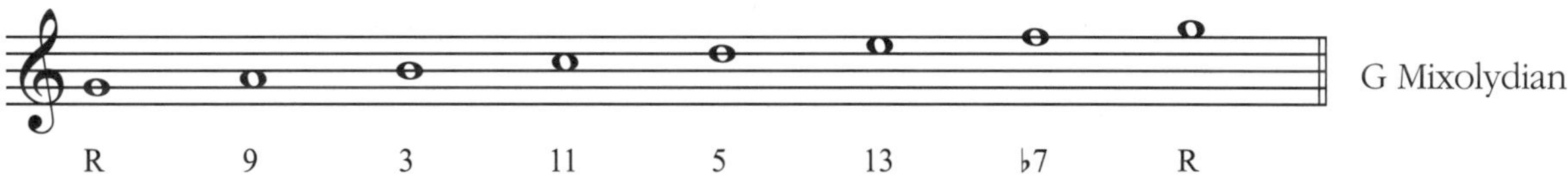

5th mode: 믹솔리디안(MIXOLYDIAN)

6th mode: 에올리안(AEOLIAN)

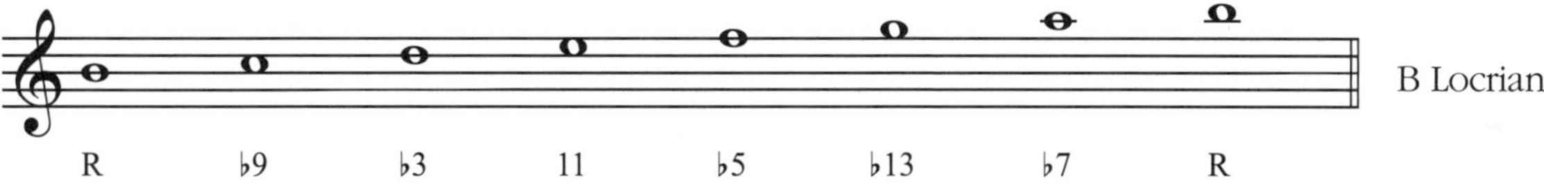

7th mode: 로크리안(LOCRIAN)

3. 재즈 마이너 스케일 모드(Modes of The Jazz Minor Scale)

1st mode: 멜로딕 마이너 / 재즈 마이너(Jazz Minor)

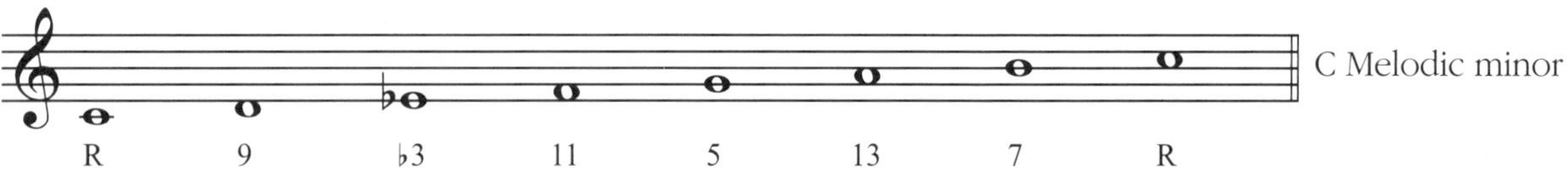

2nd mode: 도리안 ♭9(Dorian ♭9)

3rd mode: 리디안 어그멘티드(Lydian Augmented)

4th mode: 리디안 ♭7(Lydian ♭7)

5th mode: 믹솔리디안 ♭13(Mixolydian ♭13)

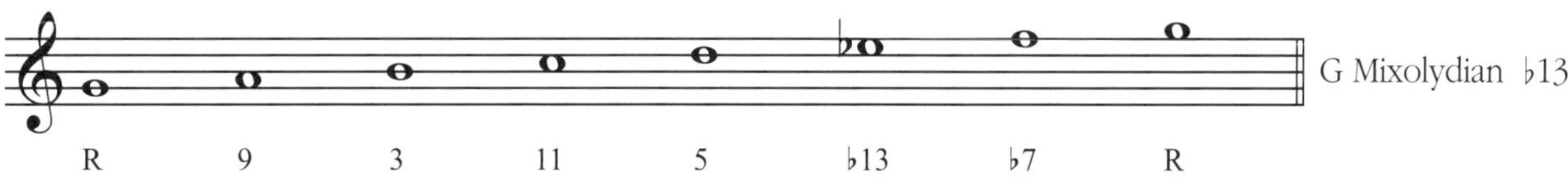

6th mode: 로크리안 ♮9(Locrian ♮9)

7th mode: 얼터드(Altered)

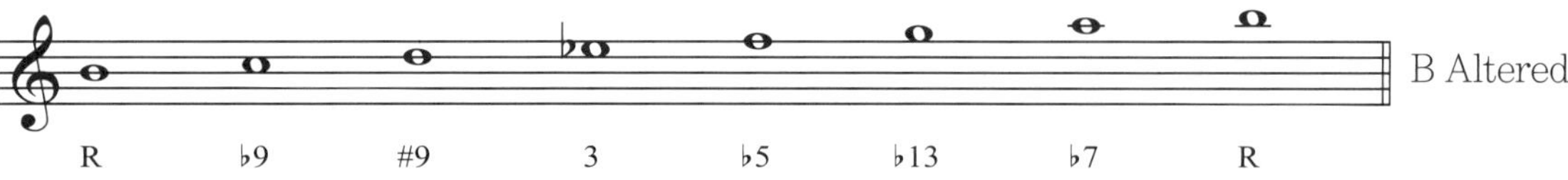

4. 모드의 활용(Using Mode Scale)

모드의 해당하는 스케일들을 해당되는 코드 위치에서 사용한다.

예를 들어 C Key에서 I–VI–II–V(CMaj7–Am7–Dm7–G7) 다이아토닉 코드 진행이 있다면,

CMaj7–Am7–Dm7–G7의 다이아토닉 코드들은 IMaj7–VIm7–IIm7–V7으로 코드 분석이 된다.

각 해당되는 모드 스케일을 사용한다.

기본적으로 I도는 아이오니안 스케일 Ionian Scale

       VI도는 에올리안(내추럴마이너)스케일 Aeolian Scale

       II도는 도리안 스케일 Dorian Scale

       V도는 믹솔리디안 스케일 Mixolydian Scale 등의 스케일을 사용합니다.

코드 퀄리티와 심볼에 따른 모드 스케일 선택에 대해 알아보자.

메이저 스케일 모드에서의 스케일

I6(M7, 9), IM7(13, 9) = 아이오니안 스케일						
R	9	3	11	5	13	7

II–7(11, 9) = 도리안 스케일						
R	9	♭3	11	5	13	♭7

III–7(11) = III7sus(♭13, #9, ♭9) = 프리지안 스케일						
R	♭9	♭3	11	5	♭13	♭7

IV6, IVM7(9, #11, 13) = 리디안 스케일						
R	9	3	#11	5	13	7

V7(13, 9) = 믹솔리디안 스케일						
R	9	3	11	5	13	♭7

VI–7(11, 9) =에올리안 스케일						
R	9	♭3	11	5	♭13	♭7

VII–7♭5(♭13, 9) = 로크리안 스케일						
R	♭9	♭3	11	♭5	♭13	♭7

I-△7(13, 11, 9) = 멜로딕 마이너 스케일						
R	9	♭3	11	5	13	7

II-7(13, 11, ♭9) = 도리안 ♭9 스케일						
R	♭9	♭3	11	5	13	♭7

♭III△7+5(13, #11, 9) = 리디안 어그멘티드 스케일						
R	9	3	#11	#5	13	7

IV7(13, #11, 9) = 리디안 ♭7 스케일 (믹솔리디안 #11)						
R	9	3	#11	5	13	♭7

V7(♭13, 11, 9) = 믹솔리디안 ♭13 스케일						
R	9	3	11	5	♭13	♭7

VI-7b5(♭13, 11, 9) = 로크리안 네추럴 9 스케일						
R	9	♭3	11	♭5	♭13	♭7

VII-7 ♭5, VII7(#11, ♭13, ♭9, #9) = 얼터드 스케일						
R	♭9	#9	3	#11	♭13	♭7

5. 스케일 연습의 요령(How To Practice Scale)

왜 스케일 연습을 해야할까?

스케일 연습은 운동선수가 필드에서 실전훈련을 하기 전에 몸을 푸는 과정과 같은 아주 중요한 연습의 시작이다.

스케일 연습을 한다는 의미는 악기와 자신의 몸과 생각을 하나로 만드는 작업인 것이다. 매일 하루도 거르지 않고 연습하는 것만이 훌륭한 베이스 연주자로 완성시켜 줄 것이다.

스케일 연습에서 중요하게 생각해야 하는 것은 합리적인 왼손가락의 움직임으로 정확한 음정을 연주하고 있는지를 확인하며 연습해야 할 것이다. 정확한 음정을 갖기 위해 피아노악기를 이용하여 연습할 수 있다. 그리고 악보사보 프로그램이나 시퀀싱 프로그램들(피날레, 시벨리우스, 큐베이스, 누엔도, 로직, 프로툴……..)을 이용하여 연습할 노트들을 입력하고 난후 다양한 템포에서 동시에 같이 연주해 봄으로서 정확한 음정을 귀로 확인하며 연습 할 수 있을 것이다.

모든 스케일을 연습할 때 유의해야 할 사항이 있다. 왼손가락의 규칙적인 움직임으로 빠른 템포 안에서도 핑거링이 가능하도록 생각과 명령, 손가락의 움직임과 모든 근육들이 즉각적으로 반응할 수 있을 때까지 연습해야 할 것이다.

일단 왼손가락 하나하나에 숫자를 지정해 보자.

첫째손가락(엄지):　　T

둘째손가락(집게):　　1

셋째손가락(가운뎃):　2

넷째손가락(약):　　　3

다섯째손가락(새끼):　4

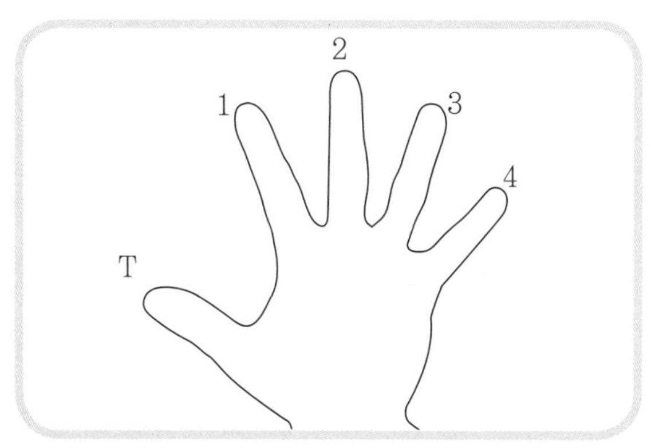

왼손의 숫자를 정확히 따라가면서 연습을 철저히 하자.

제 7 포지션 이상부터는 엄지손가락 첫째 마디 근처의 옆면을 이용함으로써 집게, 가운데, 약손가락의 움직임을 용이하게 하고 있다.(Thumb 포지션)

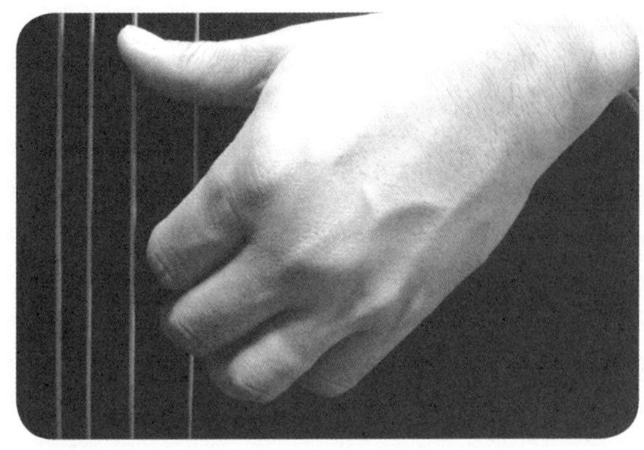

이 모든 연습들을 하루도 빠짐없이 숙지하고 연습함으로써 **빠른 템포**에서도 연주가 가능하도록 연습을 꾸준히 해야 한다.

연습을 다양한 각도로 해보자. 교재에 나와 있는 운지법은 경제적인 움직임에 근거한 하나의 라인일 뿐이다. 자신이 좋아하는 포지션과 운지법을 스스로 찾아보고 연습해 보자.

6. 12Key의 모든 메이저 모드 스케일
(Major Mode Scale in all 12 keys)

• C 메이저 스케일 모드

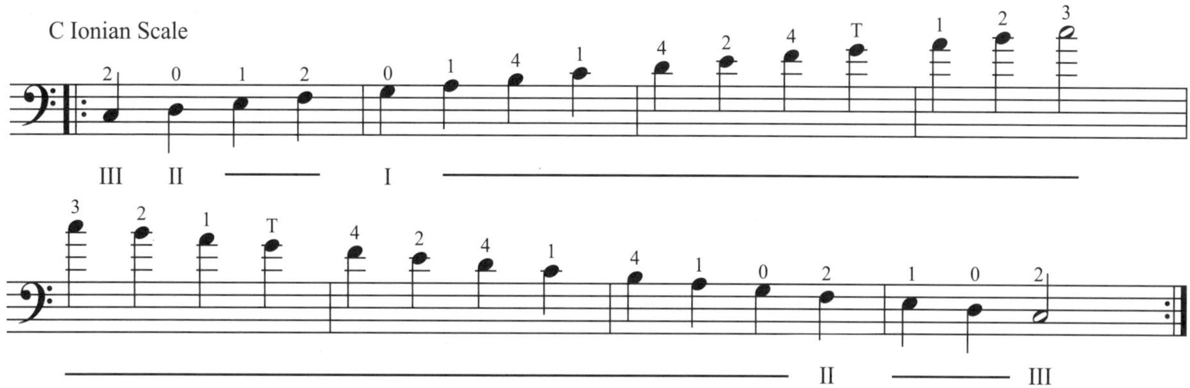

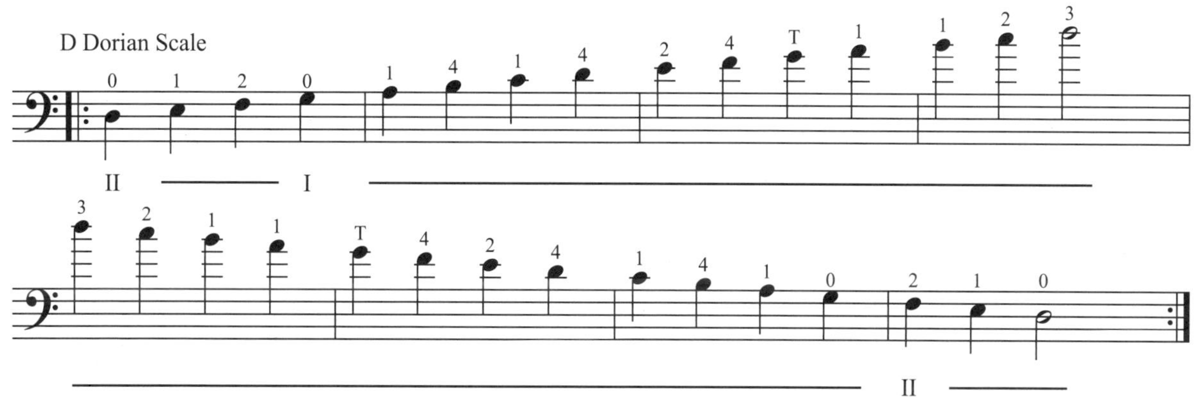

F Lydian Scale

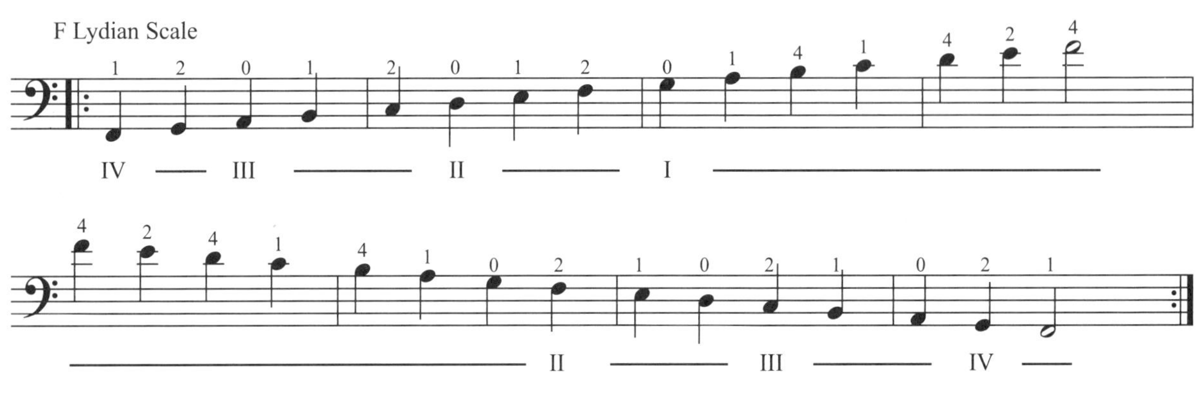

G Mixo-Lydian Scale

A Aeolian Scale

B Locrian Scale

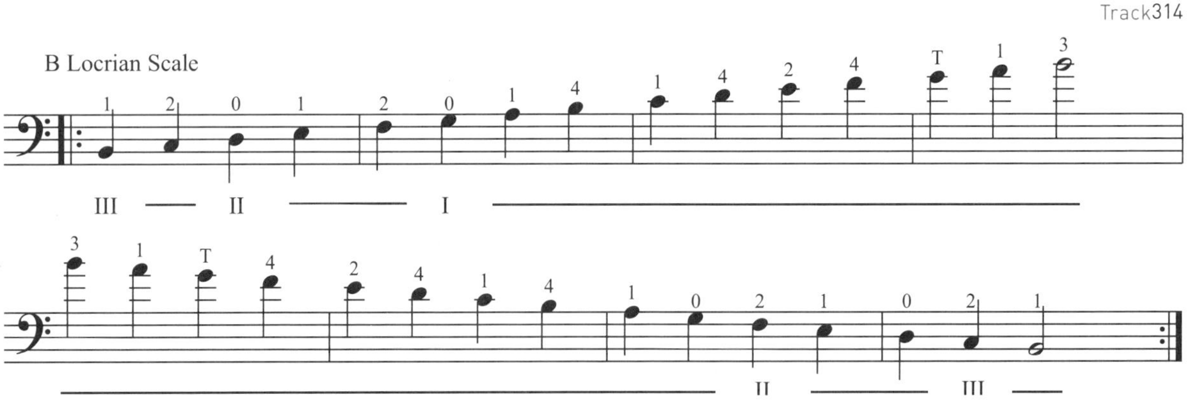

•F 메이저 스케일 모드

Track315
F Ionian Scale
Track316
G Dorian Scale
Track317
A Phrysian Scale

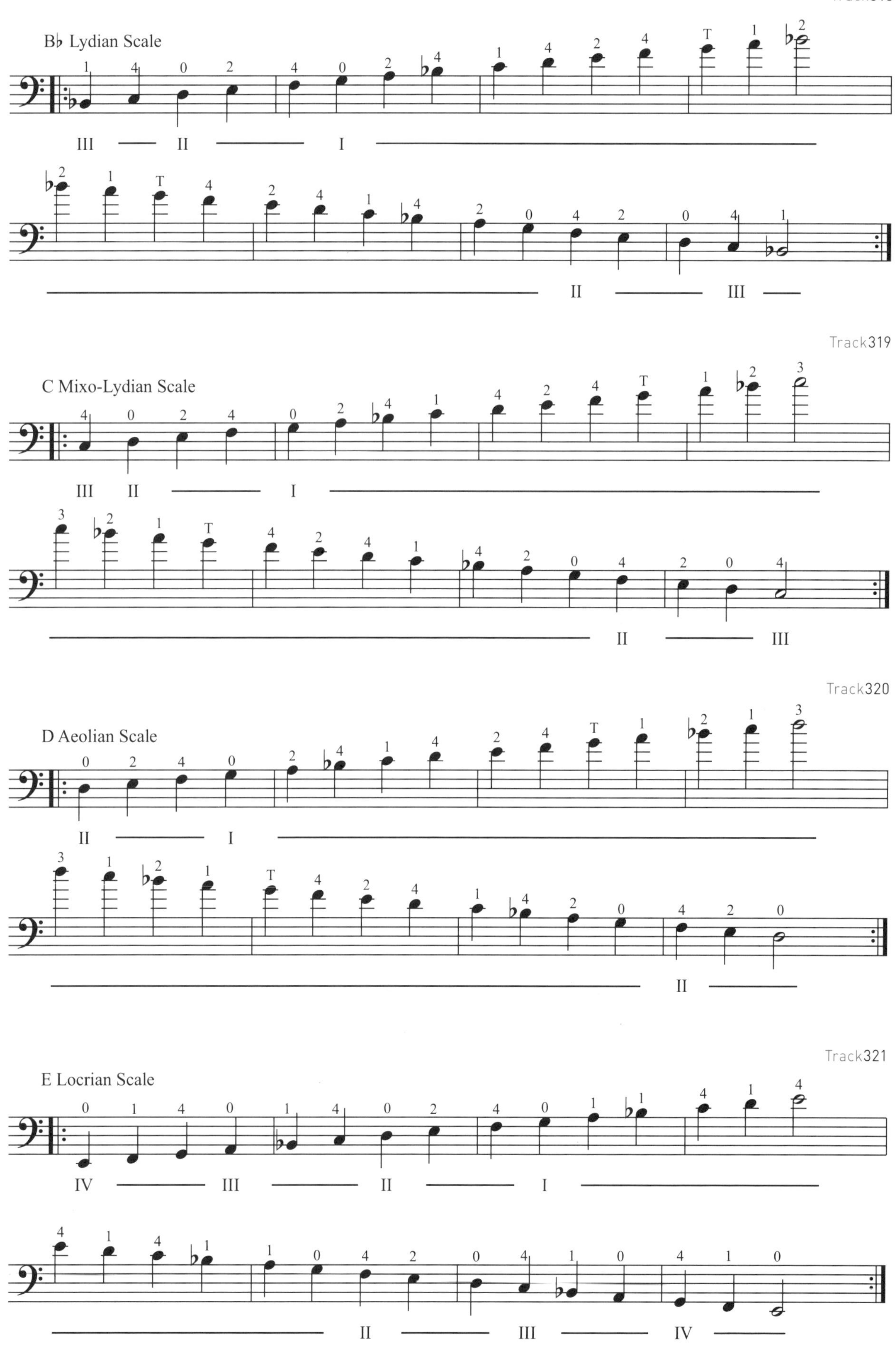

Bb Lydian Scale
C Mixo-Lydian Scale
D Aeolian Scale
E Locrian Scale
Track318
Track319
Track320
Track321

Track322
B♭ Ionian Scale
C Dorian Scale
Track323
D Phrysian Scale
Track324

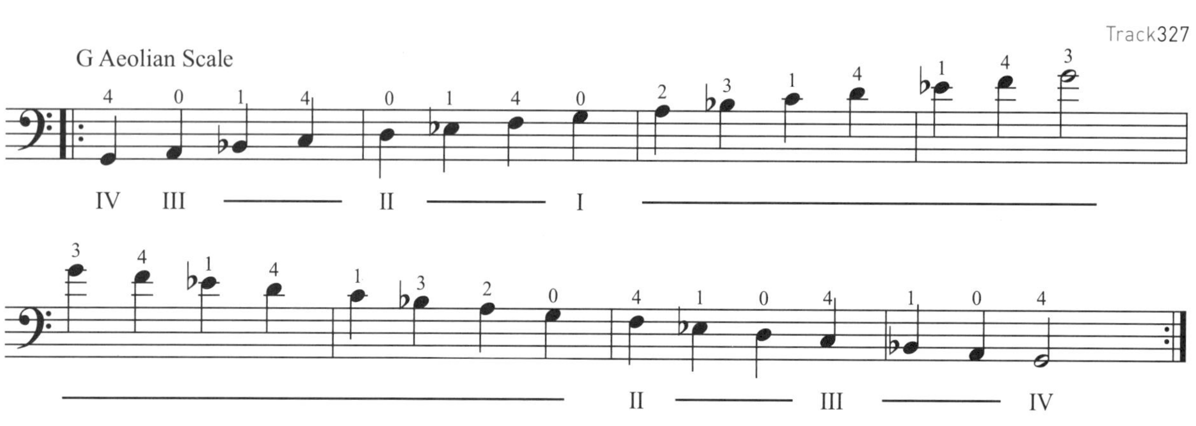

Track325

E♭ Lydian Scale

Track326

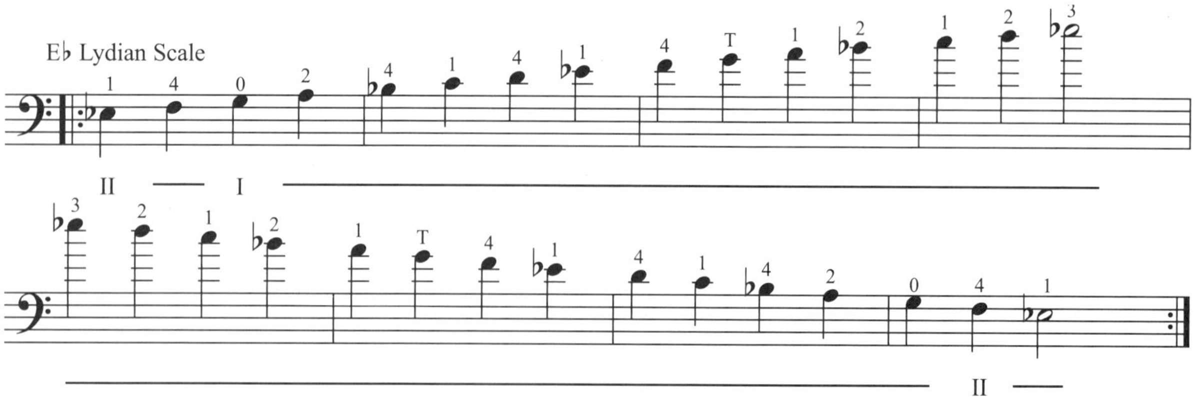

F Mixo-Lydian Scale

Track327

G Aeolian Scale

Track328

A Locrian Scale

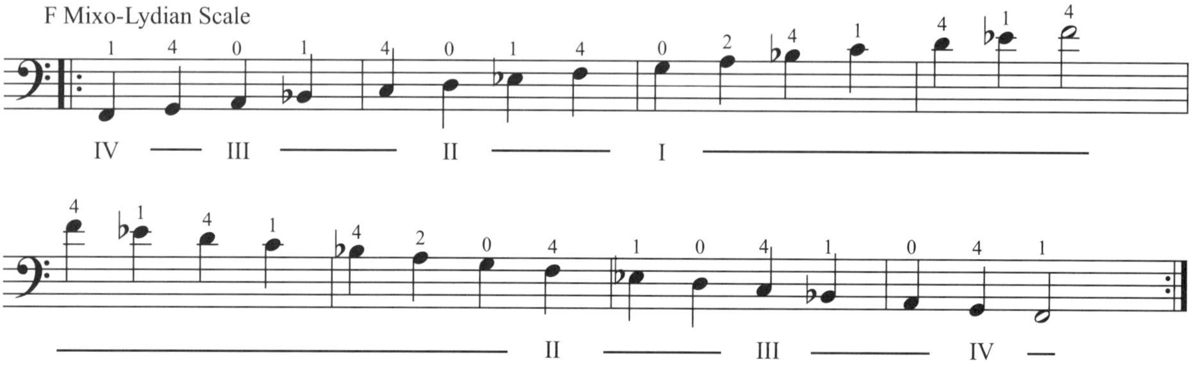

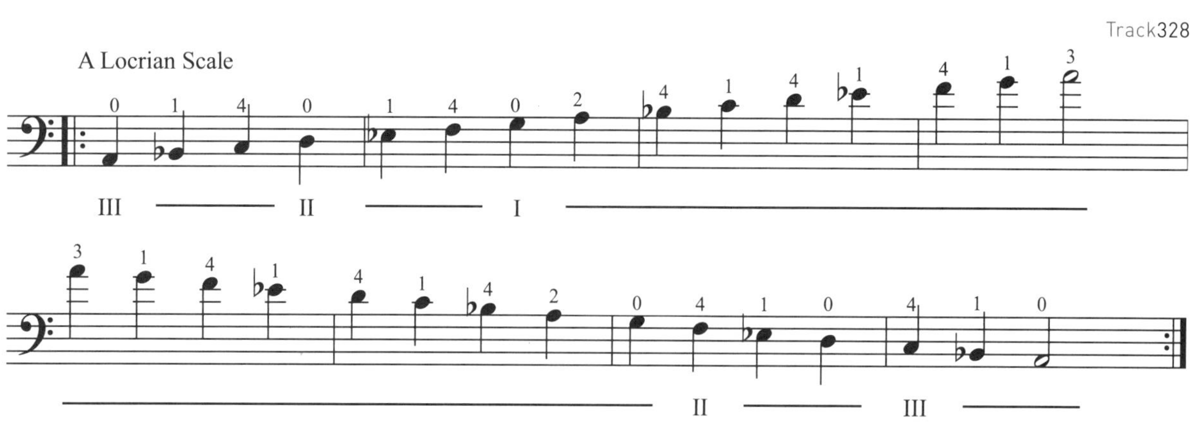

•E♭ 메이저 스케일 모드

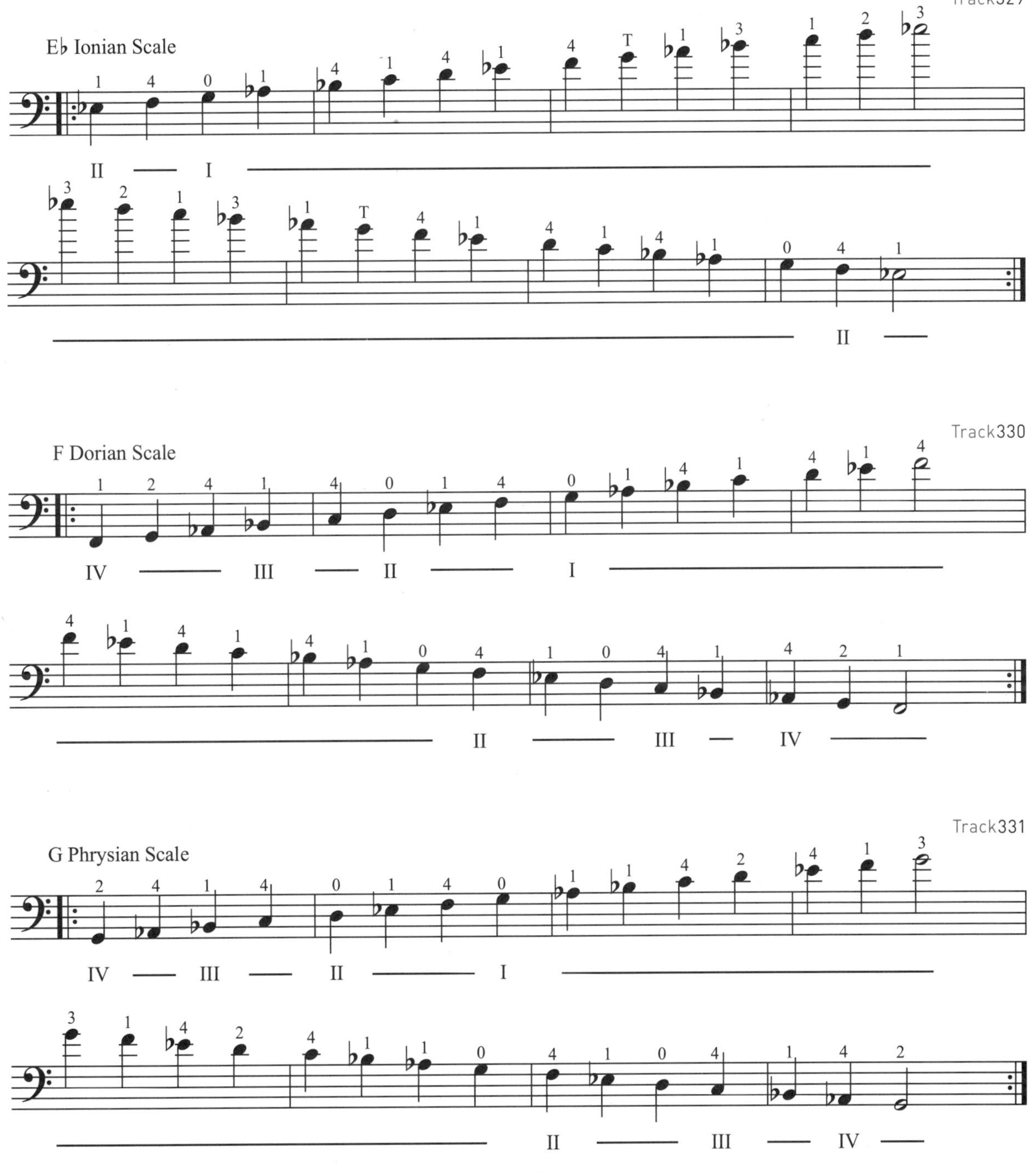

Track332
A♭ Lydian Scale
IV   III   II   I
II   III   IV
Track333
B♭ Mixo-Lydian Scale
III   II   I
II   III
Track334
C Aeolian Scale
III   II   I
II   III
Track335
D Locrian Scale
II   I
II

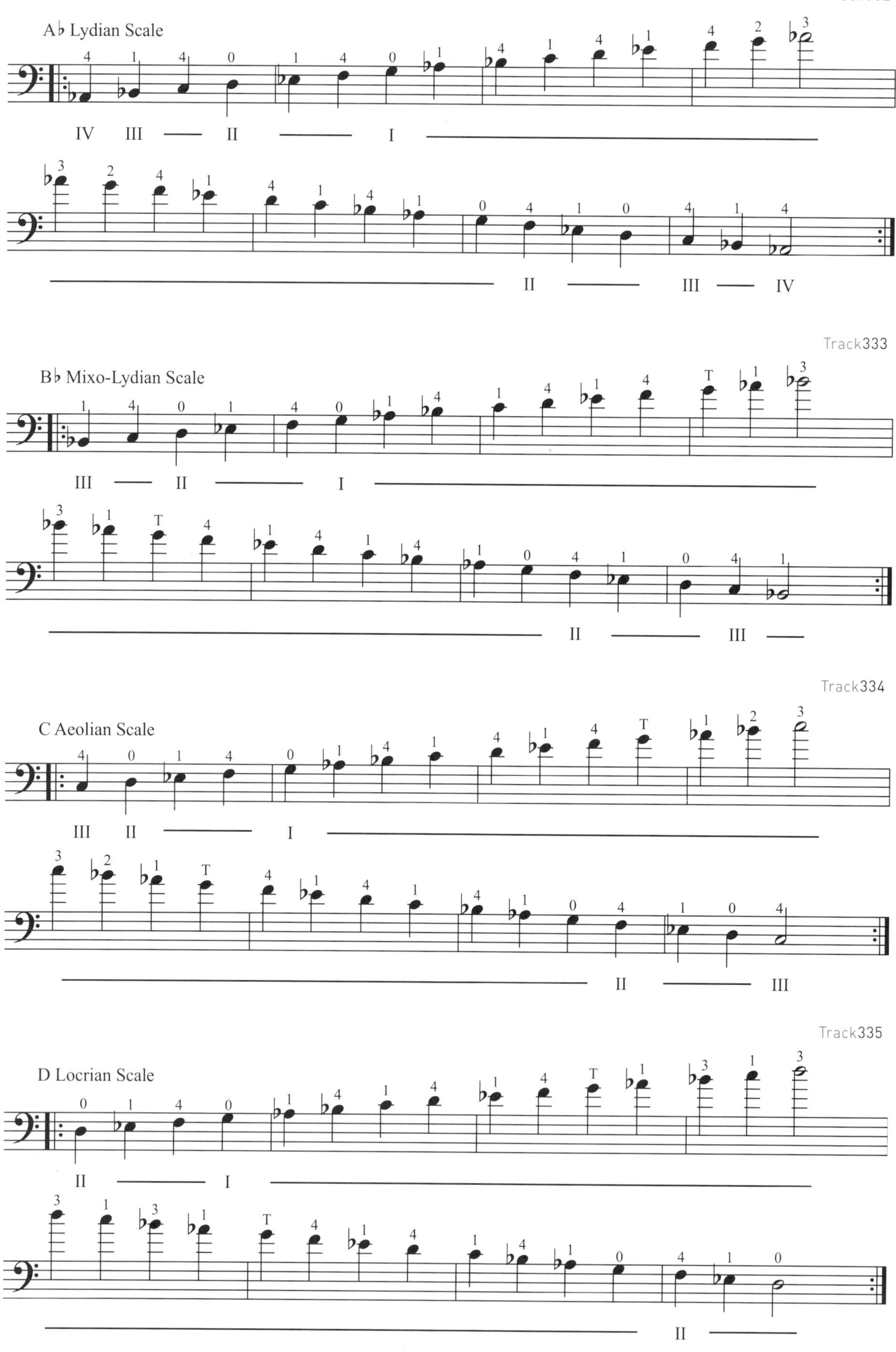

•A♭ 메이저 스케일 모드

Track336
A♭ Ionian Scale
IV   III   II   I
II   III   IV
Track337
B♭ Dorian Scale
III   II   I
II   III
Track338
C Phrysian Scale
III   II   I
II   III

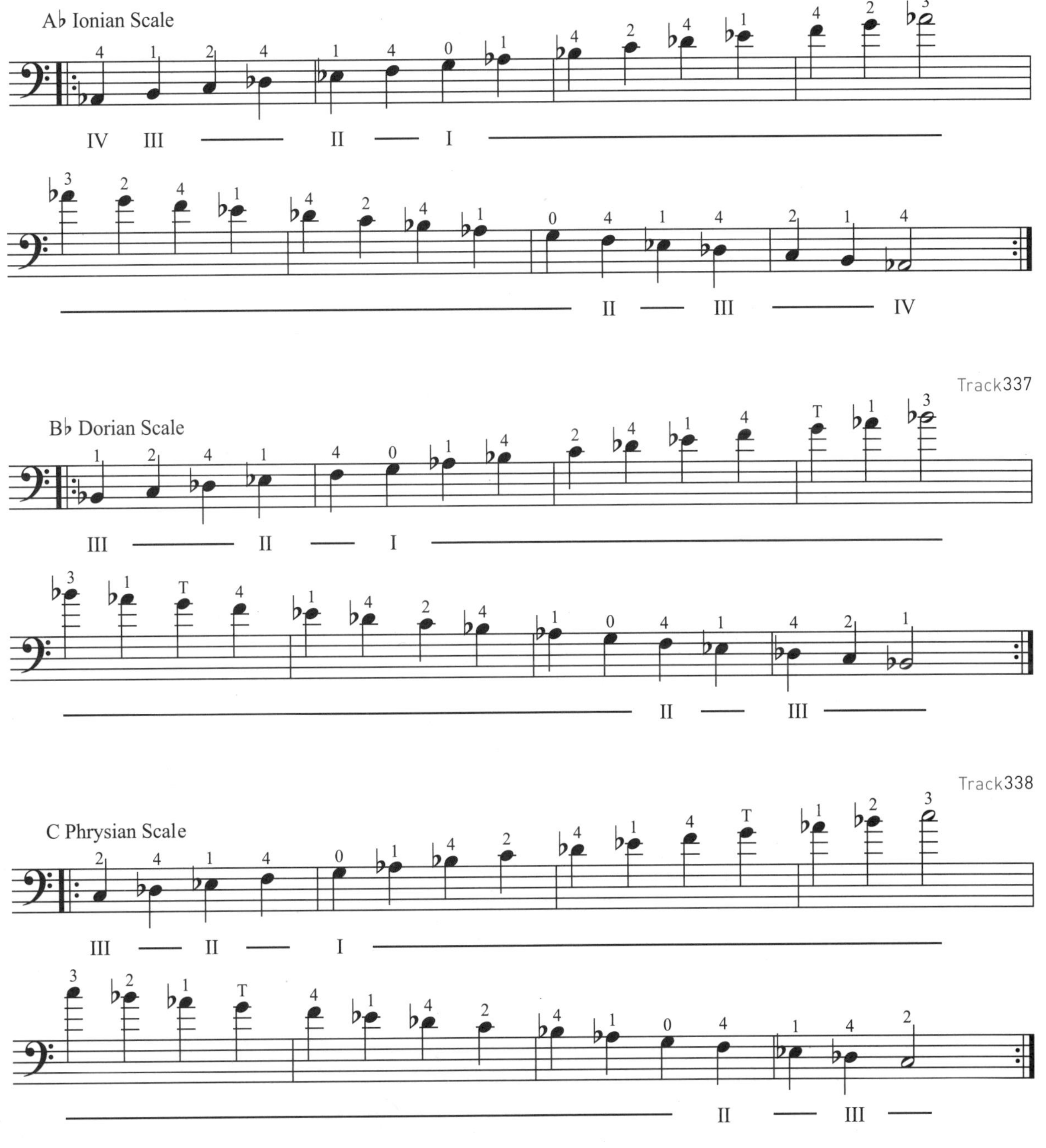

Track339
Db Lydian Scale
III II I
Track340
Eb Mixo-Lydian Scale
II I
II
Track341
F Aeolian Scale
IV III II I
II III IV
Track342
G Locrian Scale
IV III II I
II III IV

•D♭ 메이저 스케일 모드

Track343
D♭ Ionian Scale

Track344
E♭ Dorian Scale
Track345
F Phrysian Scale

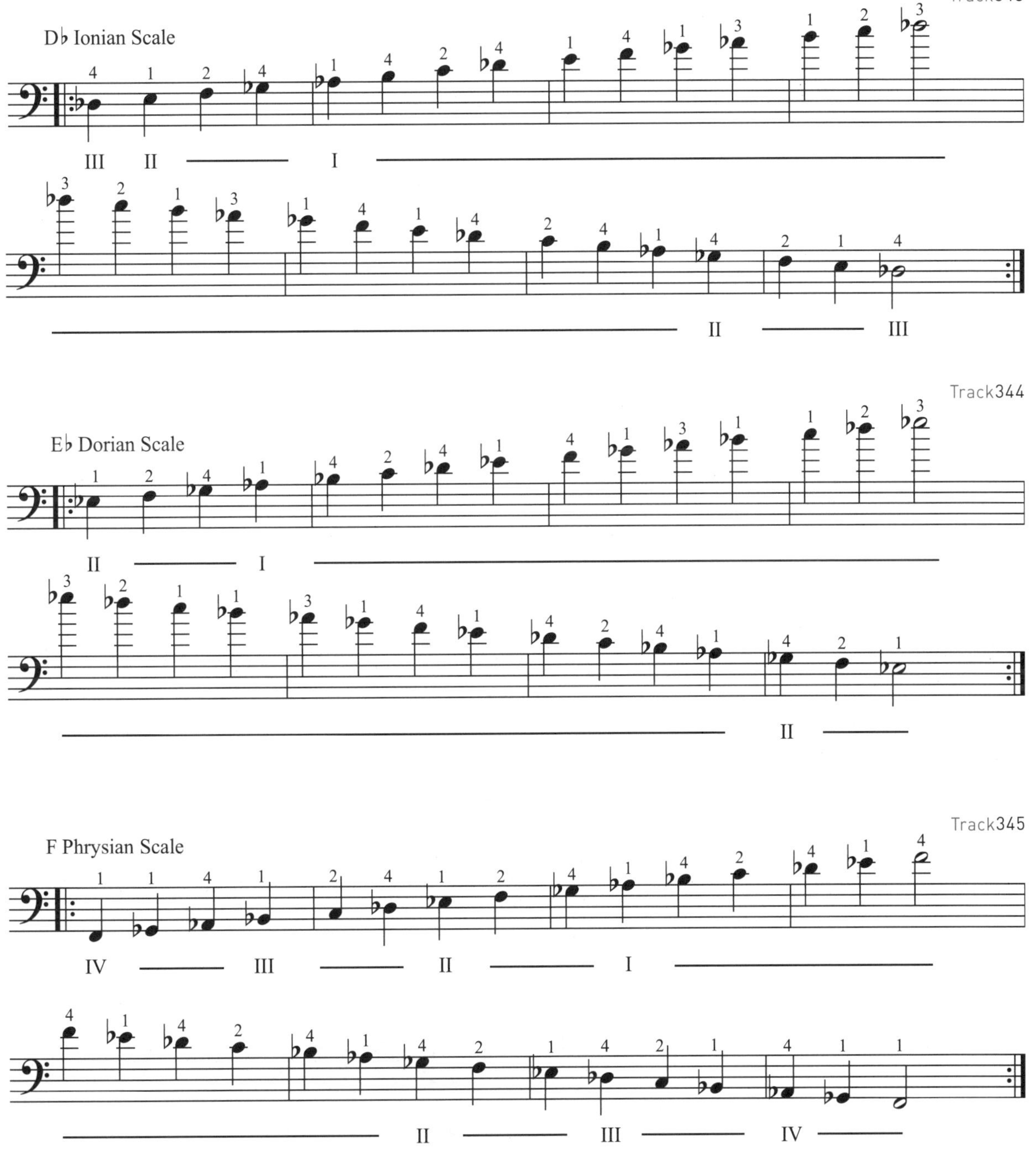

Gb Lydian Scale

Ab Mixo-Lydian Scale

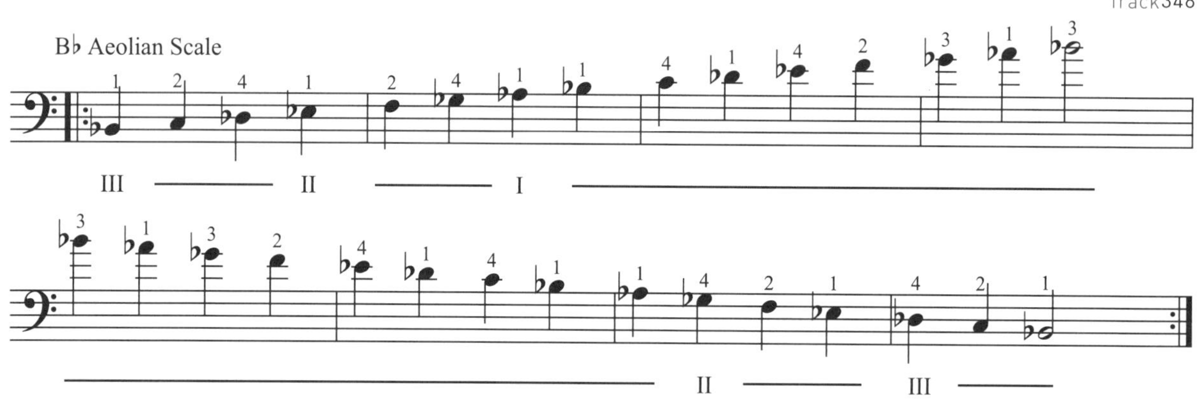
Bb Aeolian Scale

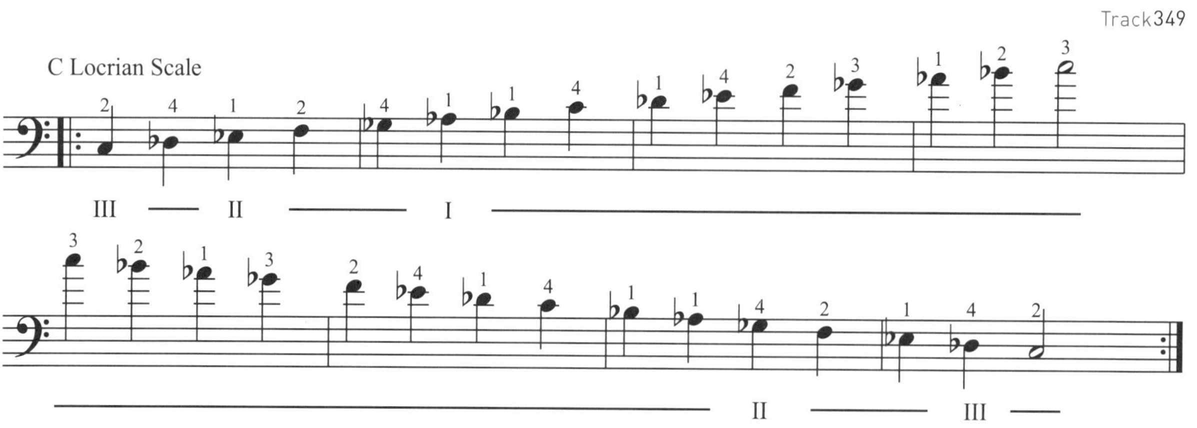
C Locrian Scale

•G♭ 메이저 스케일 모드

Track350
G♭ Ionian Scale
Track351
A♭ Dorian Scale
Track352
B♭ Phrysian Scale

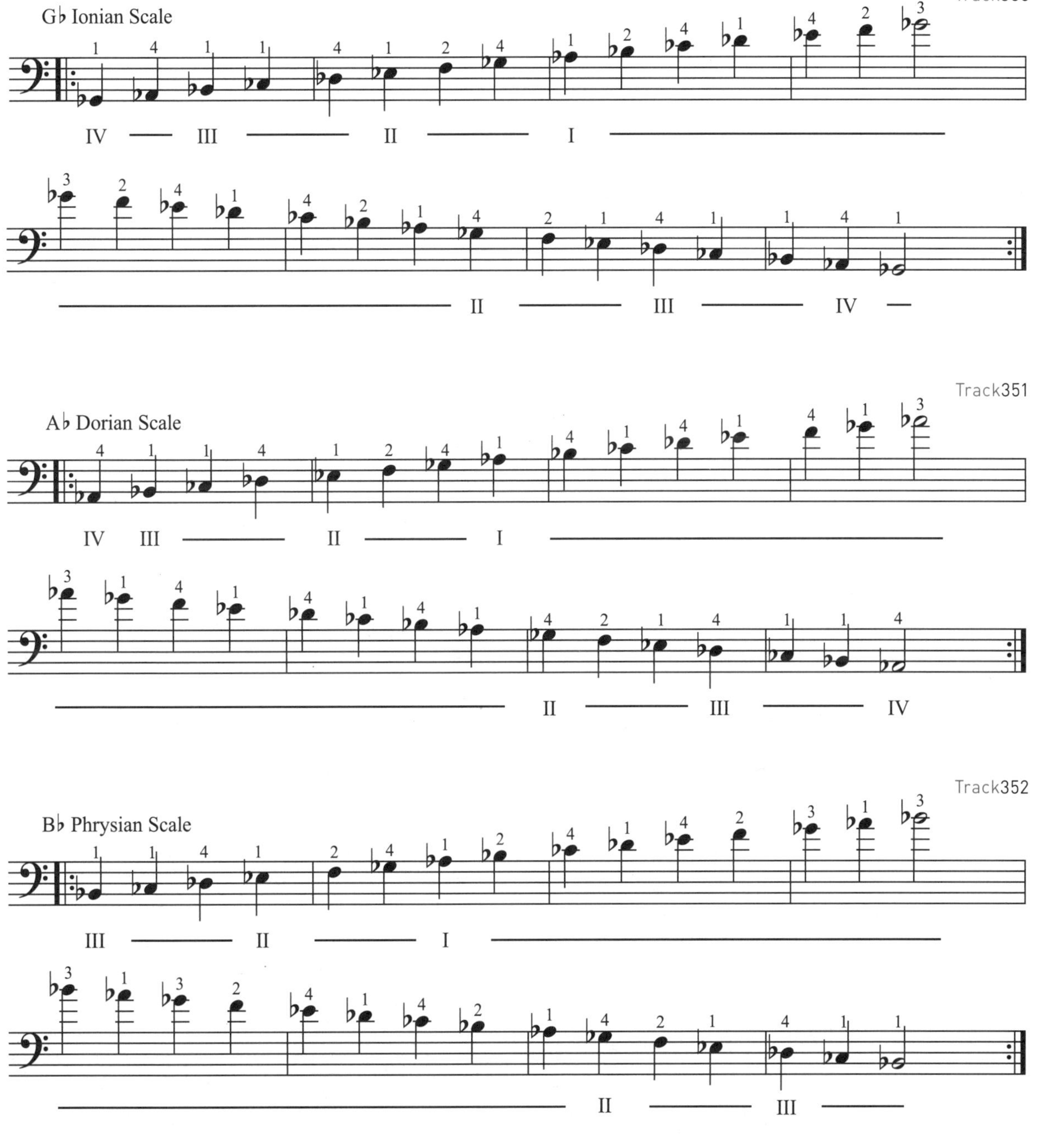

Track353
B Lydian Scale
III II I
II III
Track354
D♭ Mixo-Lydian Scale
III II I
II III
Track355
E♭ Aeolian Scale
II I
II
Track356
F Locrian Scale
IV III II I
II III IV

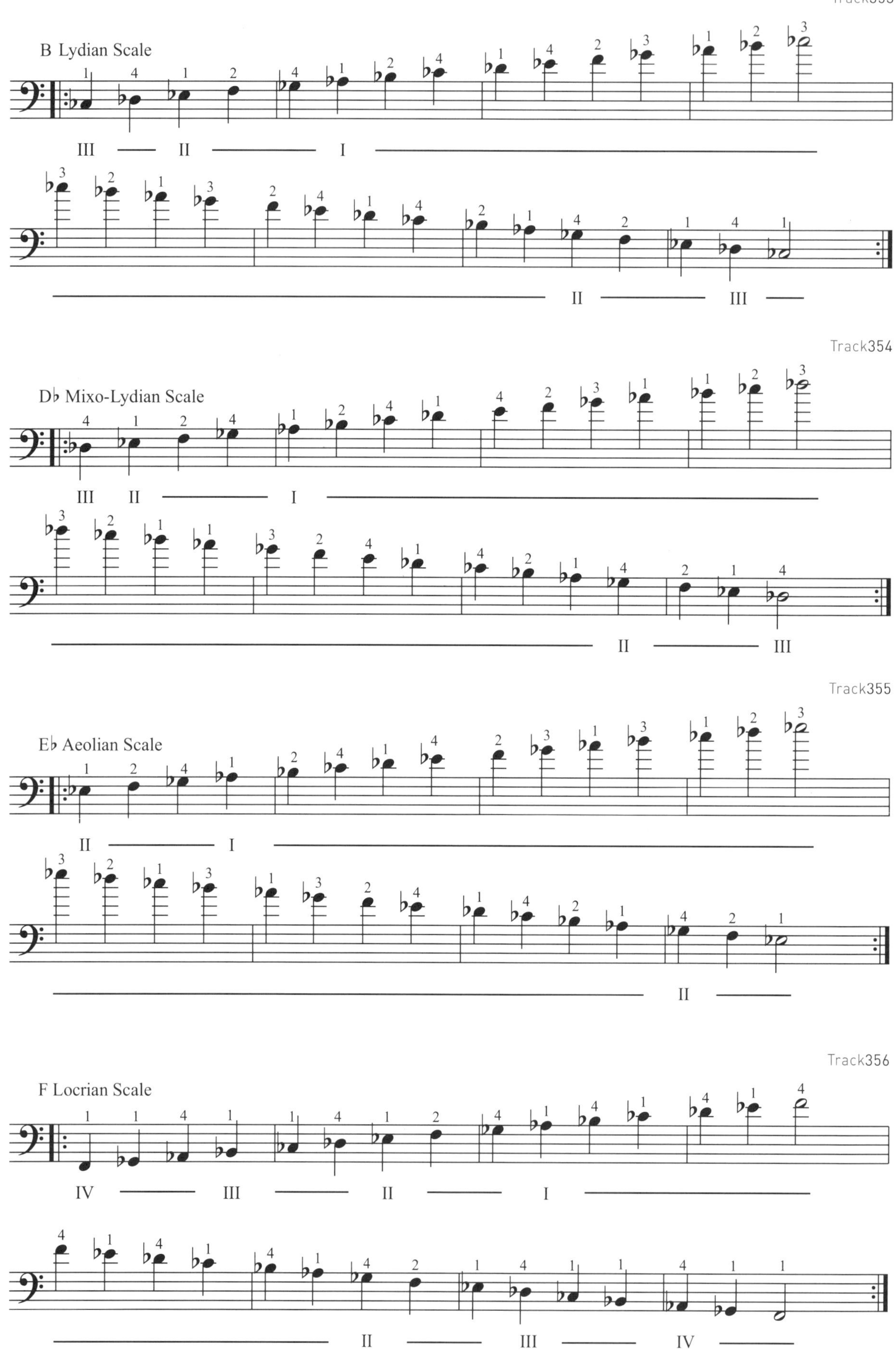

•B 메이저 스케일 모드

Track357
B Ionian Scale
III — II — I
II — III —
Track358
C# Dorian Scale
III II — I
II — III
Track359
D# Phrysian Scale
II — I
II —

E Lydian Scale

F# Mixo-Lydian Scale

G# Aeolian Scale

A# Locrian Scale

•E 메이저 스케일 모드

E Ionian Scale
Track364
F# Dorian Scale
Track365
G# Phrysian Scale
Track366

A Lydian Scale
III II I
II III
Track368
B Mixo-Lydian Scale
III II I
II III
Track369
C# Aeolian Scale
III II I
II III
Track370
D# Locrian Scale
II I
II

•A 메이저 스케일 모드

Track371
A Ionian Scale
III II I
II III
Track372
B Dorian Scale
III II I
II III
Track373
C# Phrysian Scale
III II I
II III

D Lydian Scale

•D 메이저 스케일 모드

Track378
D Ionian Scale
E Dorian Scale
Track379
F# Phrysian Scale
Track380

G Lydian Scale

•G 메이저 스케일 모드

Track385
G Ionian Scale
Track386
A Dorian Scale
Track387
B Phrysian Scale

C Lydian Scale
D Mixo-Lydian Scale
E Aeolian Scale
F# Locrian Scale
Track388
Track389
Track390
Track391

•C 재즈 마이너 스케일 모드

Track392
C Jazz Minor
Track393
D Dorian b9
Track394
Eb Lydian Augmented

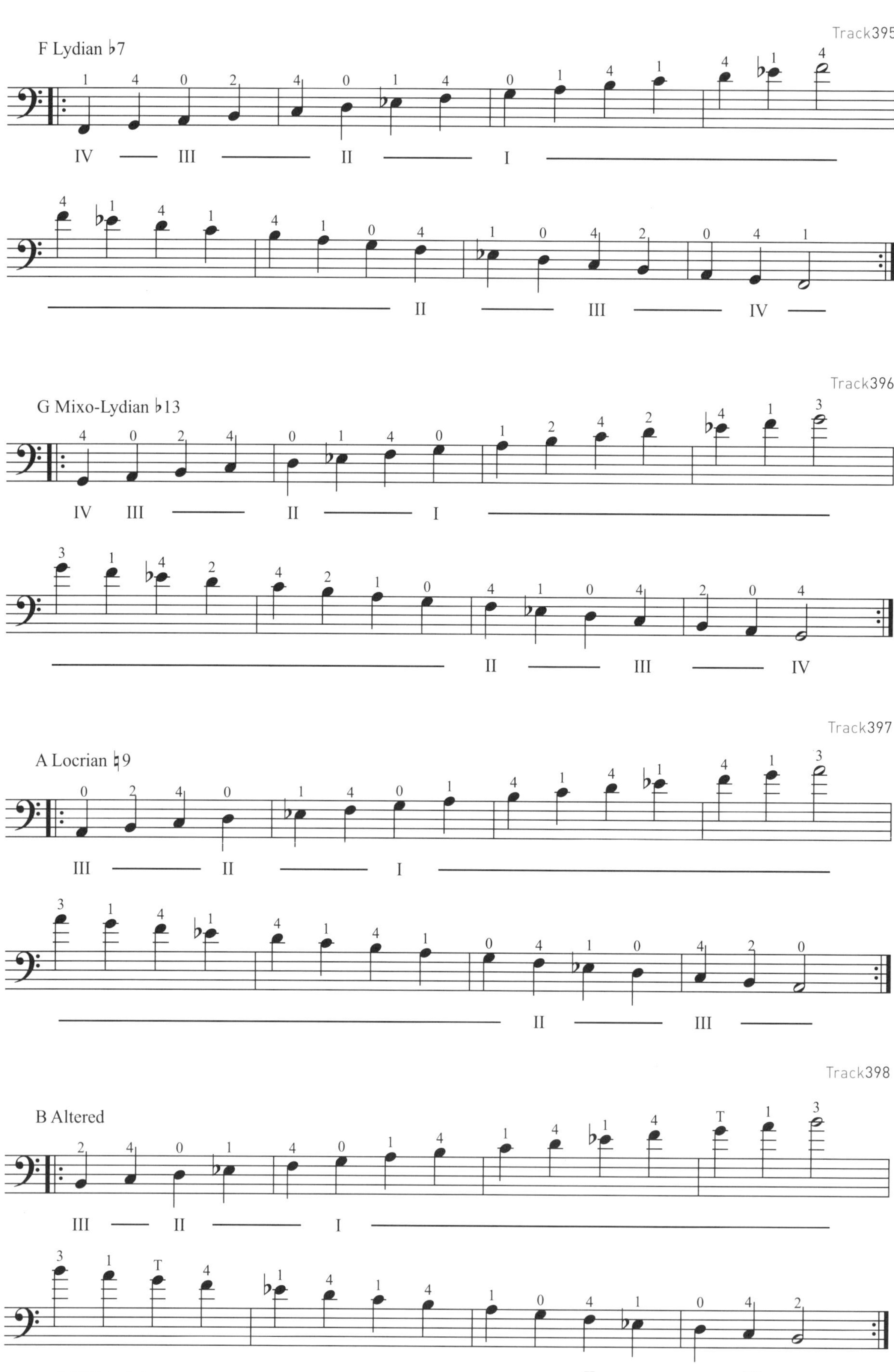
Track395
F Lydian ♭7
G Mixo-Lydian ♭13
Track396
A Locrian ♮9
Track397
B Altered
Track398

•F 재즈 마이너 스케일 모드

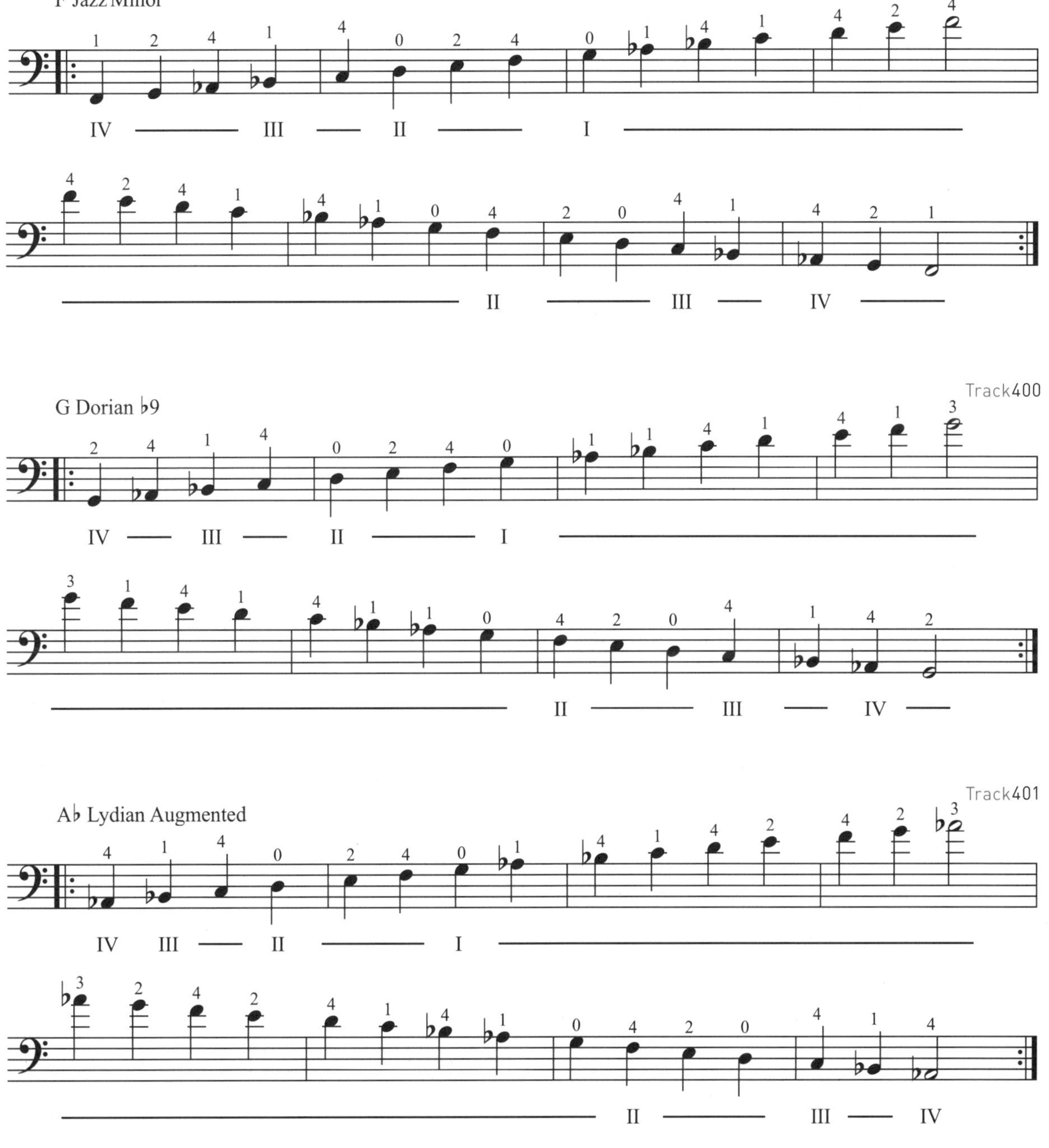

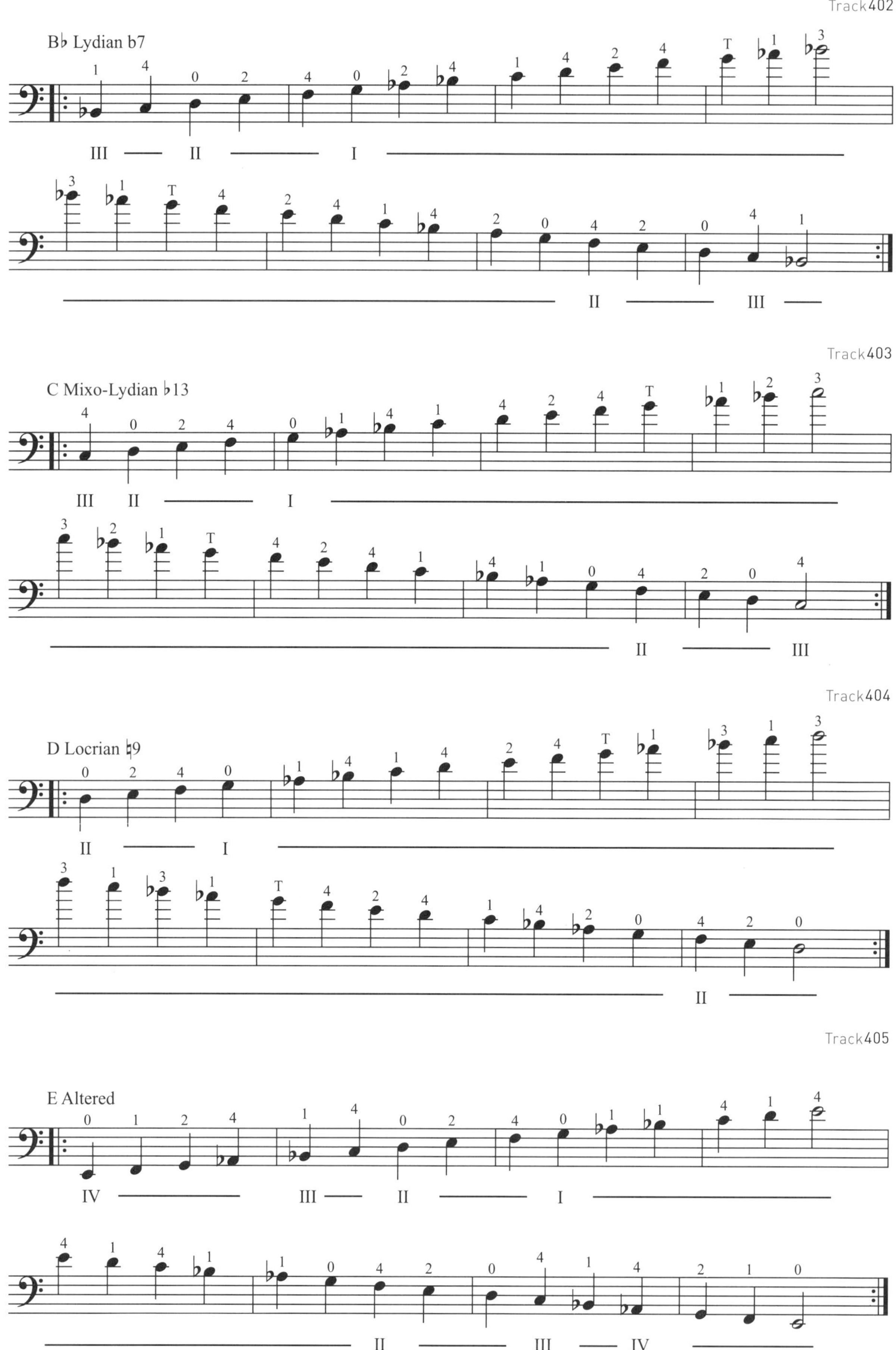
Bb Lydian b7
Track402
Track403
C Mixo-Lydian b13
Track404
D Locrian ♮9
Track405
E Altered

•B♭ 재즈 마이너 스케일 모드

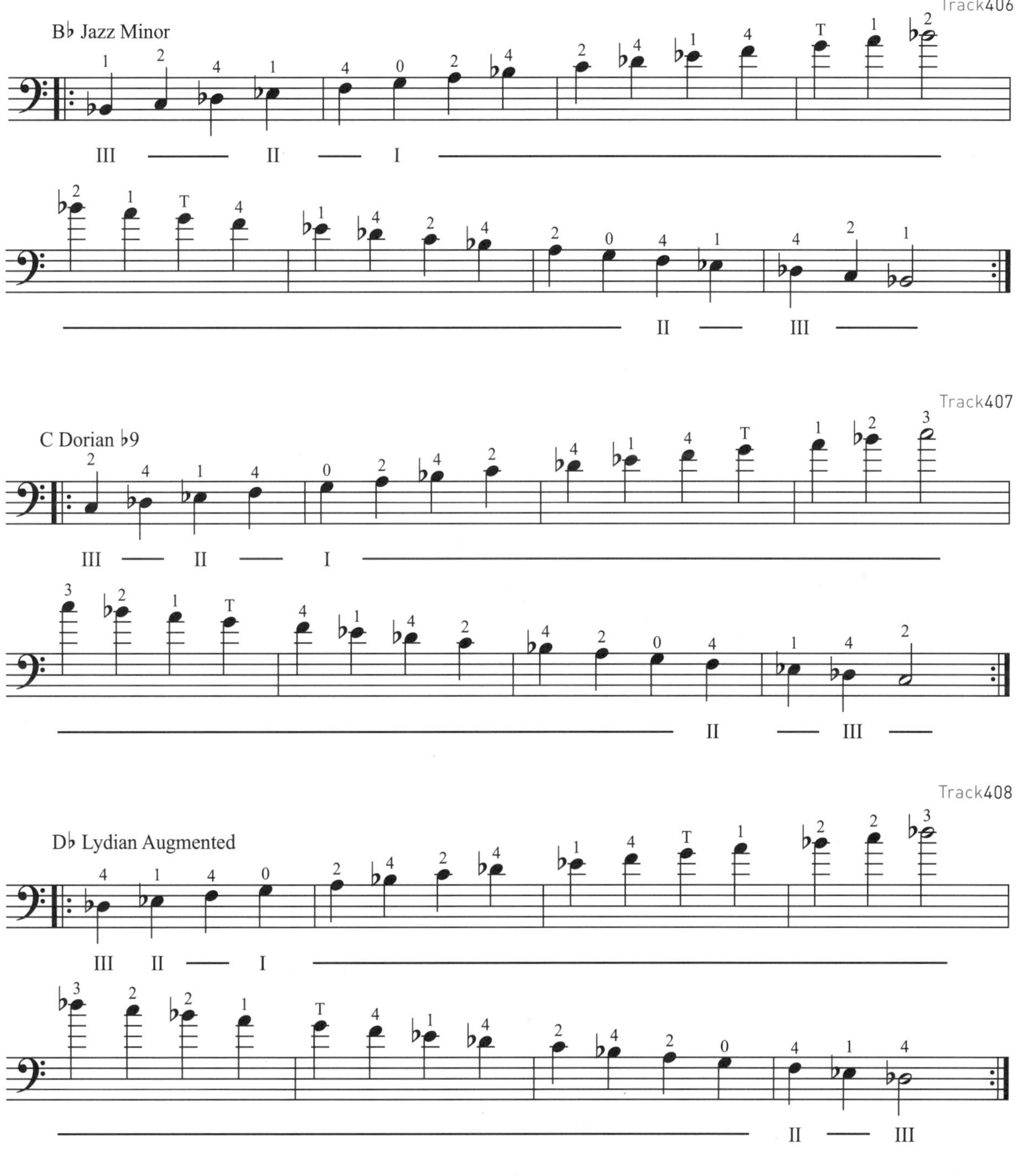
Track406
B♭ Jazz Minor
III — II — I
II — III
Track407
C Dorian ♭9
III — II — I
II — III
Track408
D♭ Lydian Augmented
III II — I
II — III

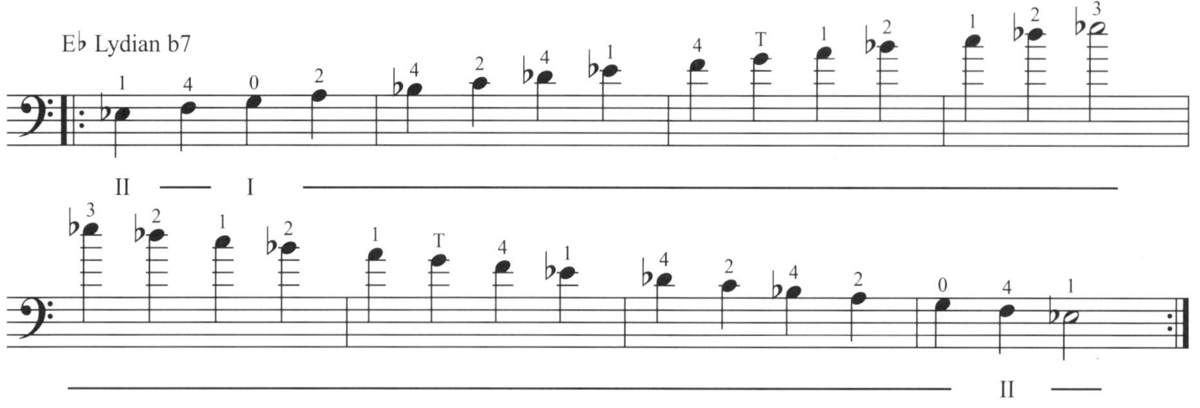
Eb Lydian b7

F Mixo-Lydian b13

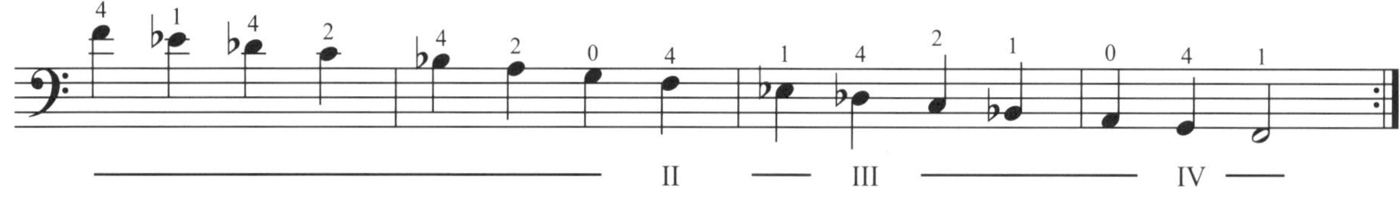

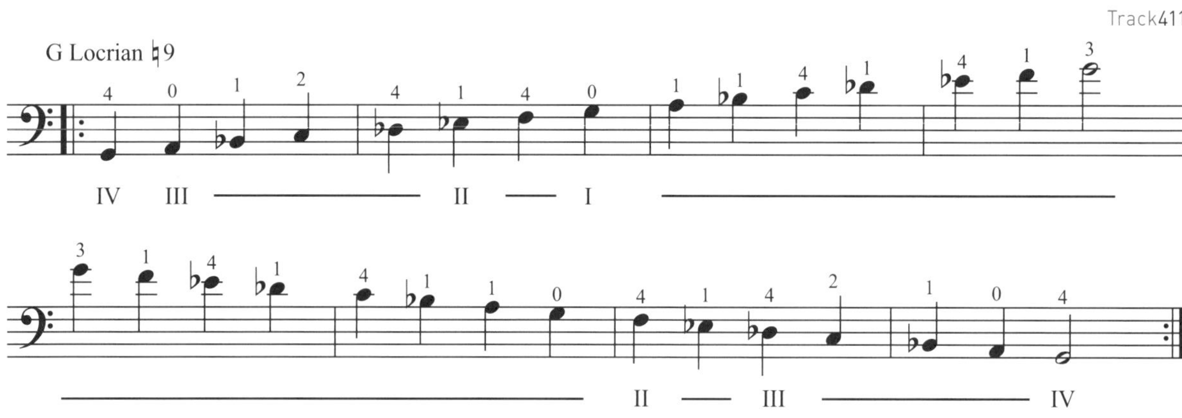
G Locrian ♮9

A Altered

•E♭ 재즈 마이너 스케일 모드

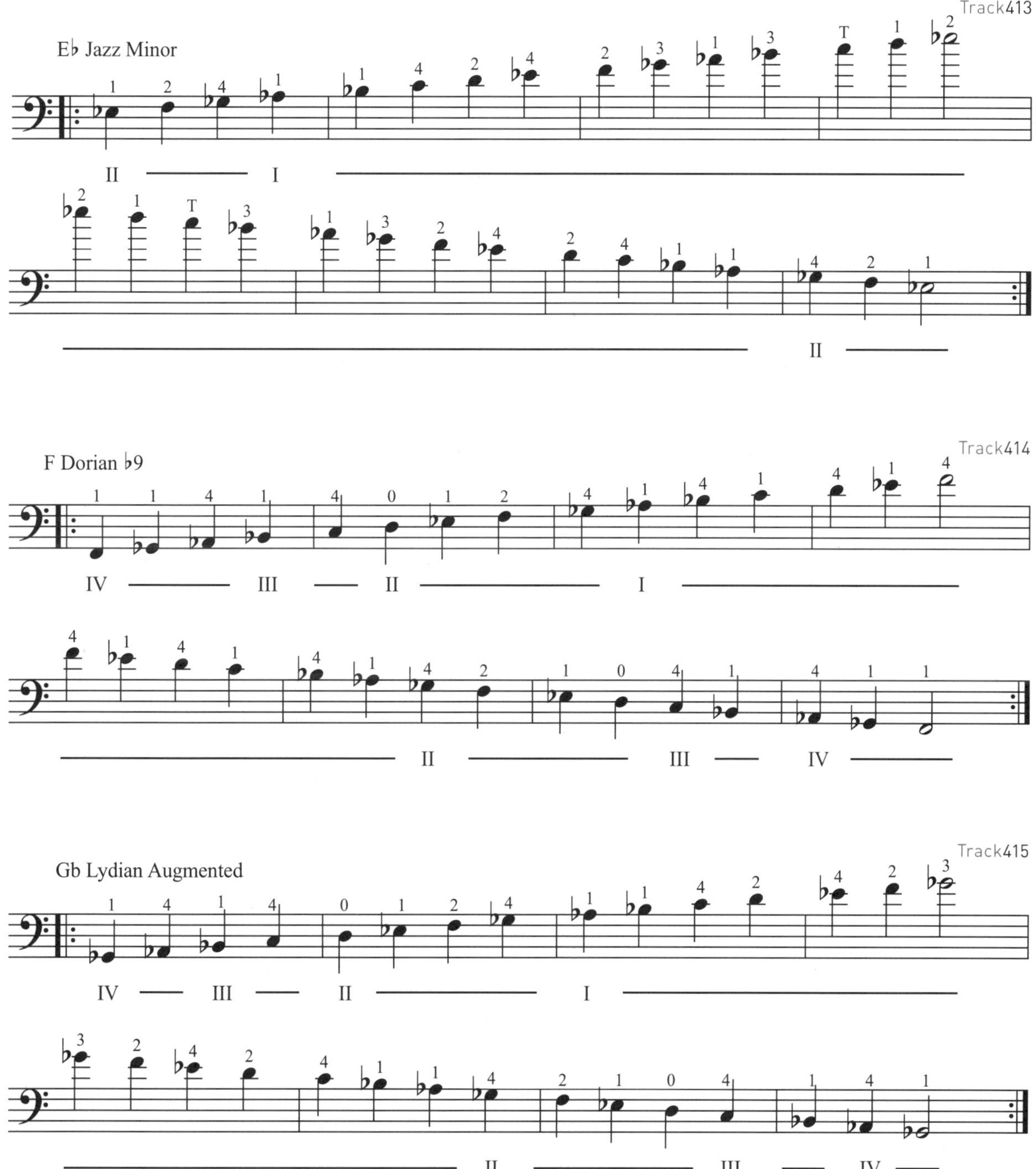

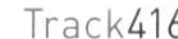

Track416

A♭ Lydian ♭7

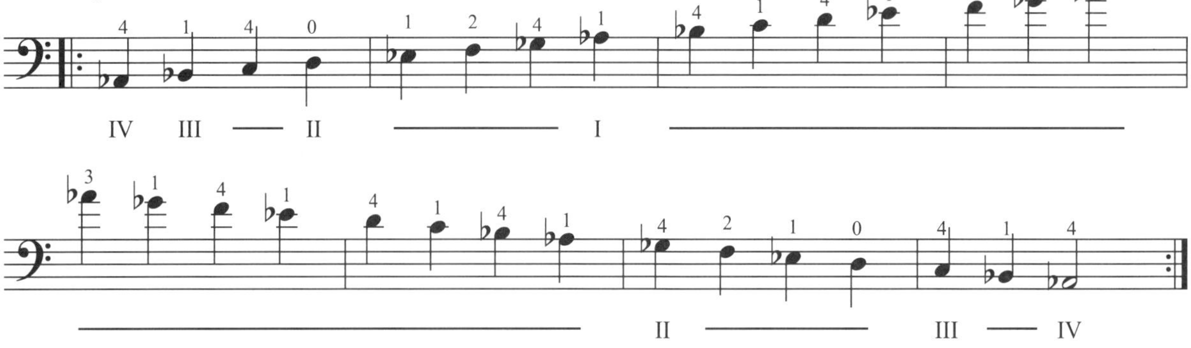

Track417

B♭ Mixo-Lydian ♭13

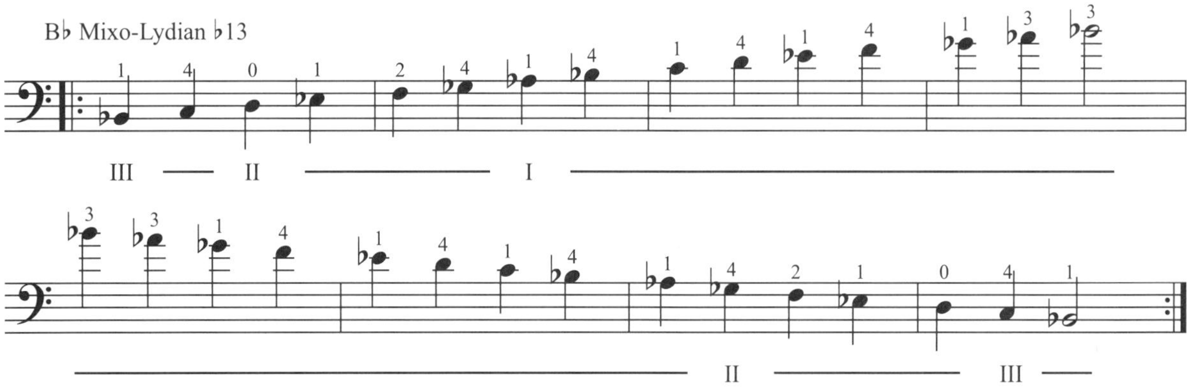

Track418

C Locrian ♮9

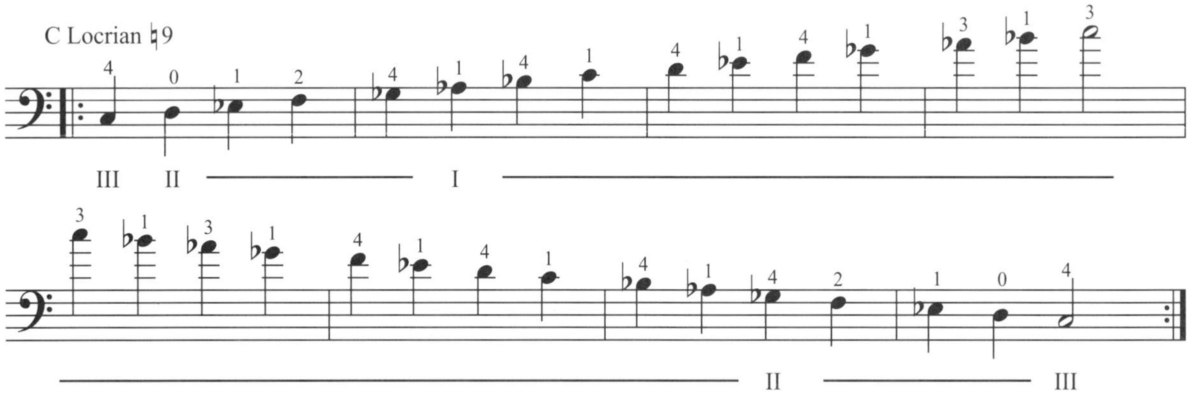

Track419

D Altered

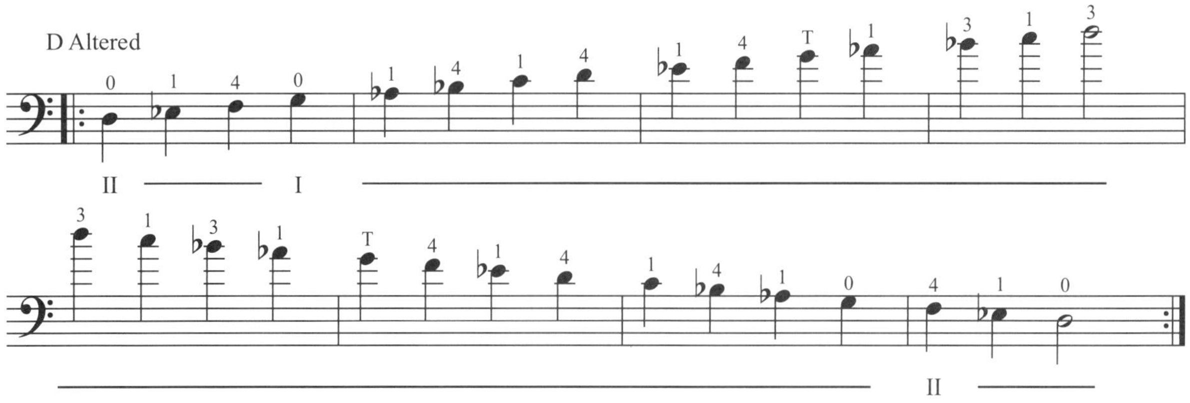

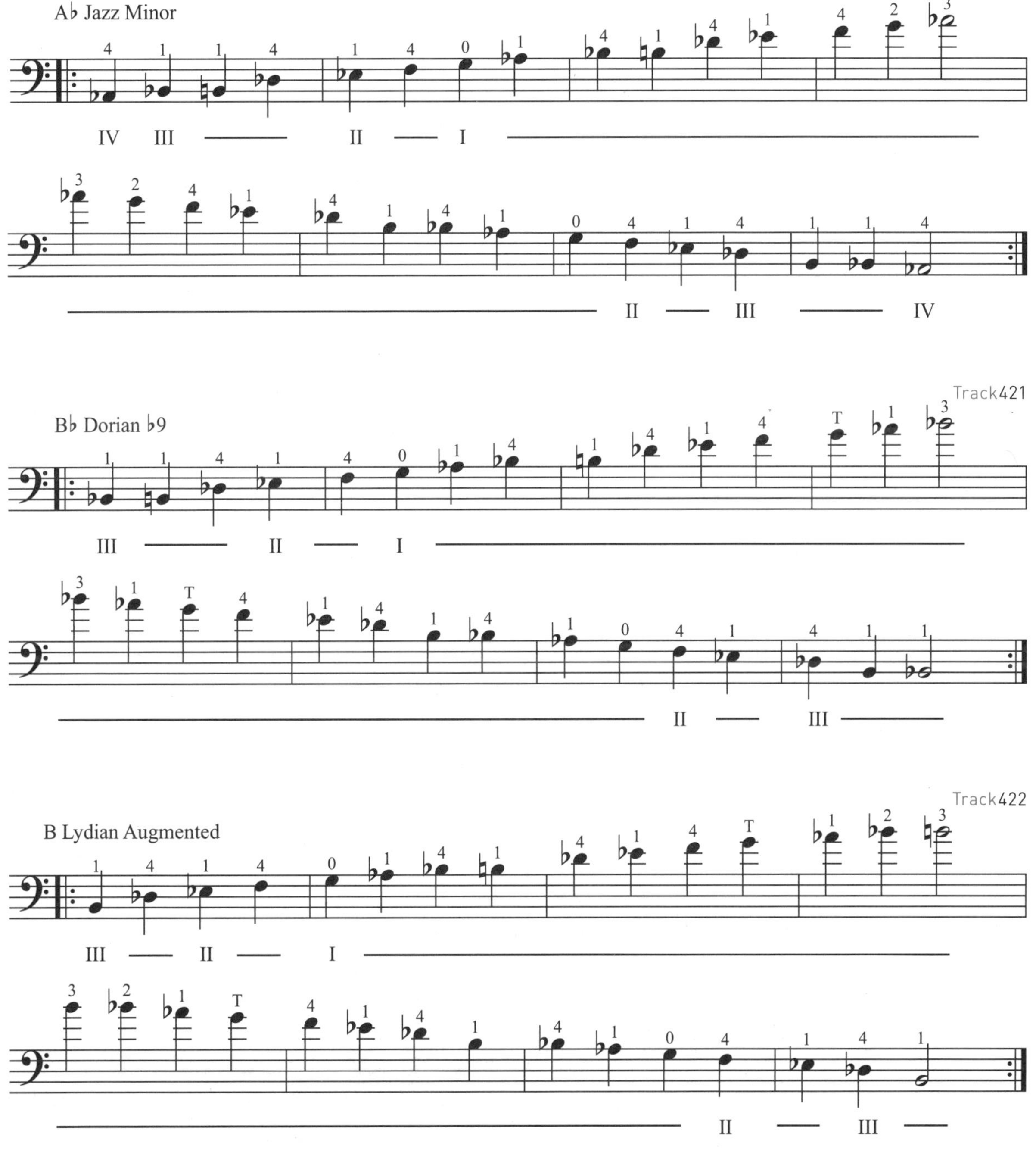

Track420
A♭ Jazz Minor
IV   III   II   I
II   III   IV
Track421
B♭ Dorian ♭9
III   II   I
II   III
Track422
B Lydian Augmented
III   II   I
II   III

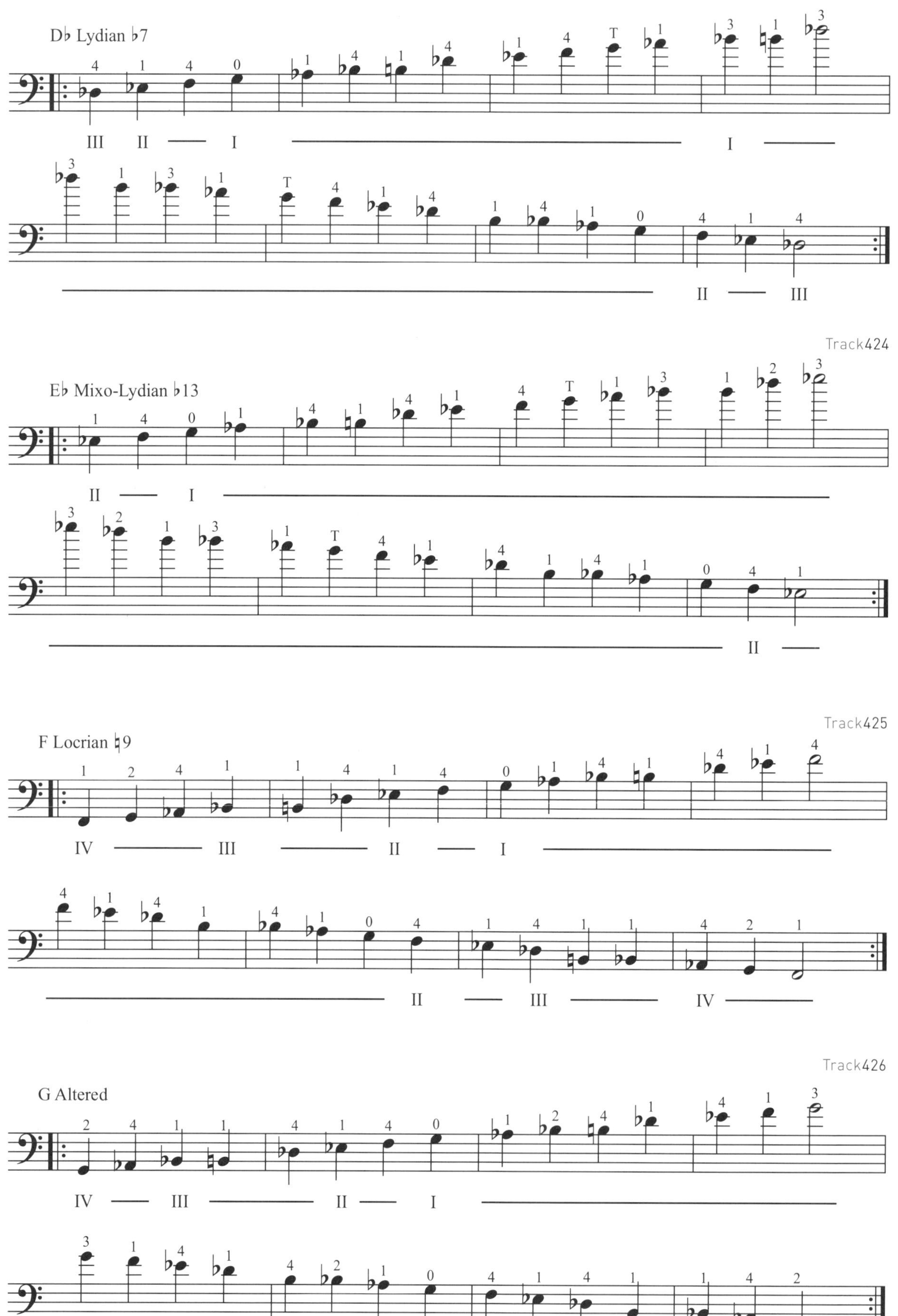

Track423
Db Lydian b7
Eb Mixo-Lydian b13
Track424
F Locrian b9
Track425
G Altered
Track426

•D♭ 재즈 마이너 스케일 모드

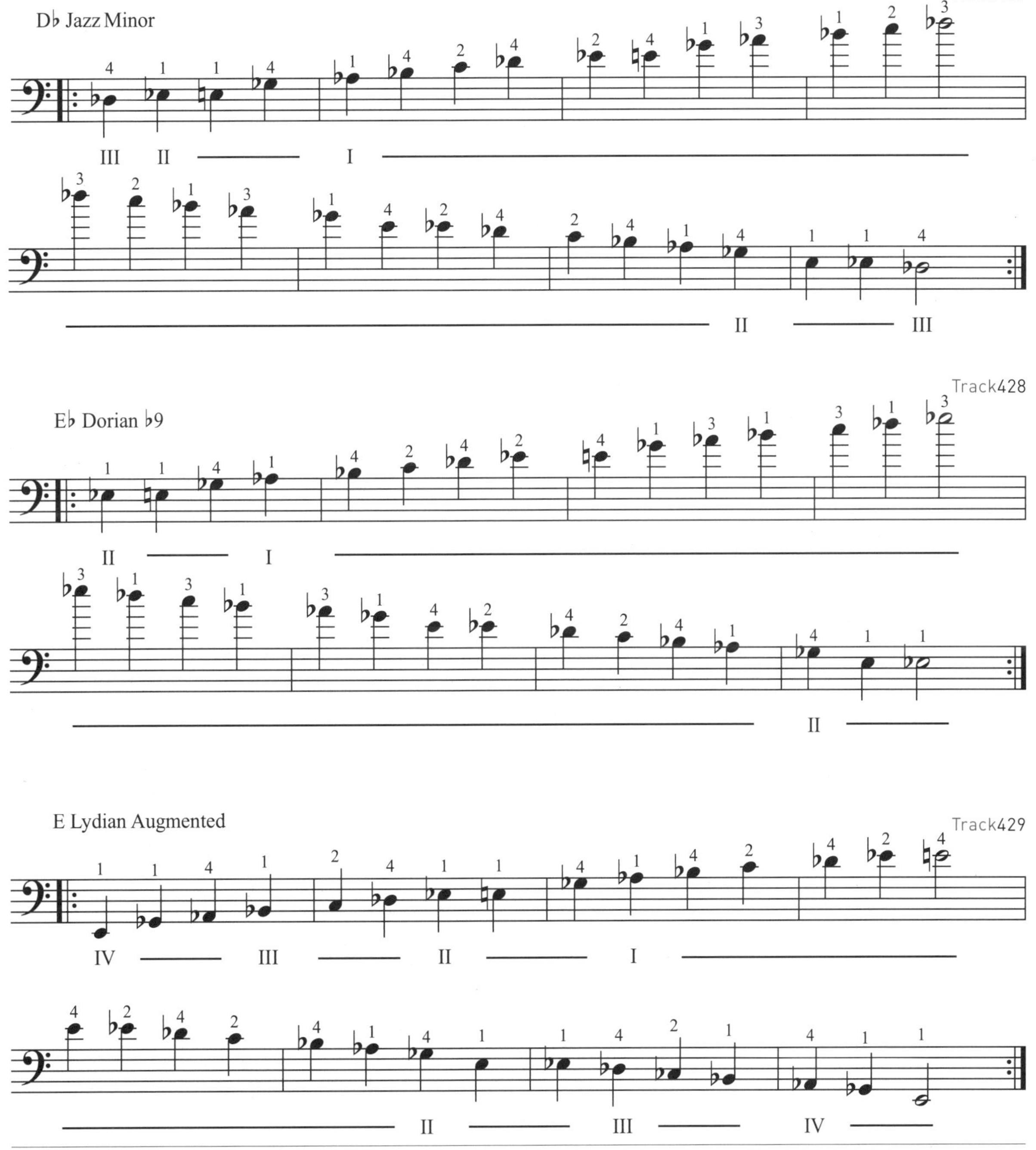
Track427
D♭ Jazz Minor
Track428
E♭ Dorian ♭9
Track429
E Lydian Augmented

Gb Lydian b7

Ab Mixo-Lydian b13

Bb Locrian b9

C Altered

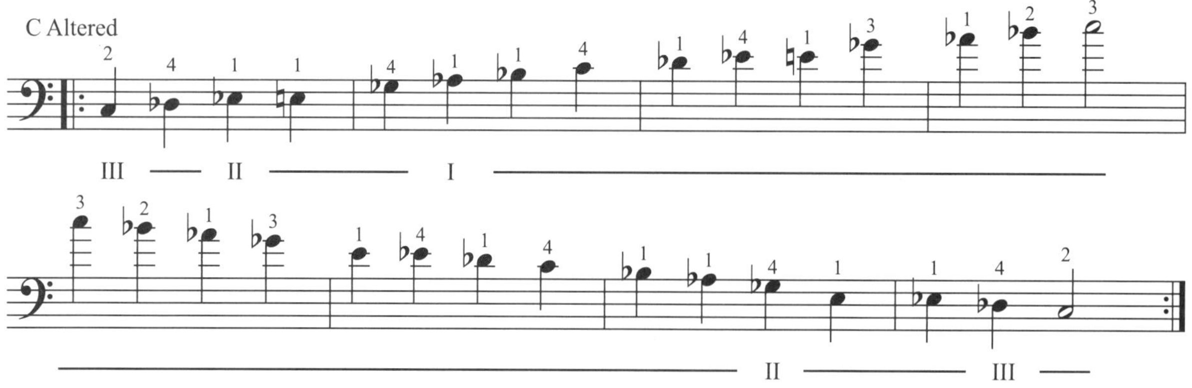

•Gb 재즈 마이너 스케일 모드

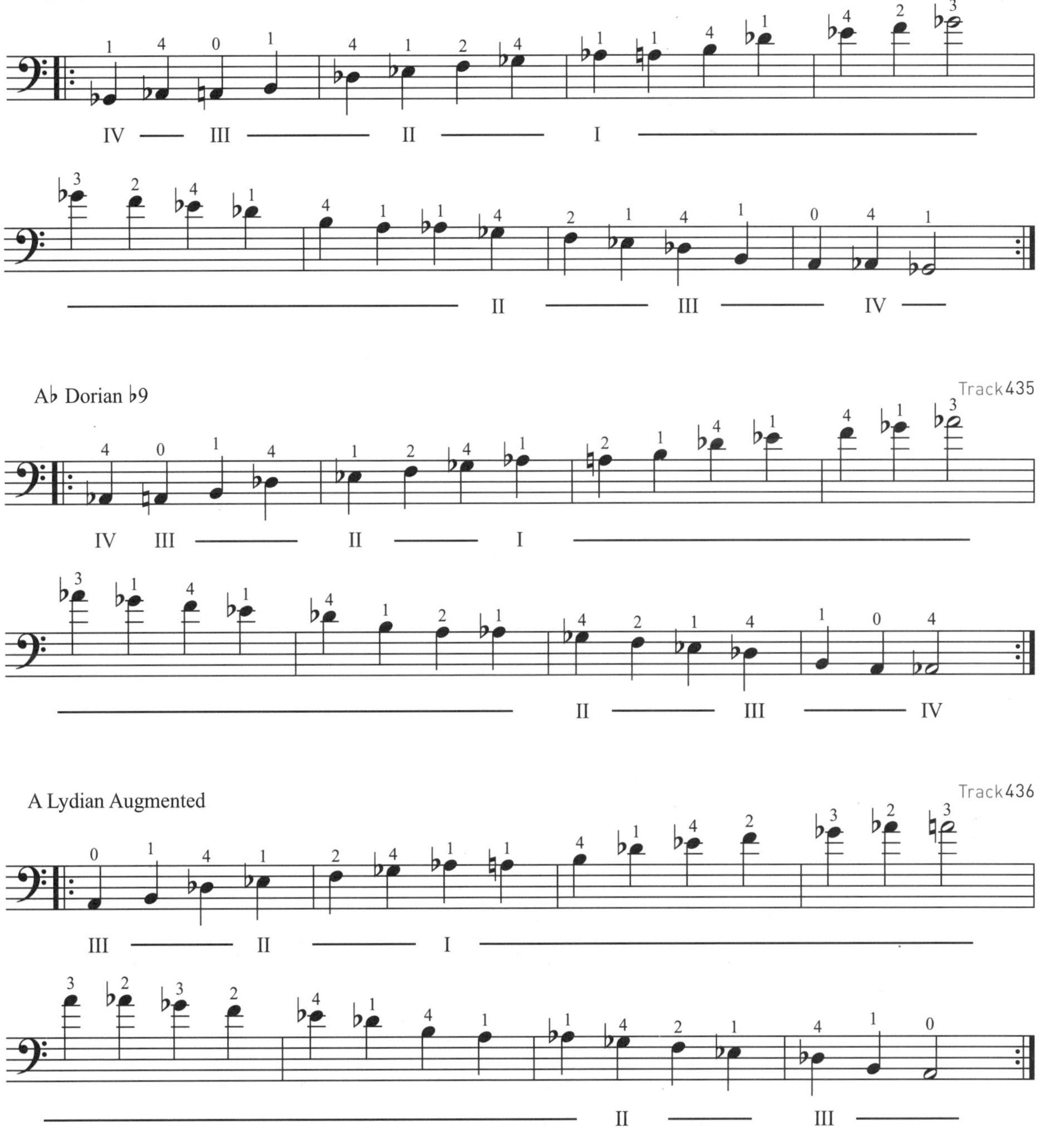
Gb Jazz Minor
Track434
IV III II I
II III IV
Ab Dorian b9
Track435
IV III II I
II III IV
A Lydian Augmented
Track436
III II I
II III

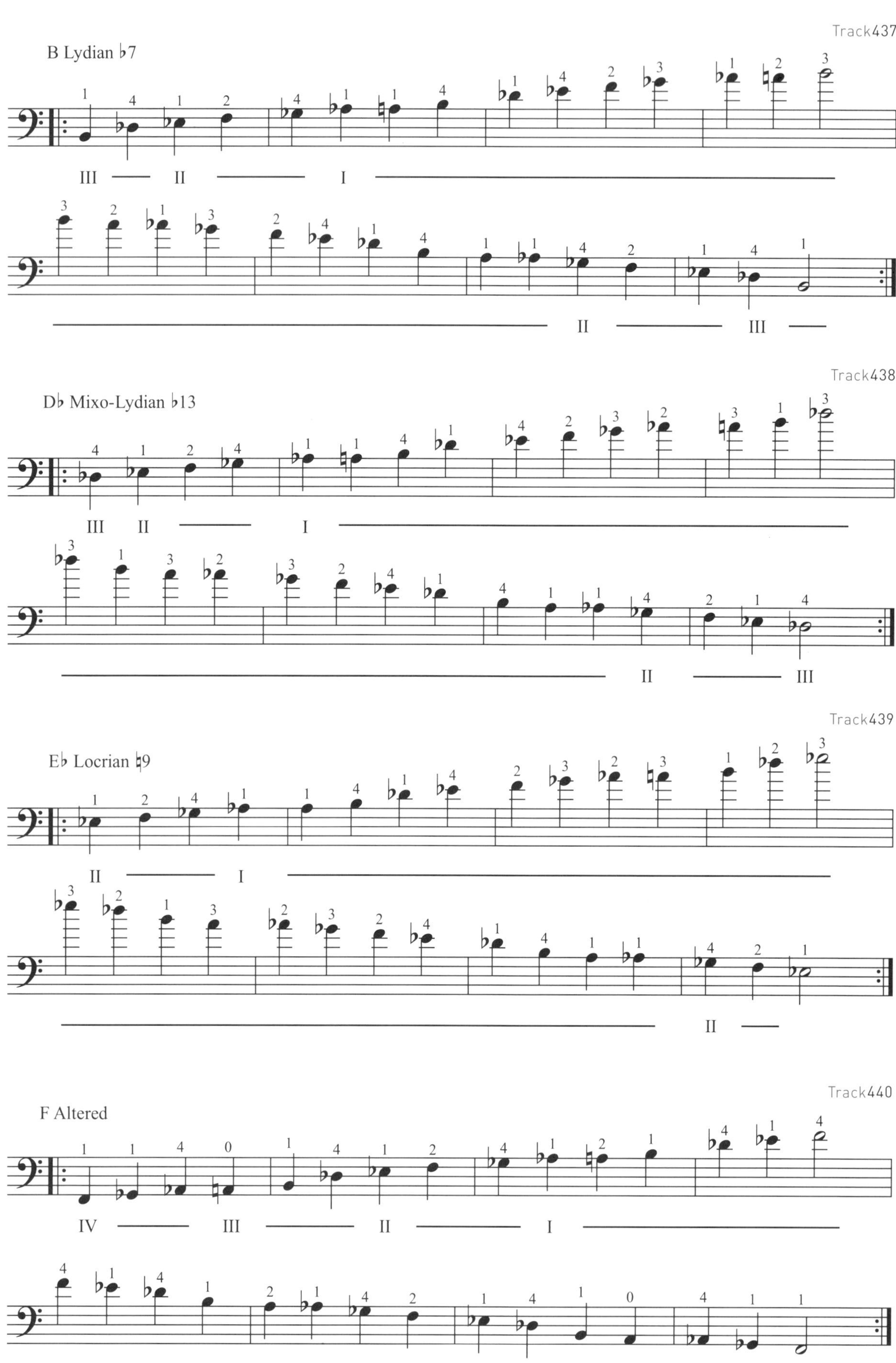
B Lydian ♭7
Track437
D♭ Mixo-Lydian ♭13
Track438
E♭ Locrian ♮9
Track439
F Altered
Track440

•B 재즈 마이너 스케일 모드

Track444
E Lydian ♭7
IV III II I
II III IV
Track445
F# Mixo-Lydian ♭13
IV III II I
II III IV
Track446
G# Locrian ♮9
IV III II I
II III IV
Track447
A# Altered
III II I
II III

•E 재즈 마이너 스케일 모드

A Lydian ♭7
III II I
III II III

B Mixo-Lydian ♭13
III II I
II III

C# Locrian ♮9
III II I
II III

D# Altered
II I
II

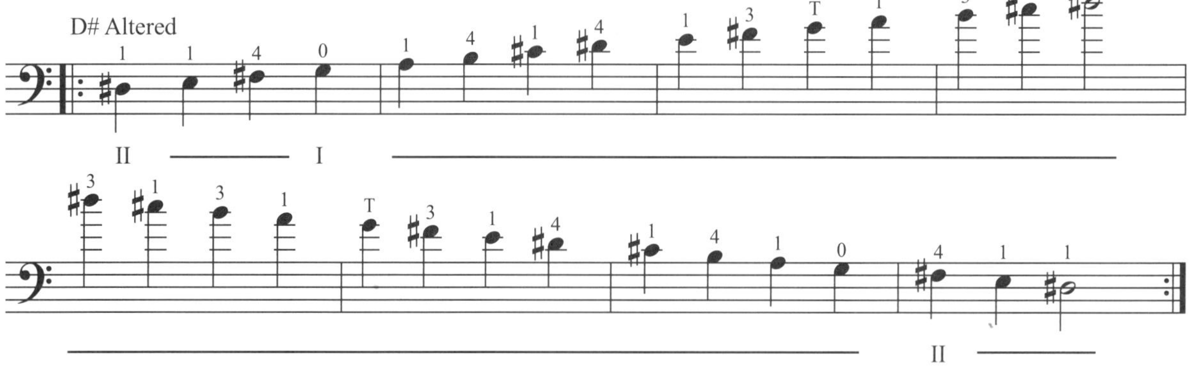

•A 재즈 마이너 스케일 모드

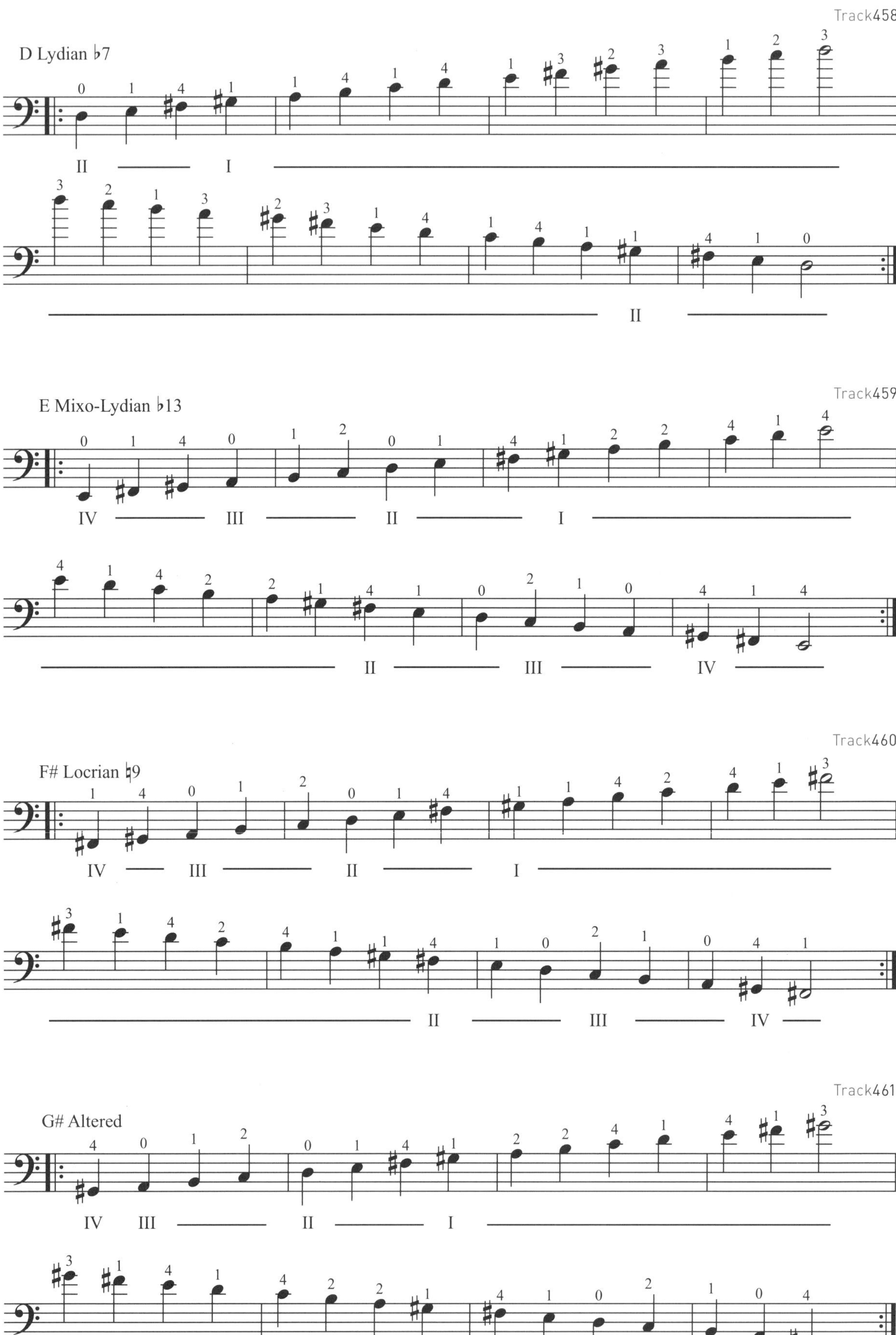

Track458
D Lydian ♭7
E Mixo-Lydian ♭13
F# Locrian ♮9
Track459
Track460
G# Altered
Track461

•D 재즈 마이너 스케일 모드

Track465
G Lydian ♭7
IV III II I
II III IV
Track466
A Mixo-Lydian ♭13
III II I
II III
Track467
B Locrian ♮9
III II I
II III
Track468
C# Altered
III II I
II III

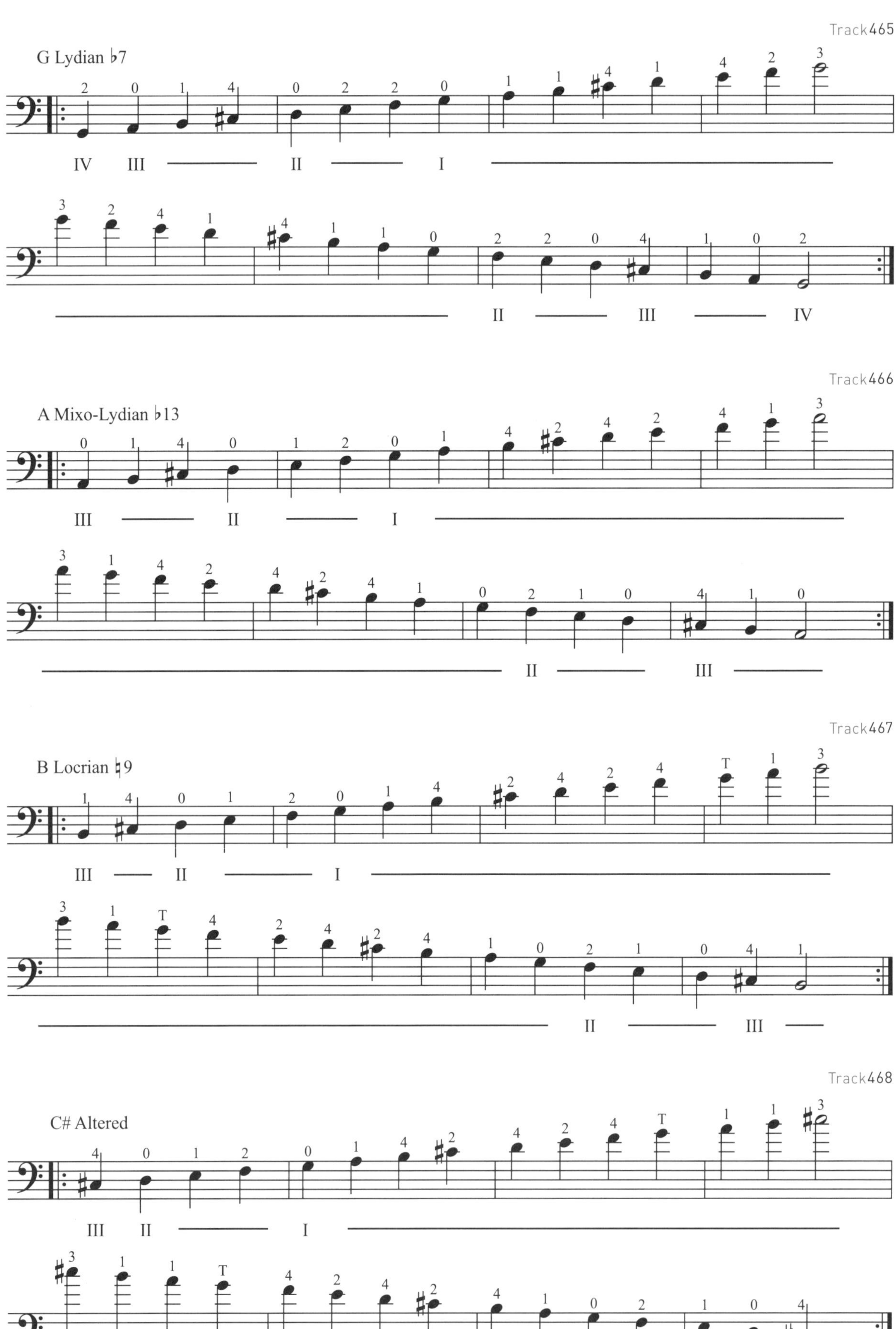

•G 재즈 마이너 스케일 모드

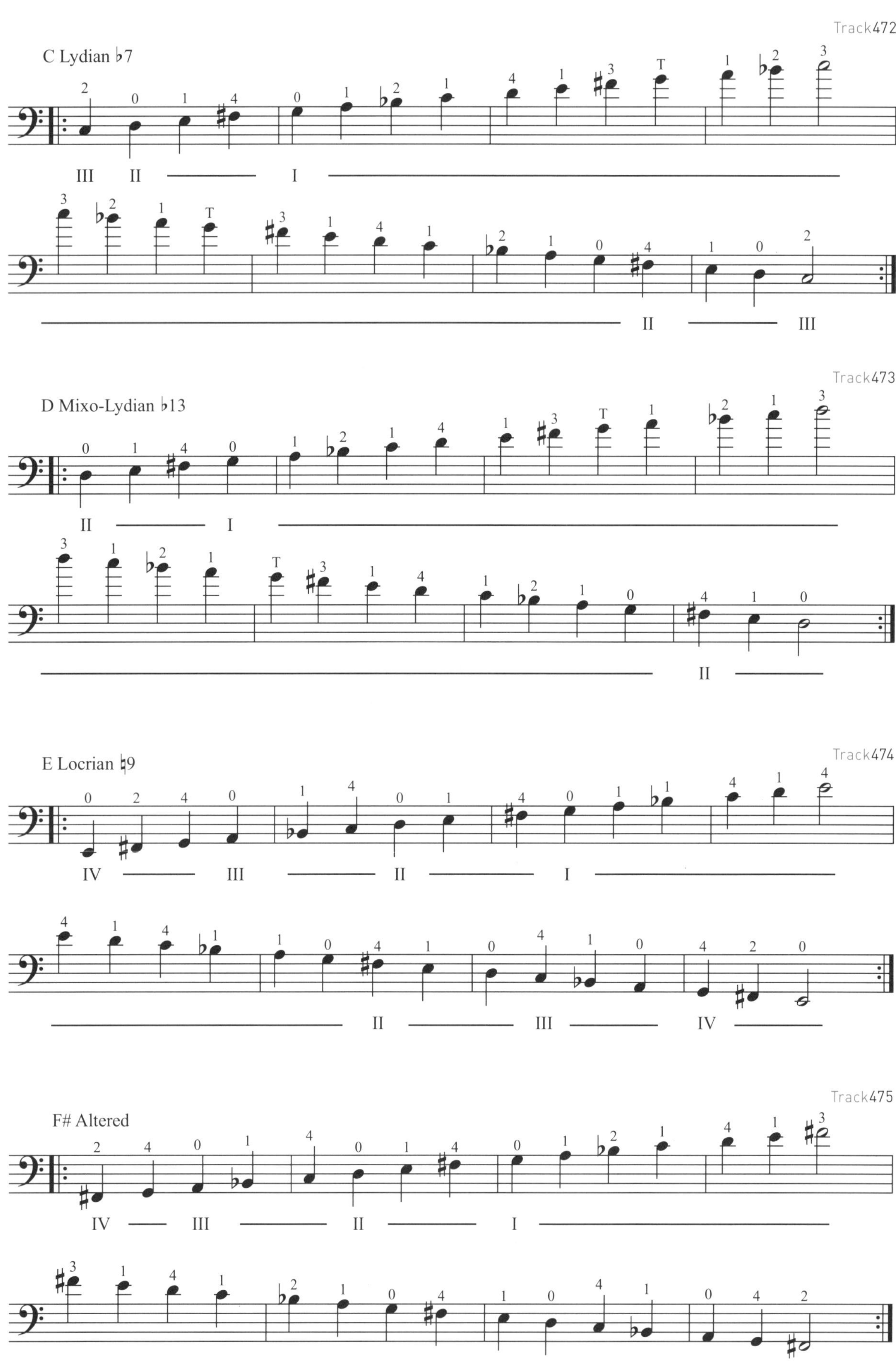
C Lydian ♭7
III II I
D Mixo-Lydian ♭13
II I
E Locrian ♮9
IV III II I
F# Altered
IV III II I
Track473
Track474
Track475

Chapter 09

마이너 계열의 스케일(Minor Scales)

마이너 계열의 스케일에 대해 알아보자.

마이너 스케일은 메이저 스케일과는 달리 3가지 다른 스케일 즉, 내추럴 마이너 스케일(Natural Minor Scale), 하모닉 마이너 스케일 (Harmonic Minor Scale), 멜로딕 마이너 스케일(Melodic Minor Scale)로 구분된다.

각 스케일의 구조를 알아보자.

1. 내추럴 마이너 스케일
(Natural Minor Scale, Aeolian Scale)

내추럴 마이너 스케일은 메이저 스케일 모드의 6번째 스케일로써 에올리안 스케일의 다른 이름이다. 아이오니안 스케일에서 3도, 6도, 7도 음이 반음 내려가 있는 형태의 스케일이다.

$$R \quad 9 \quad \flat3 \quad 11 \quad 5 \quad \flat13 \quad \flat7$$

내추럴 마이너 스케일을 12key에서 상행, 하행으로 반복 연습하자.

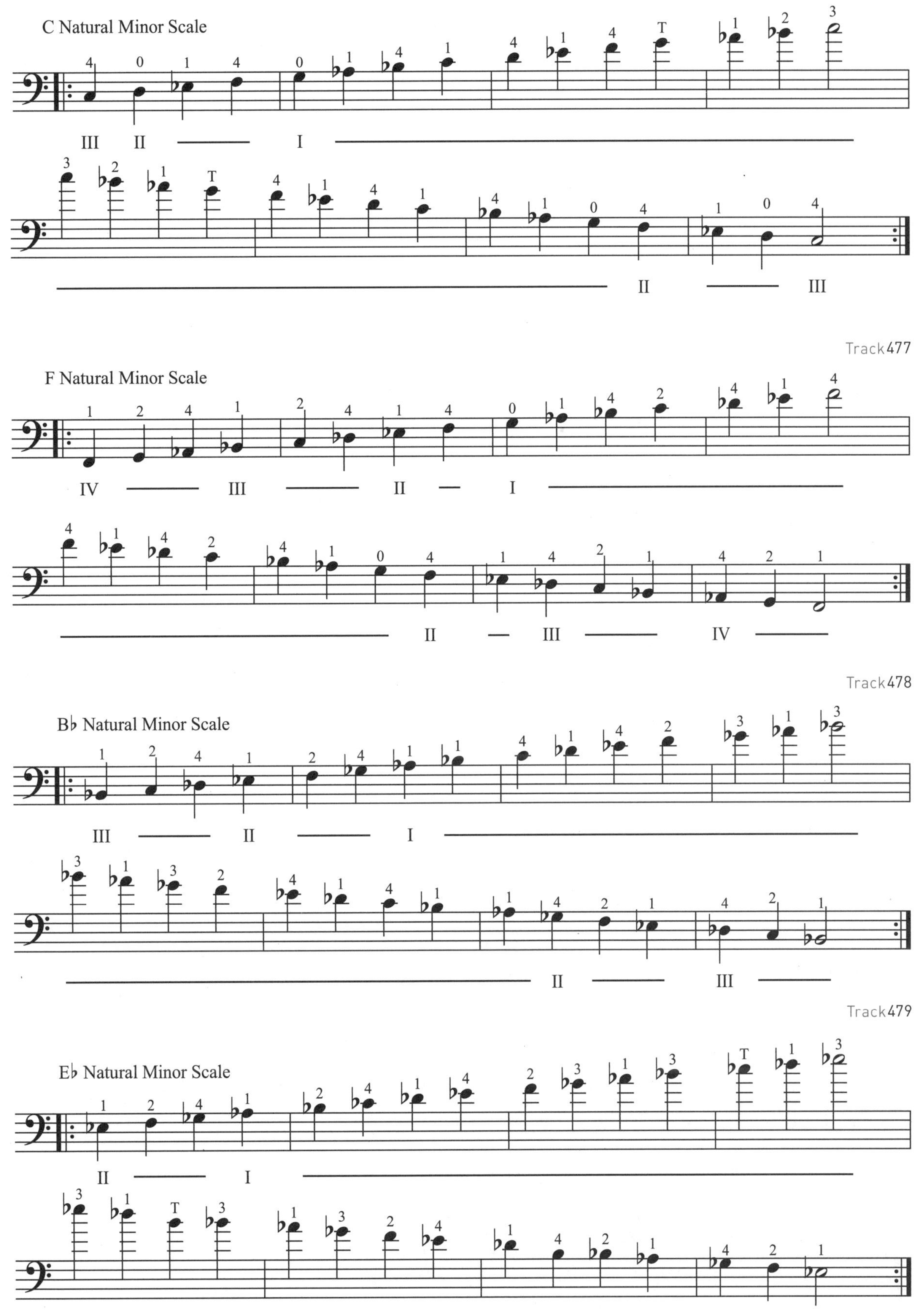
C Natural Minor Scale
F Natural Minor Scale
Bb Natural Minor Scale
Eb Natural Minor Scale

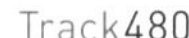

Track480

A♭ Natural Minor Scale

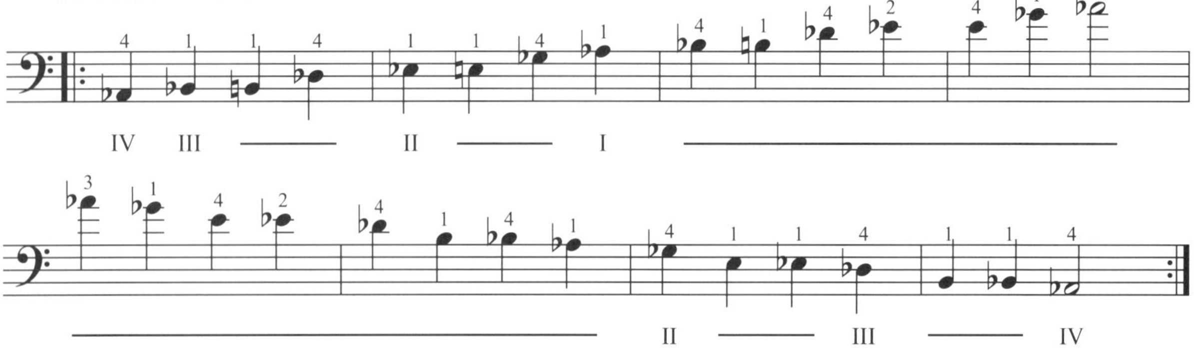
IV III II I
II III IV

Track481

D♭ Natural Minor Scale

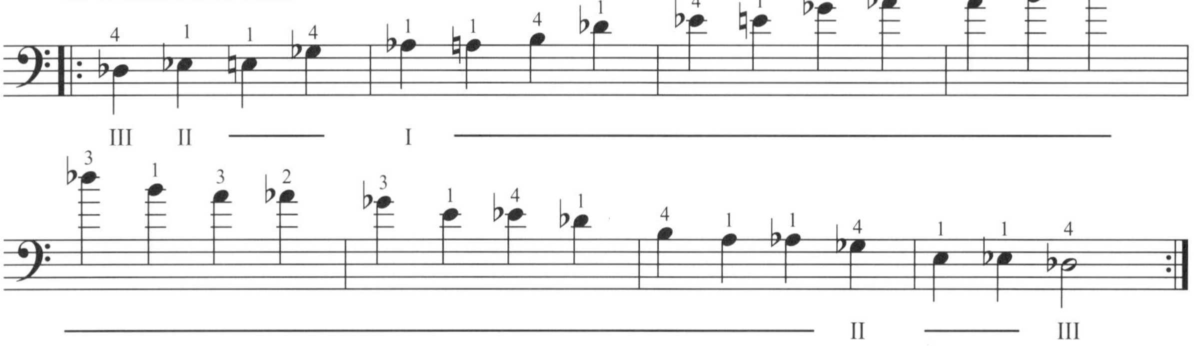
III II I
II III

Track482

G♭ Natural Minor Scale

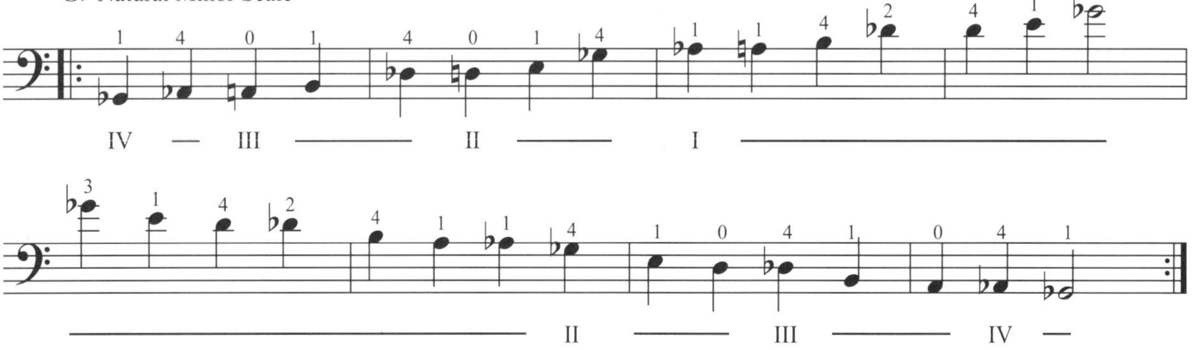
IV III II I
II III IV

Track483

B Natural Minor Scale

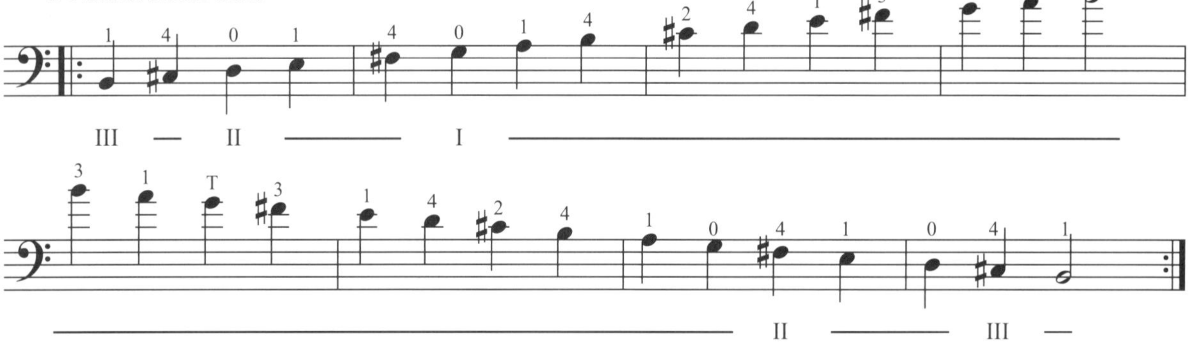
III II I
II III

Track484
E Natural Minor Scale
A Natural Minor Scale
Track485
D Natural Minor Scale
Track486
G Natural Minor Scale
Track487

2. 하모닉 마이너 스케일(Harmonic Minor Scale)

하모닉 마이너 스케일은 메이저 스케일에서 3도와 6도 음이 반음 내려간 형태의 스케일이다.

메이저 스케일의 경우 제 7음이 반음 위의 으뜸음으로 해결이 된다. 그러나 내추럴 마이너의 제 7음과 으뜸음의 온음 관계로 으뜸음으로 해결을 원하는 이끔음이 존재하지 않는다. 그래서 이끔음을 만들어 주기 위해 제 7음에 반음을 올려 하모닉 마이너 스케일이 되었다.

결과적으로 하모닉 마이너 스케일의 모드 다섯 번째 코드가 V7이 되며 이는 1도 Minor로의 해결을 이끌어낸다는 점에서 종지적으로 화성적인 문제를 해결했다 하여 **화성단음계**(Harmonic Minor Scale)라 한다.

R　　9　　♭3　　11　　5　　♭13　　7

하모닉 마이너 스케일을 12key에서 상행, 하행으로 반복 연습하자.

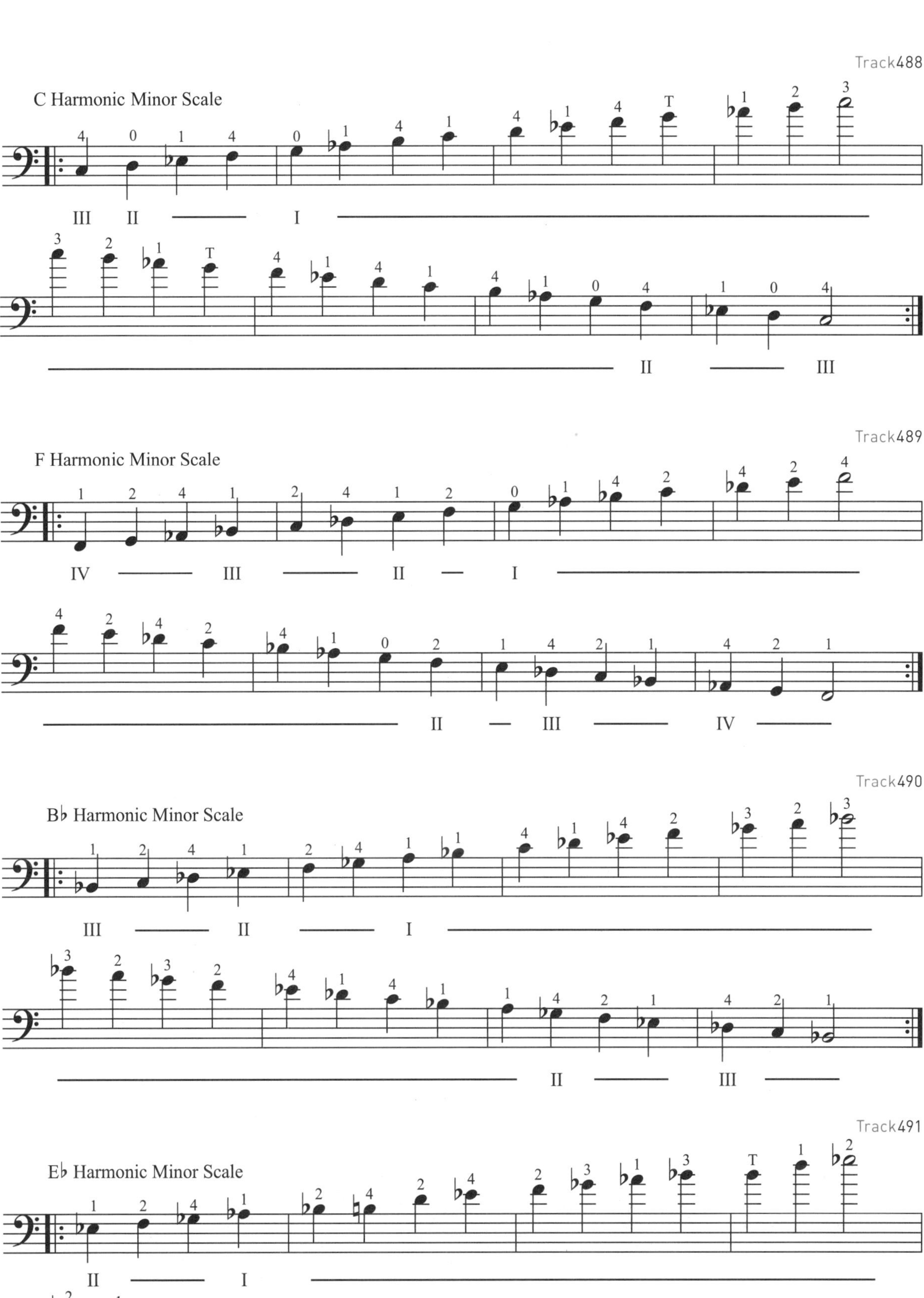
C Harmonic Minor Scale
F Harmonic Minor Scale
B♭ Harmonic Minor Scale
E♭ Harmonic Minor Scale
Track488
Track489
Track490
Track491

A♭ Harmonic Minor Scale

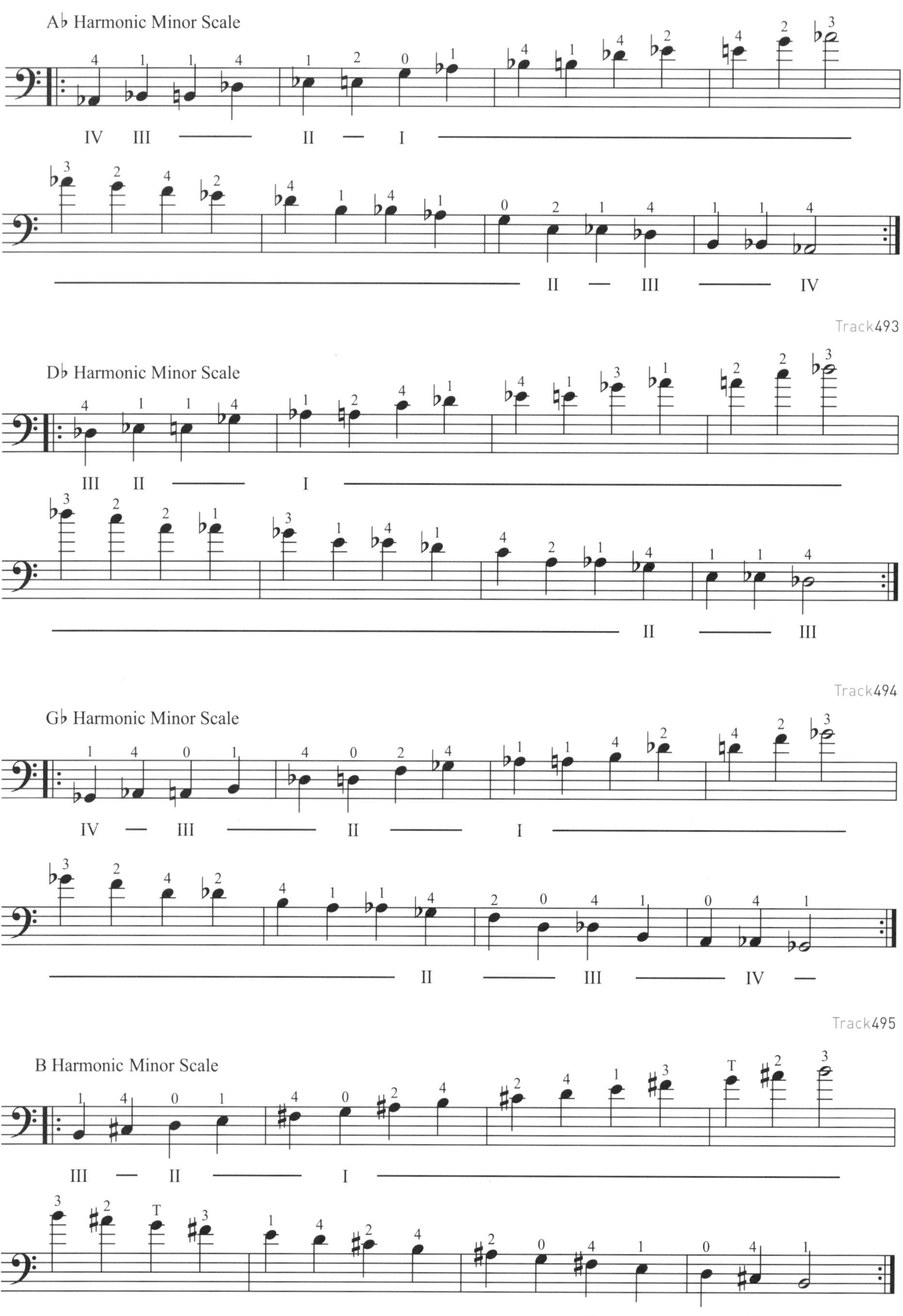

E Harmonic Minor Scale

A Harmonic Minor Scale

D Harmonic Minor Scale

G Harmonic Minor Scale

3. 멜로딕 마이너 스케일(Melodic Minor Scale)

멜로딕 마이너 스케일은 아이오니안 스케일에서 3도 음만 반음이 내려간 구조로 이루어져 있다. 화성단음계의 6도와 7도 음 사이가 증2도라는 음정을 이루며 매우 불안한 음정이 발생한다. 이러한 선율적 문제를 해결하기 위하여 제 6음에 반음을 올려준 것이 멜로딕 마이너 스케일(Melodic Minor Scale)이다. 대신 하행 시에는 이끈음이 필요치 않으므로 6도 음과 7도 음 모두 원래대로 전환하여 내추럴 마이너 스케일로 돌아간다.

R   9   ♭3   11   5   13   7

멜로디 마이너 스케일을 12key에서 상행, 하행으로 반복 연습하자.

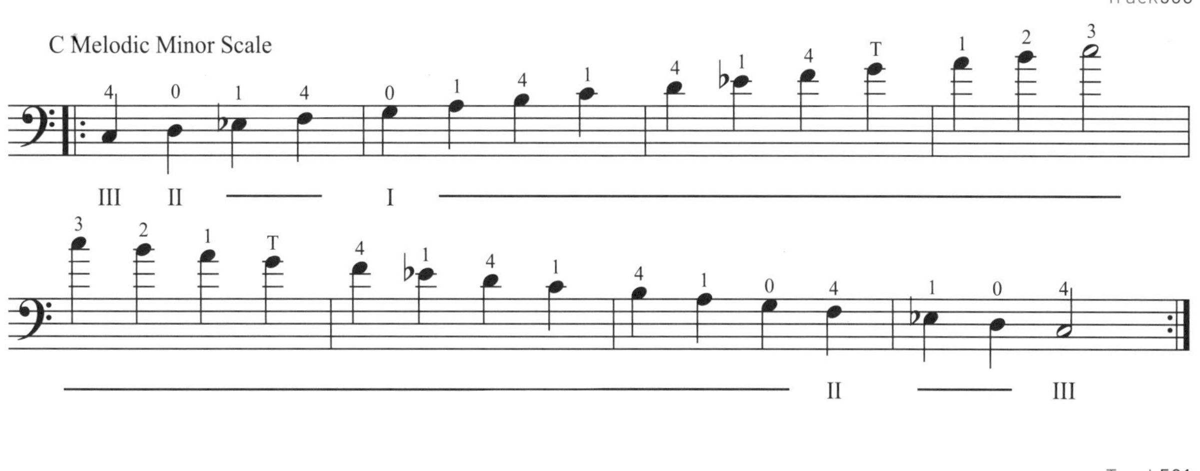
C Melodic Minor Scale

F Melodic Minor Scale

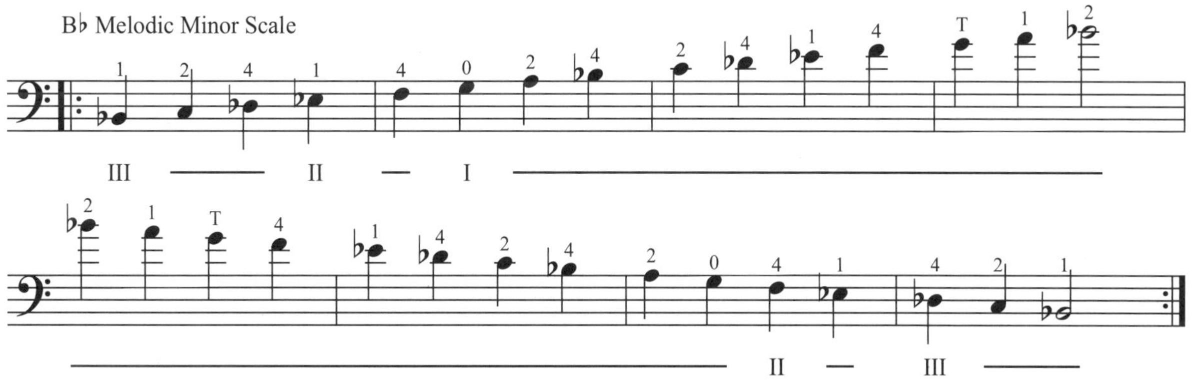
B♭ Melodic Minor Scale

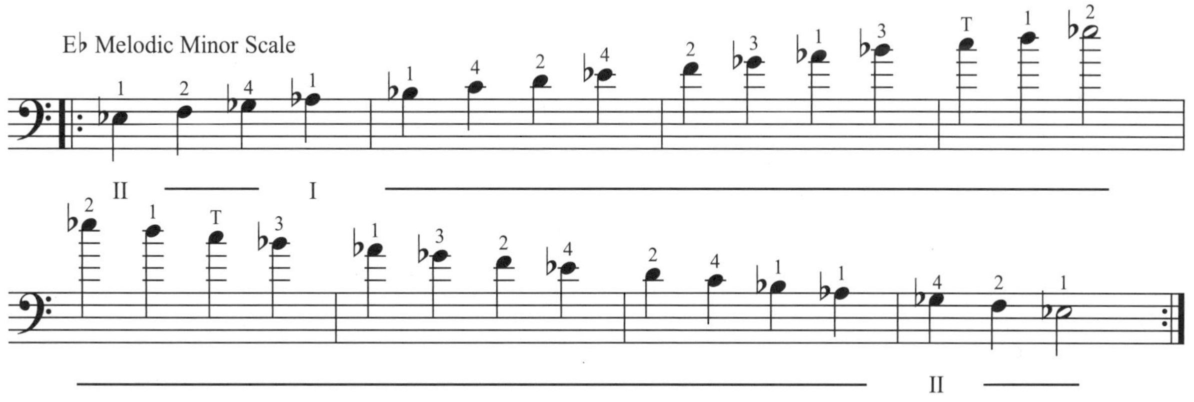
E♭ Melodic Minor Scale

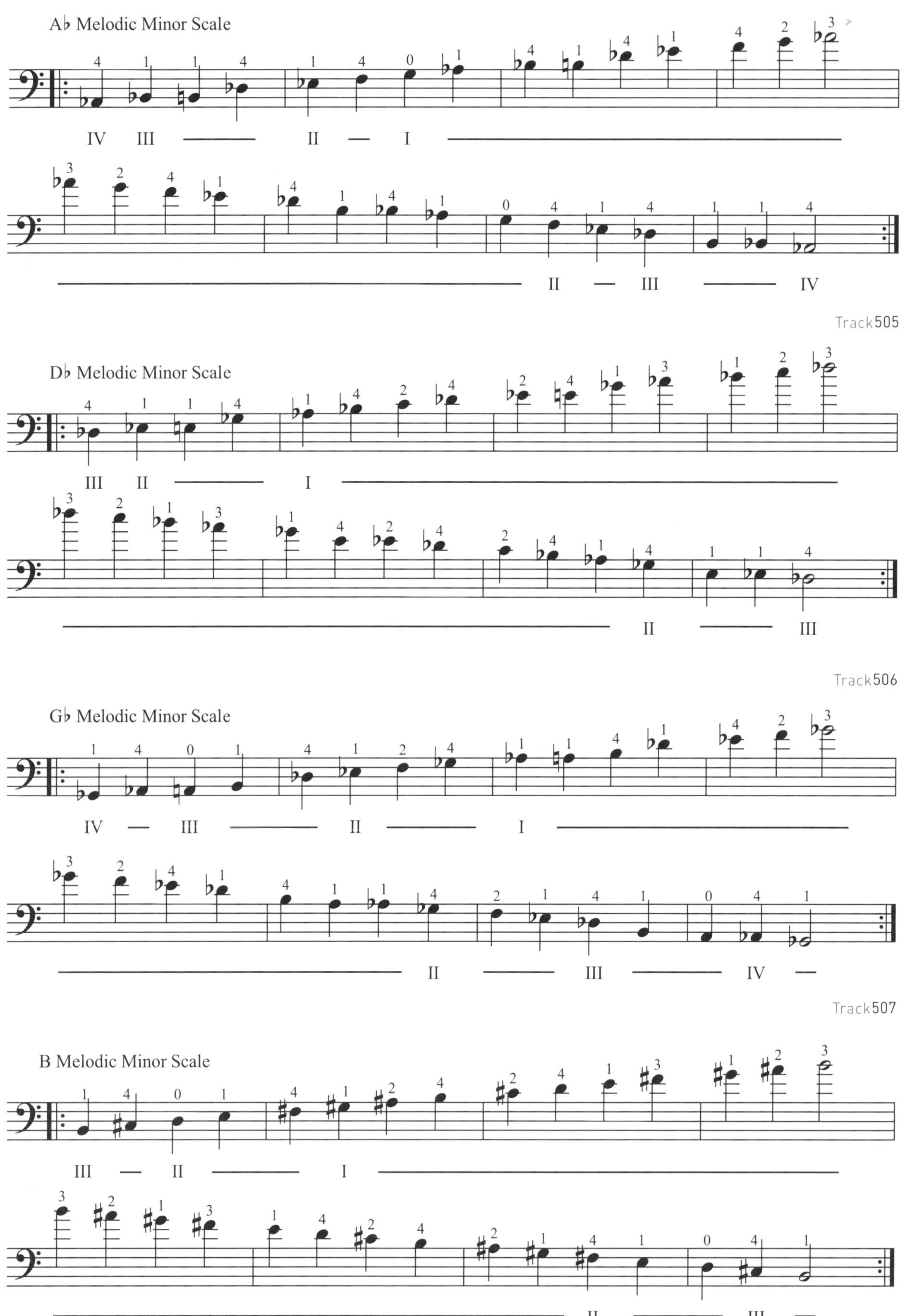

A♭ Melodic Minor Scale
IV III — II — I
II — III — IV
D♭ Melodic Minor Scale
III II — I
II — III
G♭ Melodic Minor Scale
IV — III — II — I
II — III — IV —
B Melodic Minor Scale
III — II — I
II — III —

Track508

E Melodic Minor Scale

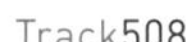

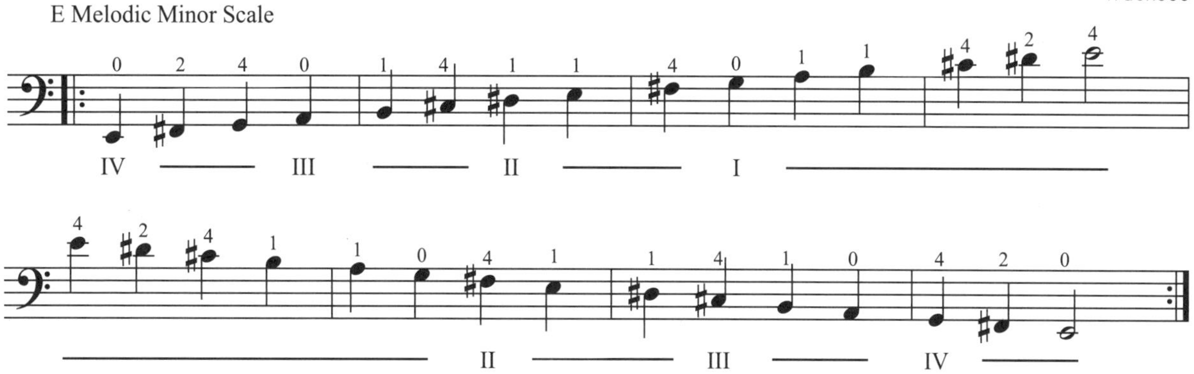

Track509

A Melodic Minor Scale

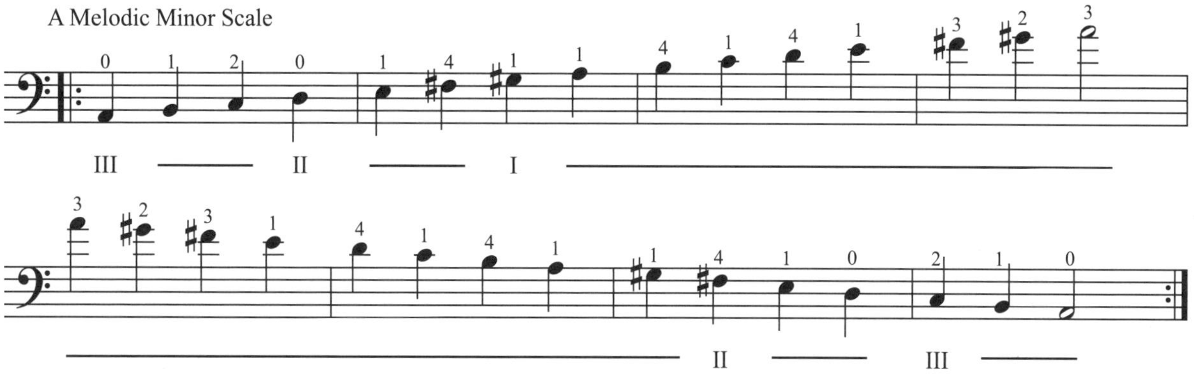

Track510

D Melodic Minor Scale

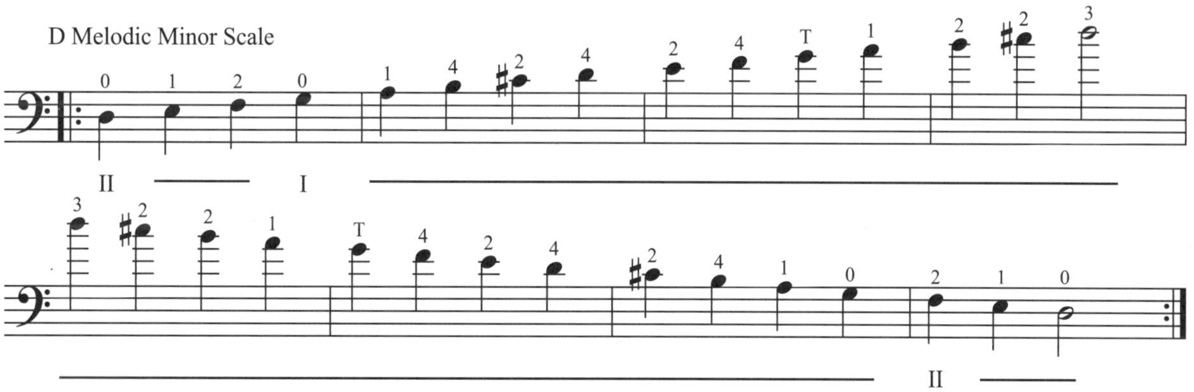

Track511

G Melodic Minor Scale

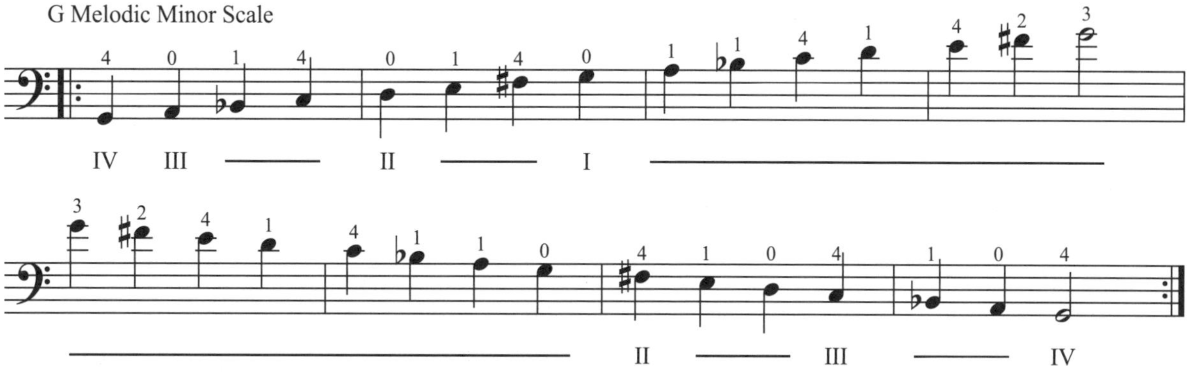

Chapter 10

펜타토닉 스케일(Pentatonic Scales)

펜타토닉 스케일은 5개의 음으로 이루어진 스케일이다. 이 스케일은 메이저 펜타토닉 스케일과 마이너 펜타토닉 스케일이 있다. 펜타토닉 스케일은 다른 스케일들과는 다르게 5개의 음으로 이루어져 있어 음 간의 간격이 넓고 사운드가 복잡하지 않고 심플하다. 우리의 전통음악에서도 펜타토닉 스케일을 사용하고 있음을 확인할 수 있다. 팝, 락, 재즈, 가요, 민요 등 여러 장르에서 연주자들과 작곡가들에 의해 널리 사용되어지는 스케일이다.

1. 메이저 펜타토닉 스케일(Major Pentatonic Scale)

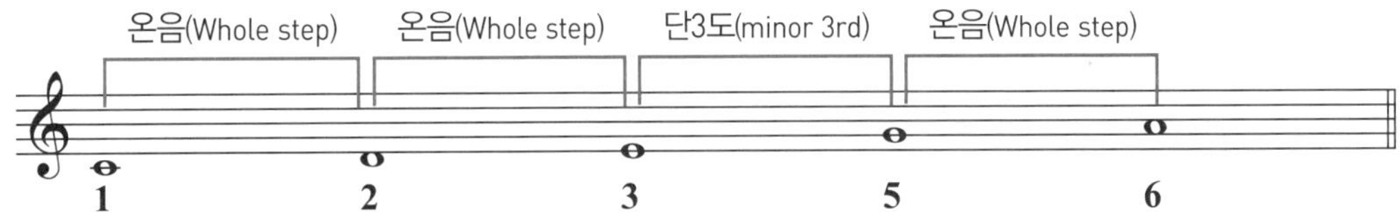

메이저 펜타토닉 스케일은 메이저 스케일에서 1도, 2도, 3도, 5도, 6도 음으로 이루어져 있다. 쉽게 말해 메이저 스케일에서 4도와 7도 음이 빠져 있는 형태이다.

R   9   3   5   13

메이저 펜타토닉 스케일을 12key에서 상행, 하행으로 반복 연습하자.

메이저 펜타토닉 스케일(Major Pentatonic Scale)

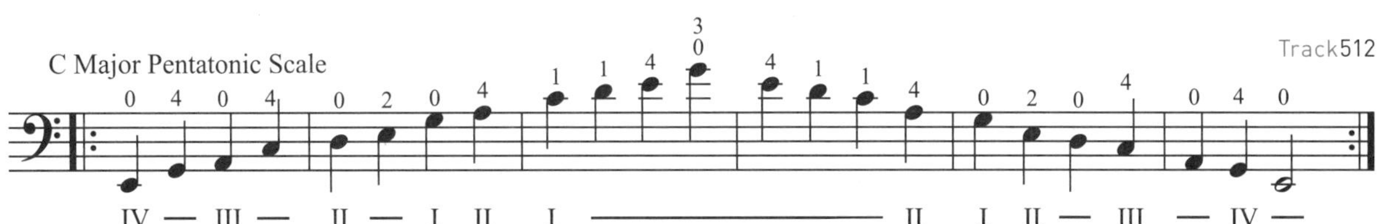

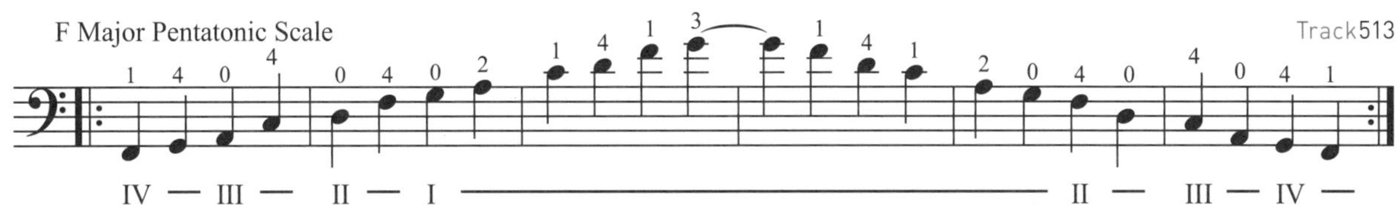

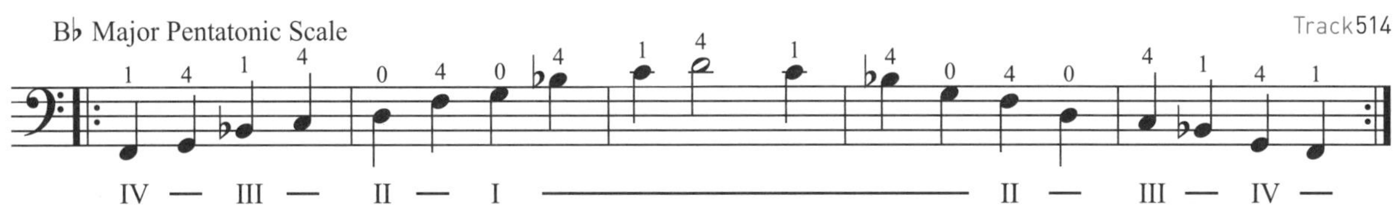

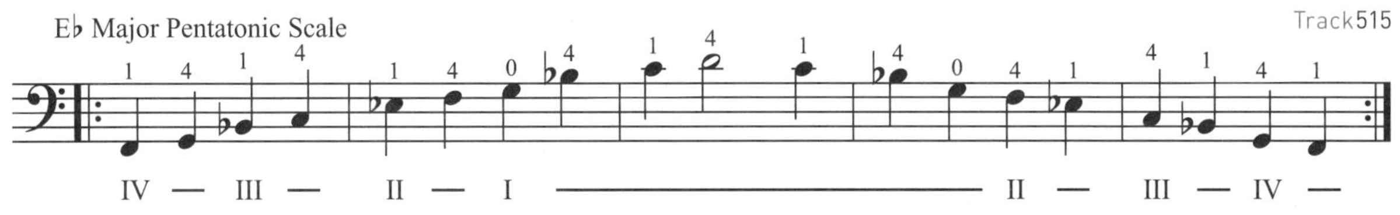

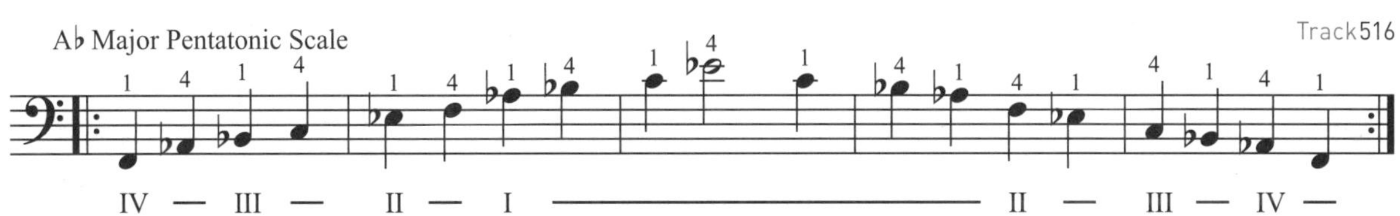

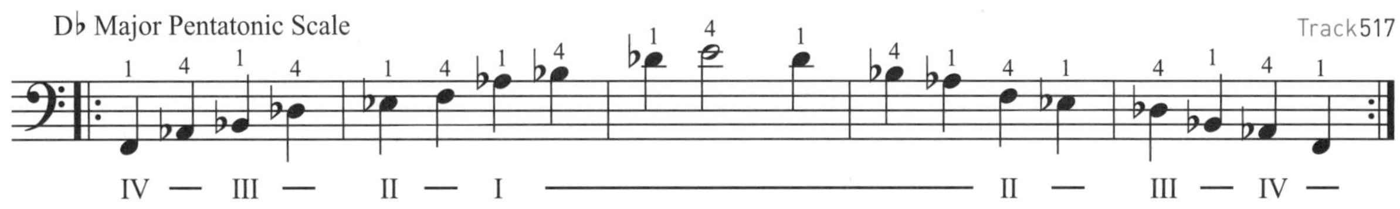

G♭ Major Pentatonic Scale
Track518
IV — III — II — I — II — III — IV —

B Major Pentatonic Scale
Track519
IV — III — II — I — II — III — IV —

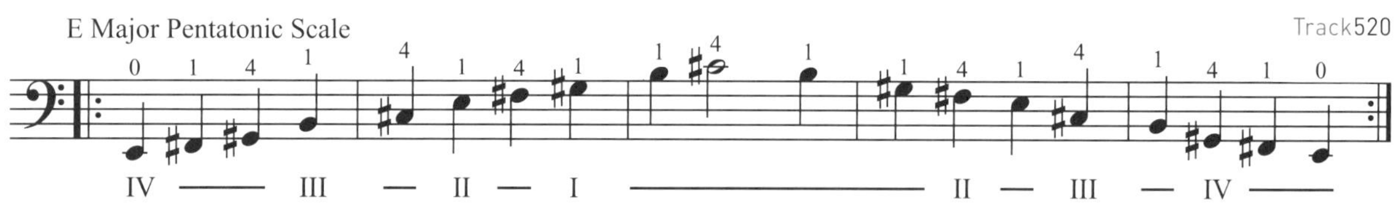

E Major Pentatonic Scale
Track520
IV — III — II — I — II — III — IV —

A Major Pentatonic Scale
Track521
IV — III — II — I — II — III — IV —

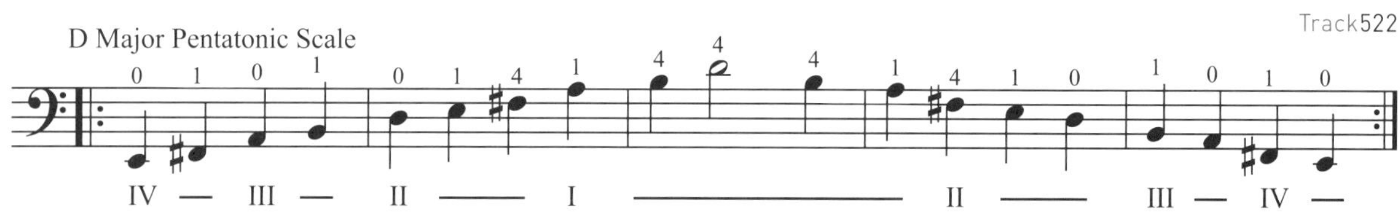

D Major Pentatonic Scale
Track522
IV — III — II — I — II — III — IV —

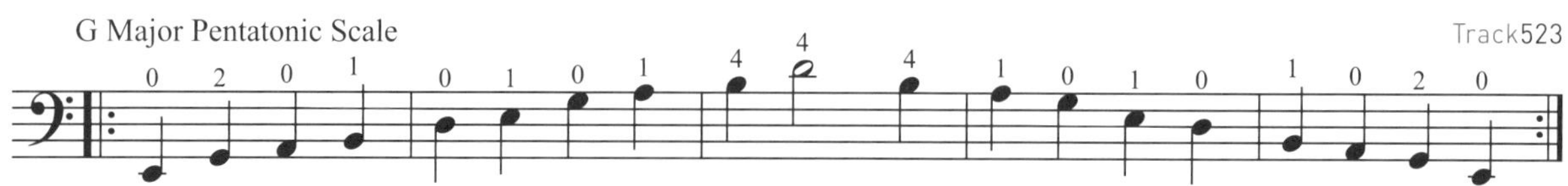

G Major Pentatonic Scale
Track523

2. 마이너 펜타토닉 스케일(Minor Pentatonic Scale)

C Minor Pentatonic Scale

$E^\flat$ 메이저 펜타토닉스케일과 C 마이너 펜타토닉 스케일은 모두 같은 음으로 이루어져 있다. 그래서 마이너 펜타토닉 스케일은 단 3도 밑의 루트로 부터 시작하는 메이저 펜타토닉 스케일과 같은 음으로 이루어져 있다.

마이너 펜타토닉 스케일은 마이너 세븐스 코드톤에서 11음이 더해진 스케일이다.

마이너 펜타토닉 스케일을 12Key에서 상행, 하행으로 반복연습하자.

마이너 펜타토닉 스케일(Minor Pentatonic Scale)

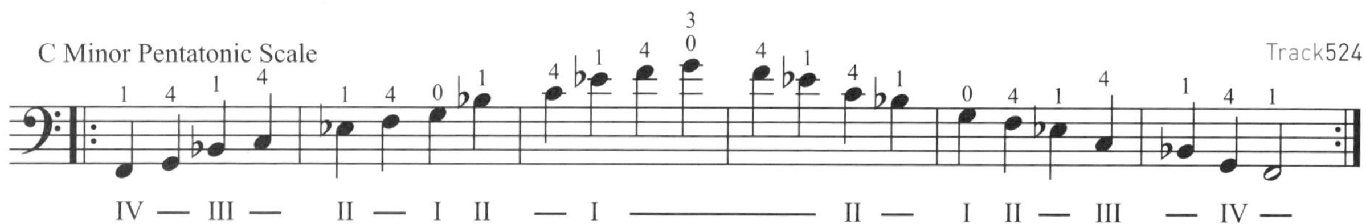

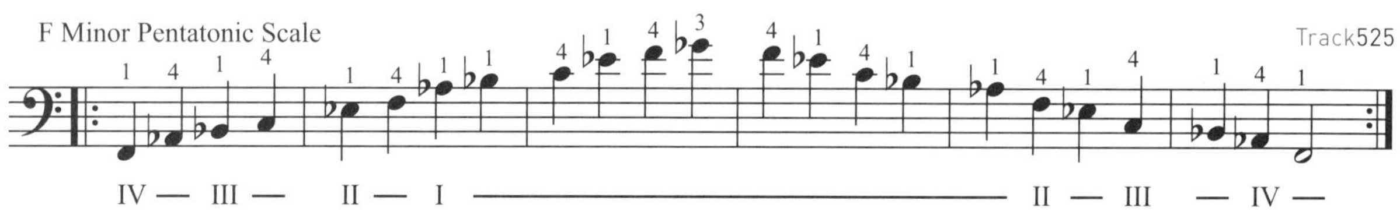

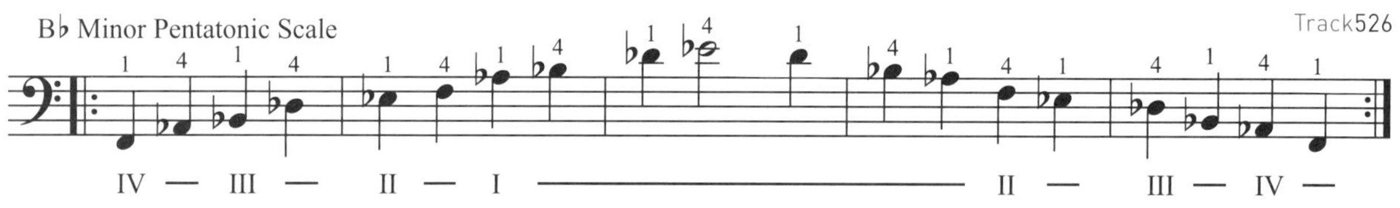

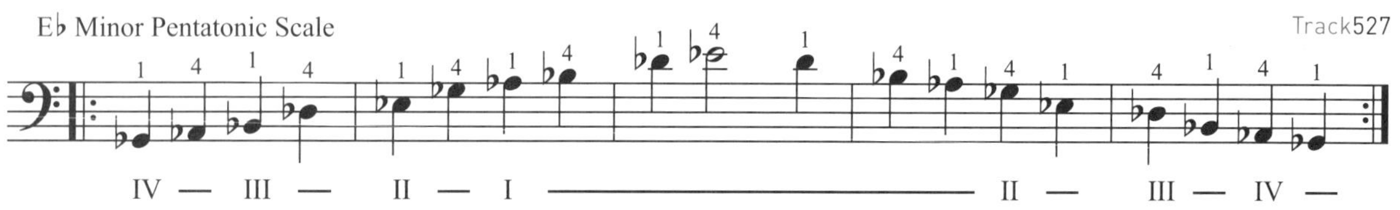

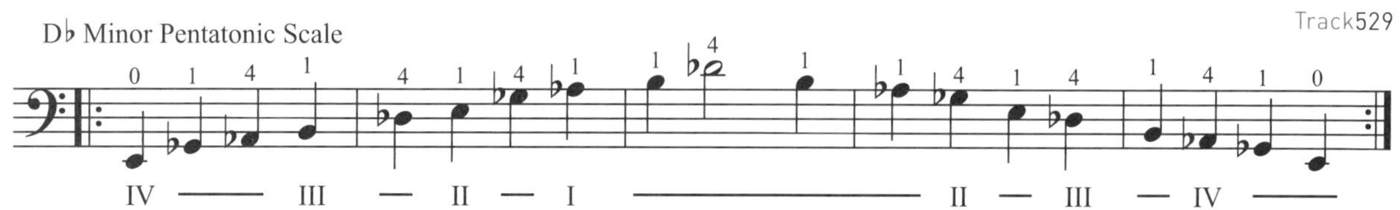

Gb Minor Pentatonic Scale

B Minor Pentatonic Scale

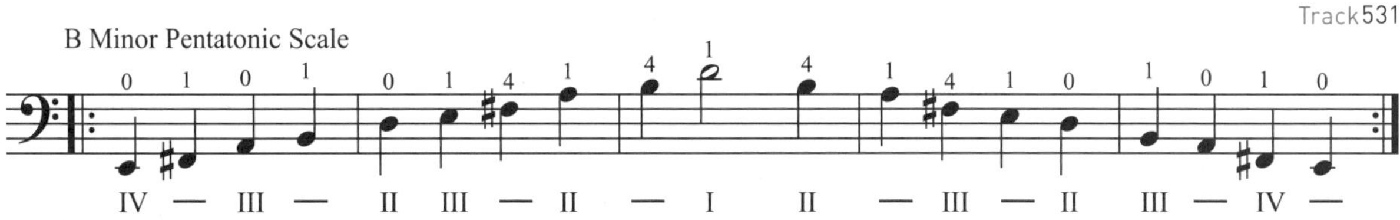

E Minor Pentatonic Scale

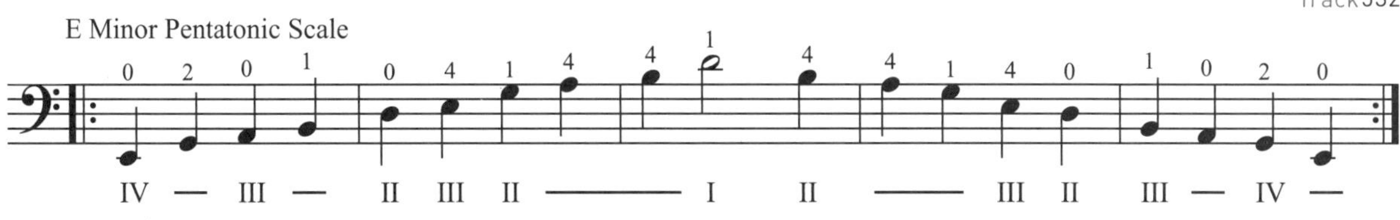

A Minor Pentatonic Scale

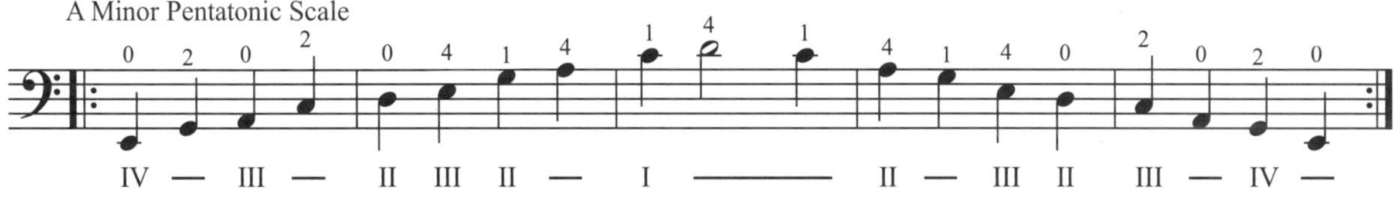

D Minor Pentatonic Scale

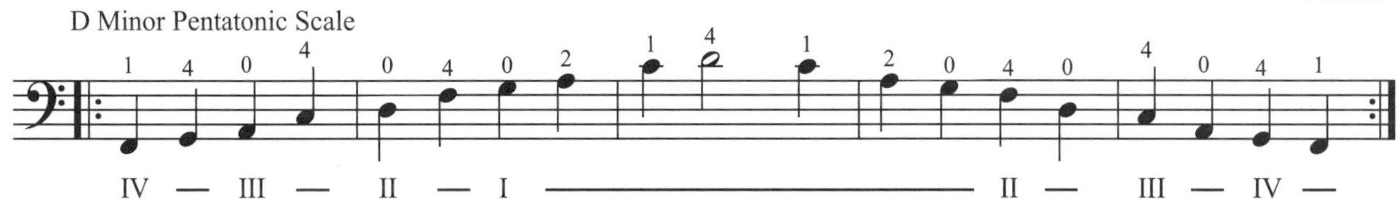

G Minor Pentatonic Scale

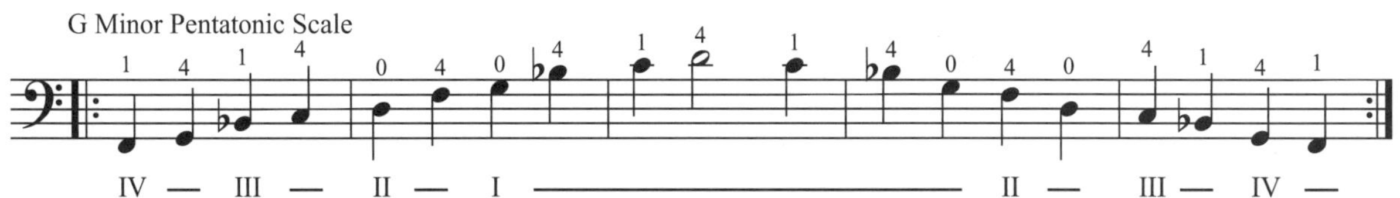

3. 블루스 스케일(Blues Scale)

C Blues Scale

블루스 스케일은 마이너 펜타토닉과 거의 비슷한 스케일이다. 마이너 펜타토닉 스케일에서 4도와 5도 음 사이에 블루 노트라고 하는 #11음이 더해진 형태이다. 블루스 스케일은 펜타토닉 스케일과 아주 가까운 연관 관계가 있으며, 재즈 역사상에서 가장 중요한 역할을 했다.

R   ♭3   11   #11   5   ♭7

블루스 스케일은 12key에서 상행, 하행 반복 연습하자.

블루스 스케일(Blues Scale)

C Blues Scale

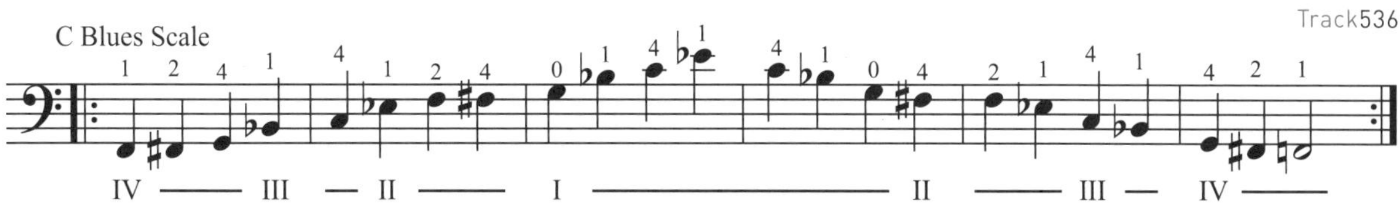

F Blues Scale

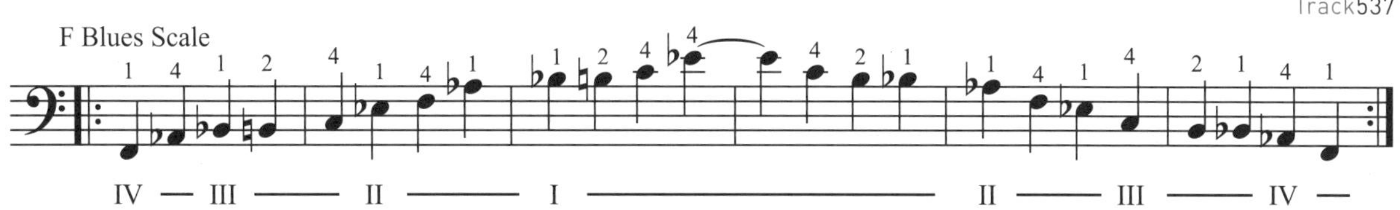

B♭ Blues Scale

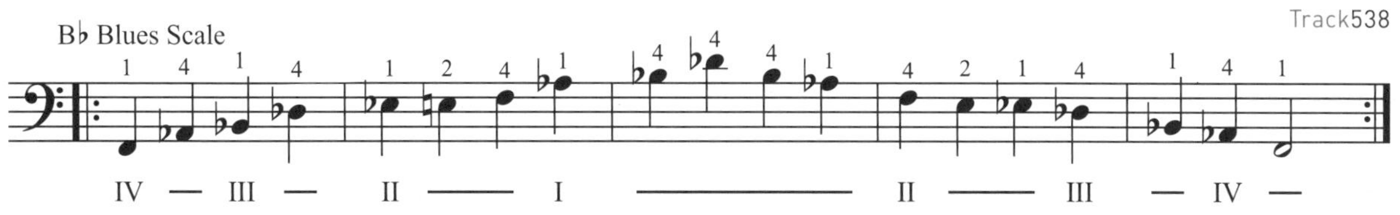

E♭ Blues Scale

A♭ Blues Scale

D♭ Blues Scale

Track542
G♭ Blues Scale
IV — III — II — I — II — III — IV —

Track543
B Blues Scale
IV — III — II — I — II — III — IV —

Track544
E Blues Scale
IV — III — II — I — II — III — IV —

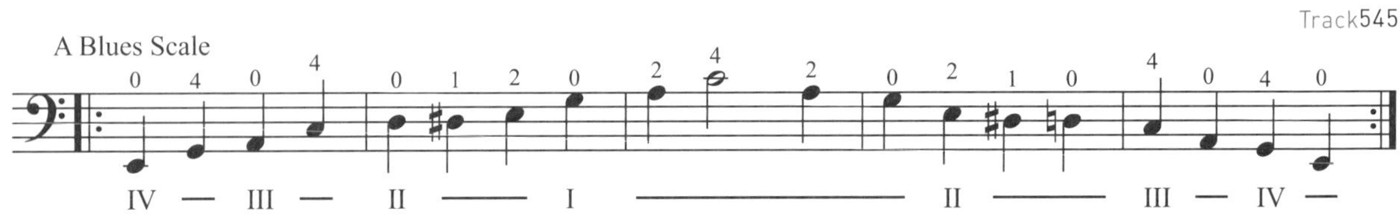
Track545
A Blues Scale
IV — III — II — I — II — III — IV —

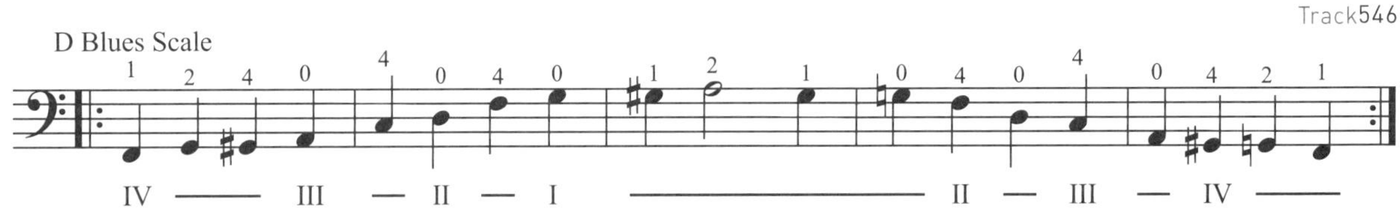
Track546
D Blues Scale
IV — III — II — I — II — III — IV —

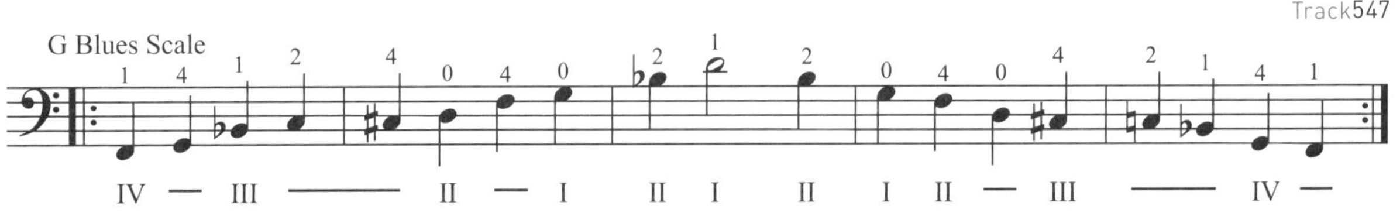
Track547
G Blues Scale
IV — III — II — I — II — I — II — III — IV —

Chapter 11

그밖의 스케일
(Other Scales)

1. 얼터드 스케일(Altered Scale)

멜로딕 마이너 스케일의 7번째 모드로 도미넌트 세븐스 코드에서 유용하게 쓰인다. 도미넌트 세븐스 코드의 텐션음들이 변화되어 있는 코드에서 얼터드 스케일을 사용한다.

예제) $C7^{\flat5}$, $C7^{\#5}$, $C7^{\flat9\flat5}$, $C7^{\#9\flat5}$, $C7^{\flat9\#5}$, $C7^{\#9\#5}$

R   ♭9   #9   3   #11   ♭13   ♭7

얼터드 스케일을 12key에서 상행, 하행 반복 연습하자.

얼터드 스케일(Altered Scale)

C Altered Scale

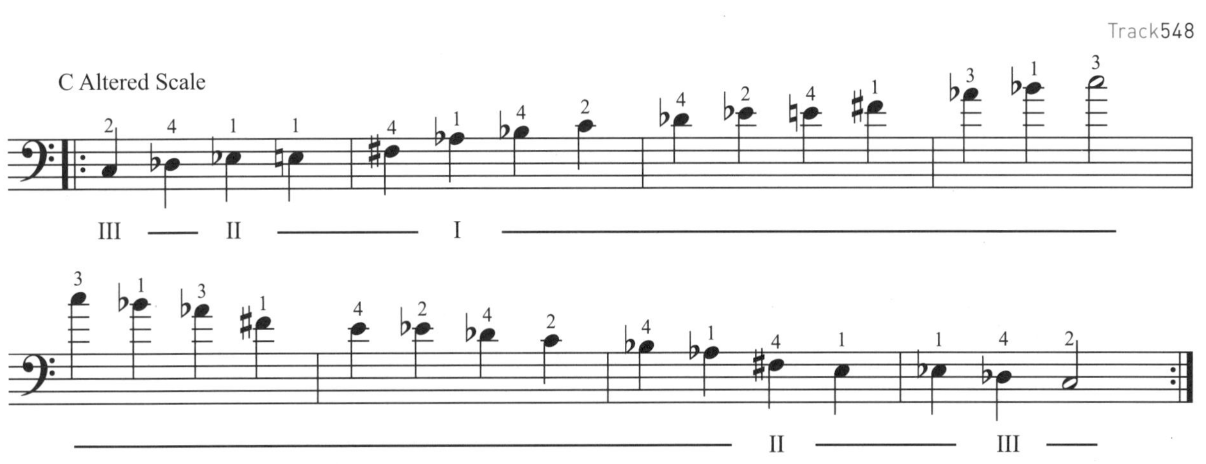

F Altered Scale

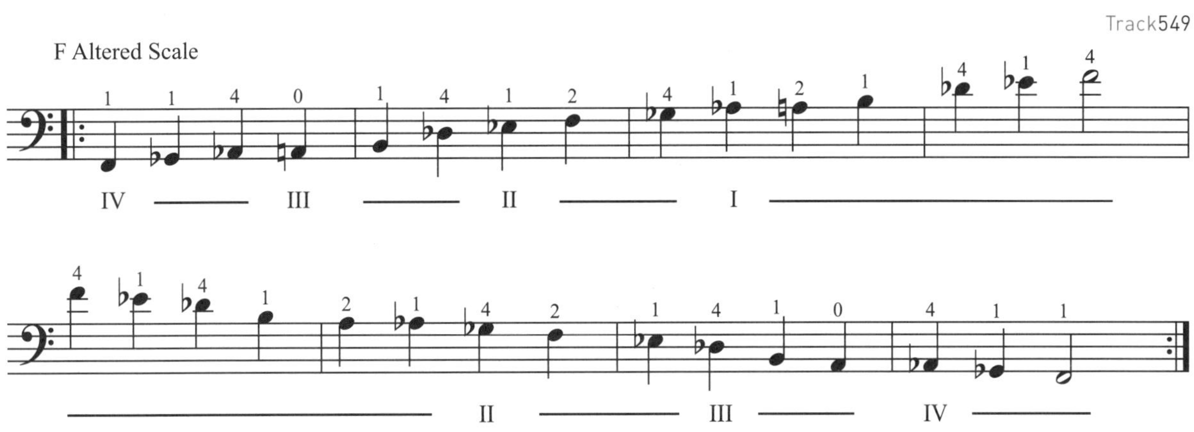

B♭ Altered Scale

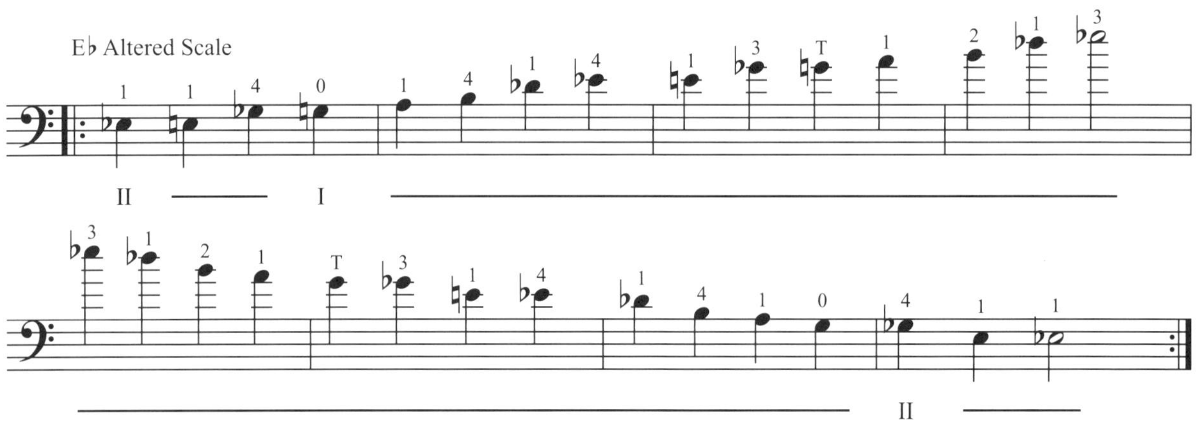

E♭ Altered Scale

A♭ Altered Scale

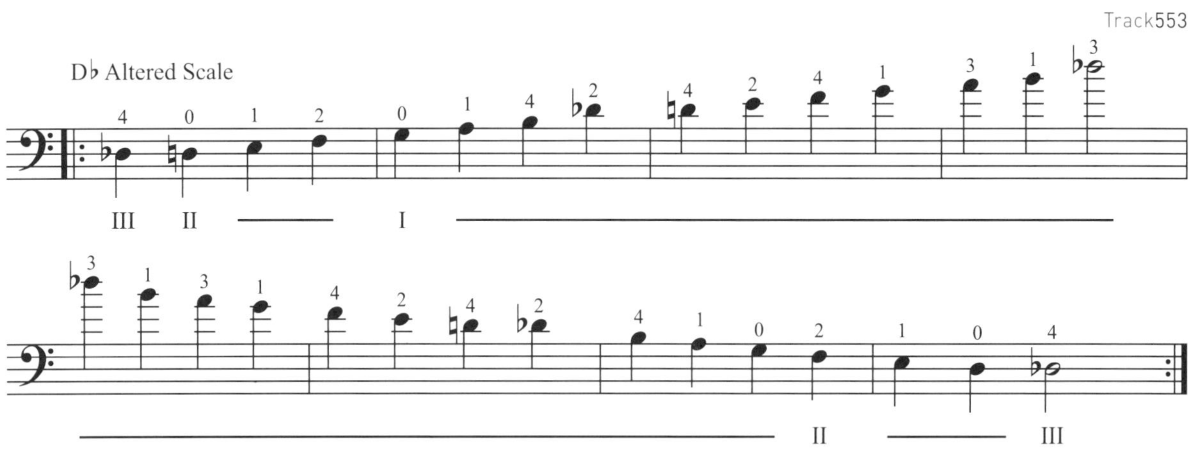

D♭ Altered Scale

Gb Altered Scale

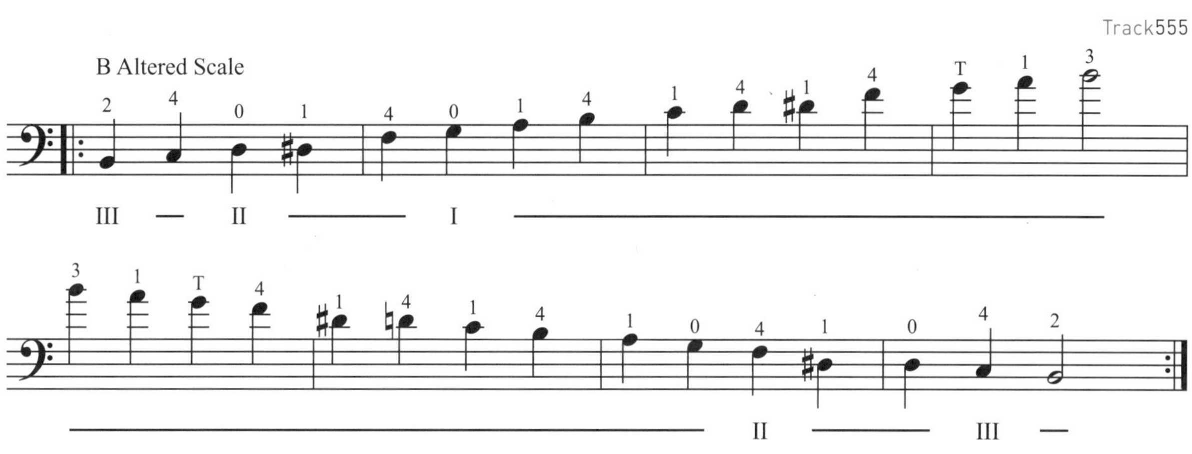

B Altered Scale

E Altered Scale

A Altered Scale

D Altered Scale

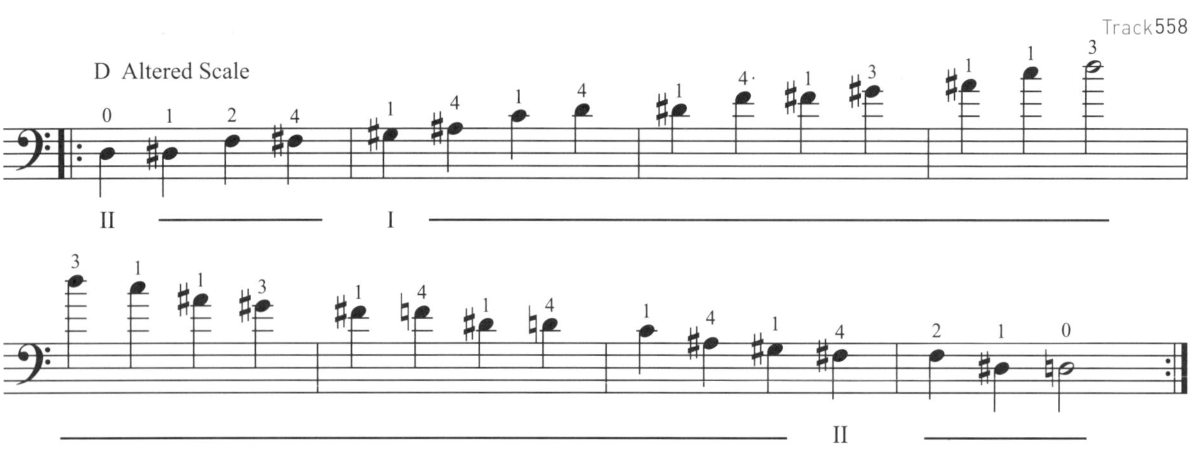

G Altered Scale

2. 홀톤 스케일(Whole Tone Scale)

근음으로부터 장2도의 일정한 간격으로 이루어진 스케일이다.

코드톤으로 R, 3, ♭5, ♭7과 텐션음으로 9, #11, ♭13음으로 이루어져 있고 도미넌트 세븐스 코드에 사용한다.

R   9   3   #11   ♭13   ♭7

홀톤 스케일은 **C 홀톤 스케일**과 D♭ **홀톤 스케일**이 존재한다.

C 홀톤 스케일의 구성음을 살펴보면 C, D, E, F#(G♭), G#(A♭), A♭(B♭)이다.

C 홀톤 스케일의 구성음으로부터 시작되는 홀톤 스케일을 살펴보면 모두 같다.

    C 홀톤 스케일 = D 홀톤 스케일 = E 홀톤 스케일 =

    F#(G♭) 홀톤 스케일 = A♭ 홀톤 스케일 = B♭ 홀톤 스케일

그리고

D♭ 홀톤 스케일의 구성음을 살펴보면 D♭, E♭, F, G, A, B이다.

D♭ 홀톤 스케일의 구성음으로부터 시작되는 홀톤 스케일을 살펴보면 모두 같다.

    D♭ 홀톤 스케일 = E♭ 홀톤 스케일 = F 홀톤 스케일 =

    G 홀톤 스케일 = A 홀톤 스케일 = B 홀톤 스케일

홀톤 스케일을 12Key에서 상행, 하행으로 반복 연습하자.

홀톤 스케일(Whole Tone Scale)

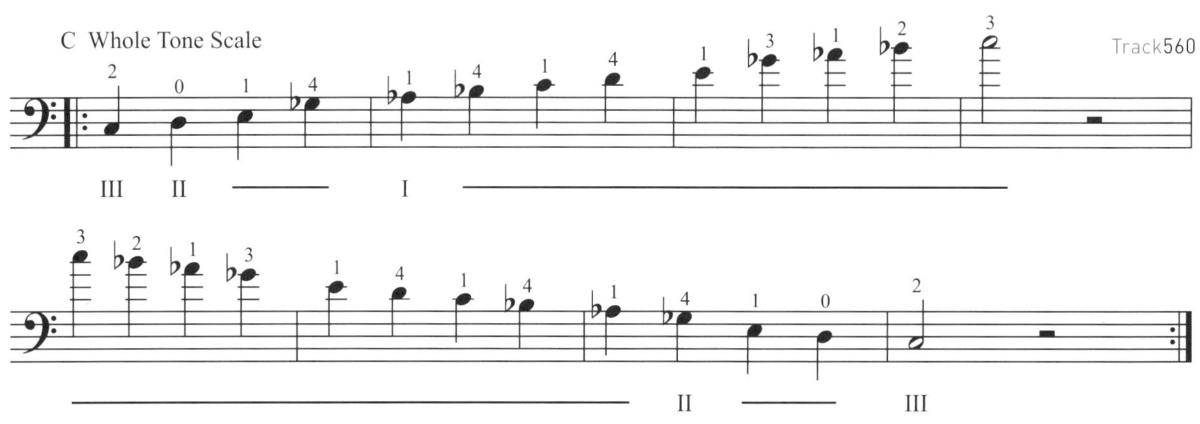

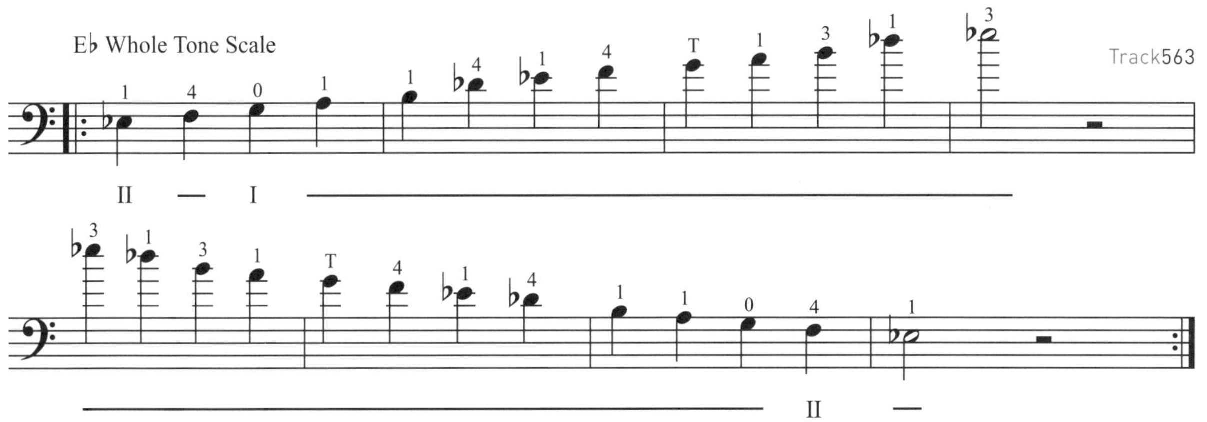

Eb Whole Tone Scale
Track563
II — I

Ab Whole Tone Scale
Track564
IV III — II — I
II — III — IV

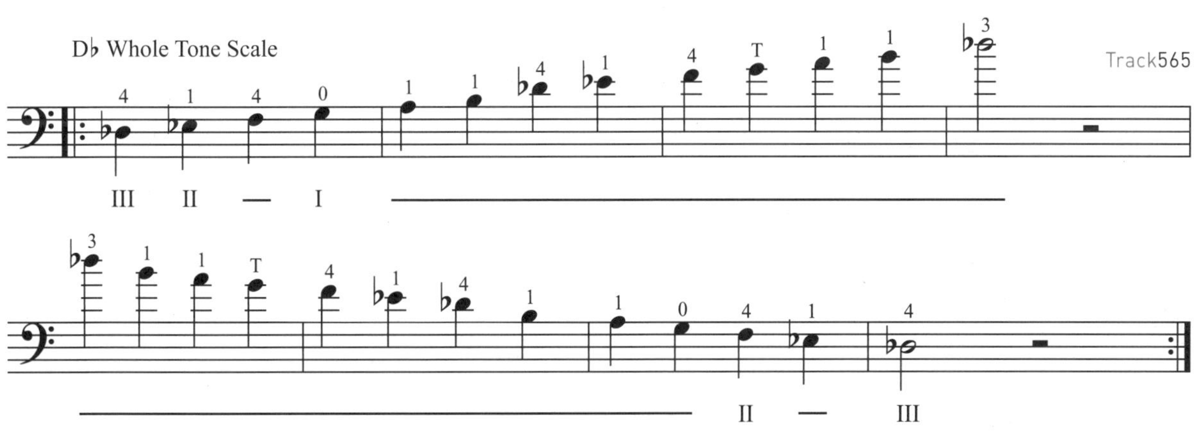

Db Whole Tone Scale
Track565
III II — I
II — III

Gb Whole Tone Scale

B Whole Tone Scale

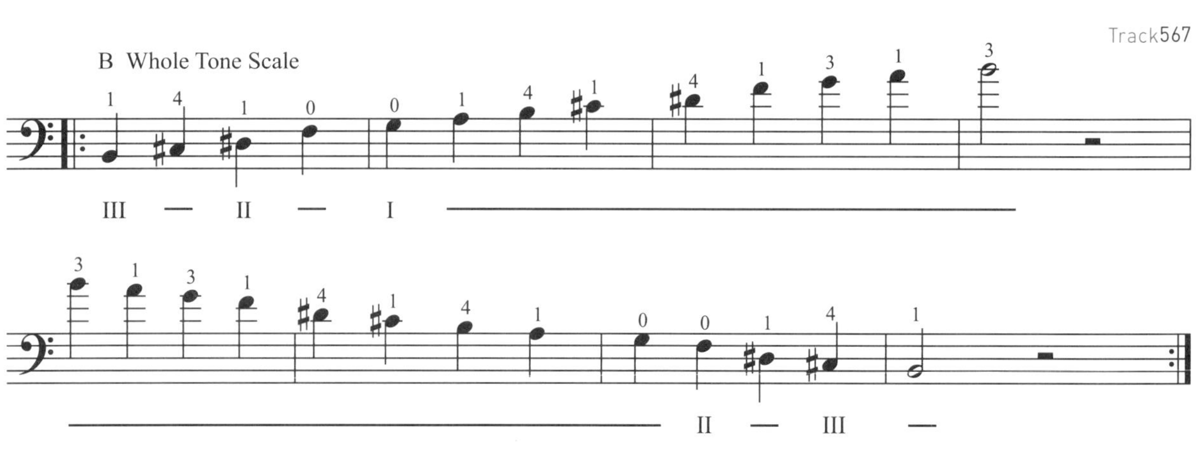

E Whole Tone Scale

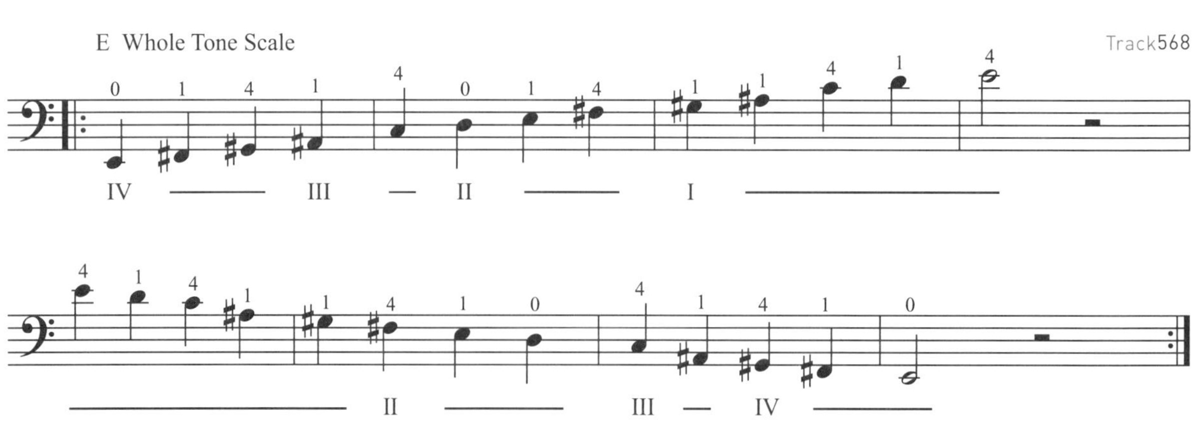

A Whole Tone Scale
III   II   I

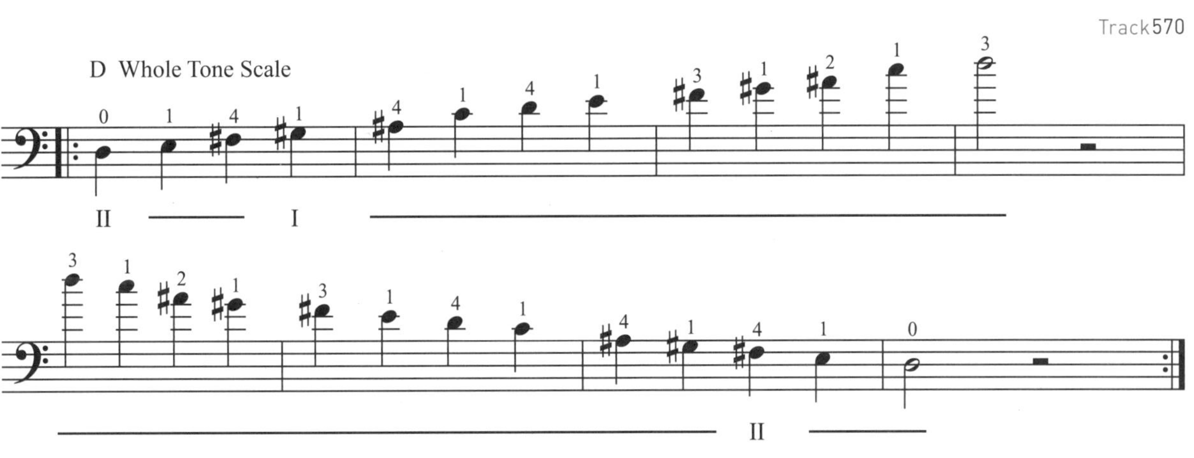
D Whole Tone Scale
II   I
II

G Whole Tone Scale
IV   III   II   I
II   III   IV

3. 디미니쉬드 계열의 스케일(Diminished Scales)

디미니쉬드 스케일은 크게 두 가지가 있다.

홀 – 하프 디미니쉬드 스케일(Whole Half Diminished Scale)과 하프 – 홀 디미니쉬드 스케일(Half Whole Diminished Scale)이 있다. 이 두 개의 스케일은 8개의 음들로 이루어져 있다.

홀 하프 디미니쉬드 스케일(Whole Half Diminished Scale)

온음–반음–온음–반음–온음–반음–온음–반음으로 이루어져 있다.
코드톤으로 R, ♭3, ♭5, ♭♭7 텐션음으로 9, 11, b13, 7도 음이 있다.
디미니쉬드 코드에 사용한다.

$$R \quad 9 \quad \flat3 \quad 11 \quad \flat5 \quad \flat13 \quad \flat\flat7(13) \quad 7$$

솔로 연주 시 홀 – 하프 디미니쉬드 스케일 음들을 생각하며 연주할 수도 있지만 각 스케일 음들로부터 시작되는 디미니쉬드 세븐스 코드톤을 연주함으로써 전혀 다른 형태의 솔로를 만들어 낼 수 있다.

$$C° = D° = E\flat° = F° = G\flat° = A\flat° = A° = B°$$

홀 하프 디미니쉬드 스케일을 12key에서 상행, 하행으로 반복 연습하자.

홀 하프 디미니쉬드 스케일 (W-H Diminished Scale)

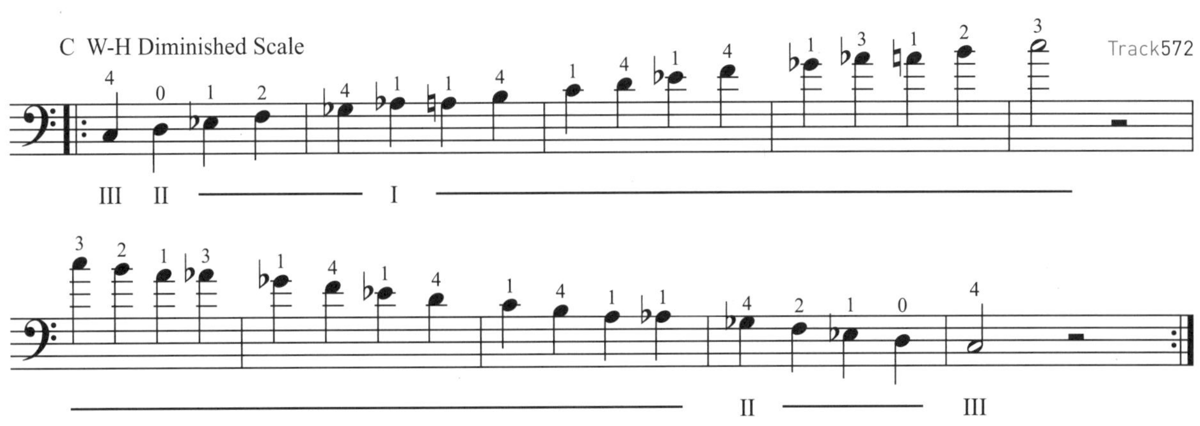

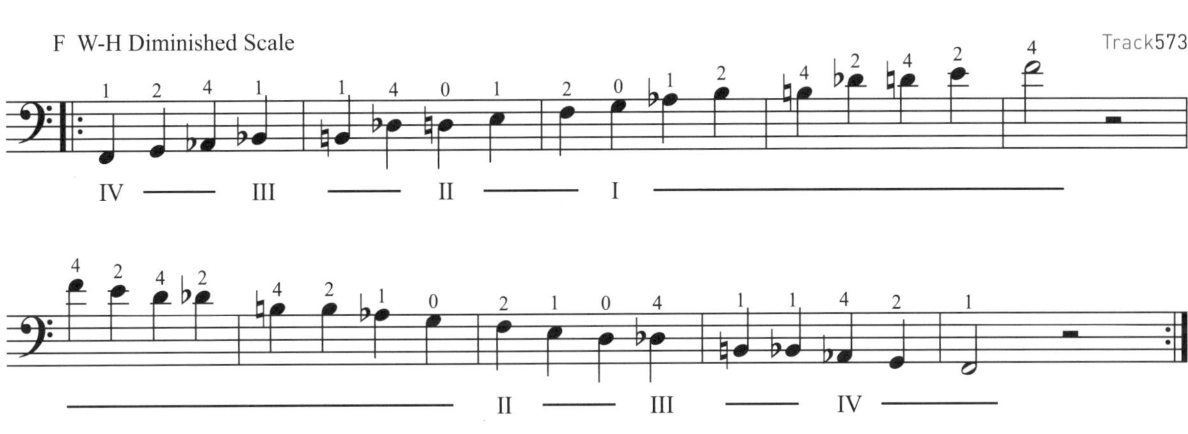

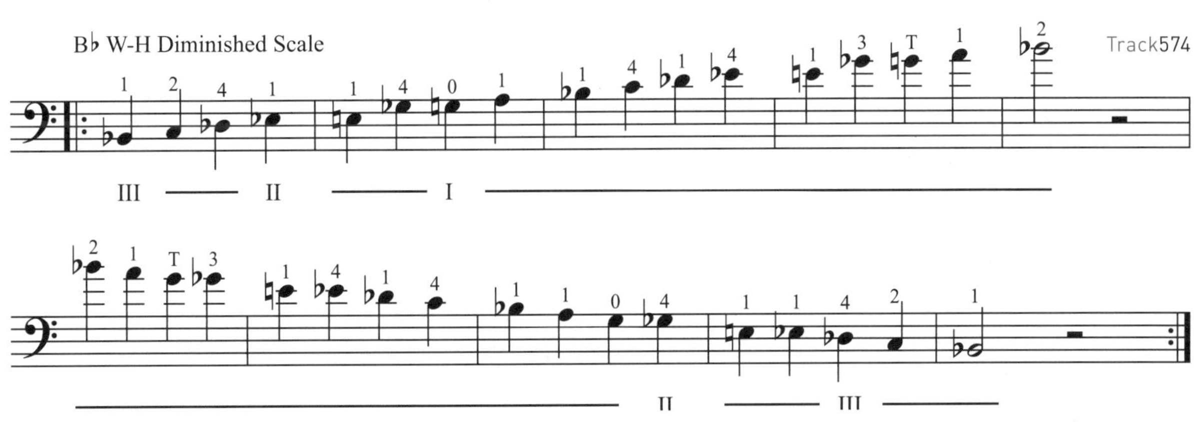

Eb W-H Diminished Scale

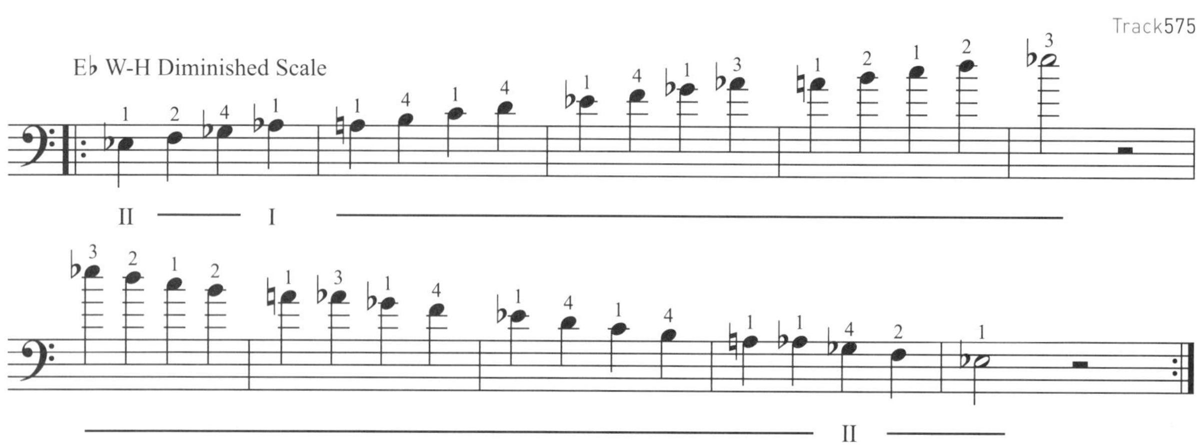

Ab W-H Diminished Scale

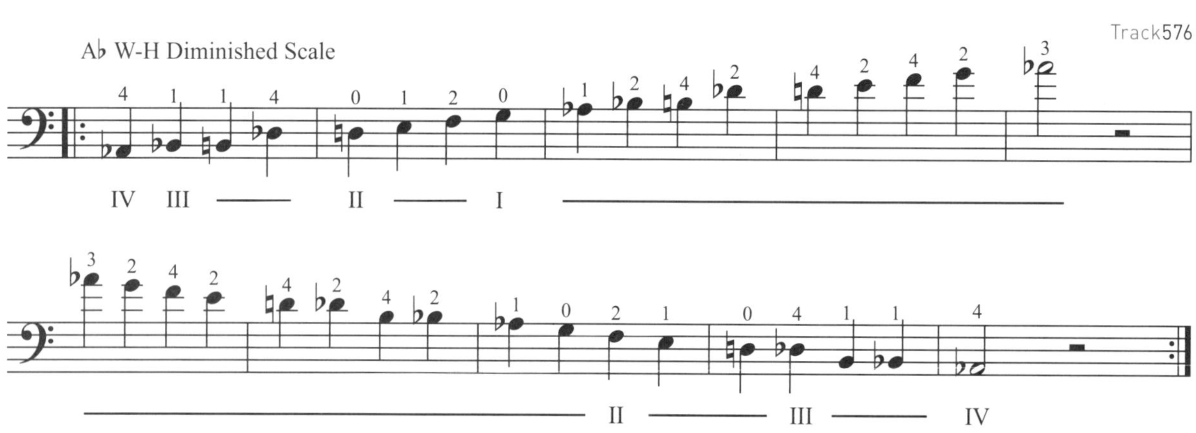

Db W-H Diminished Scale

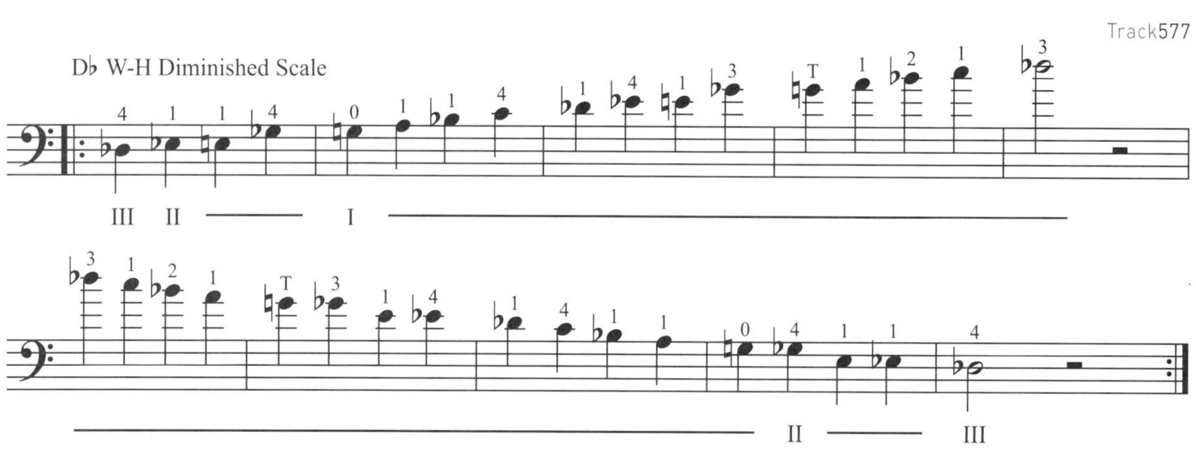

G♭ W-H Diminished Scale
Track578

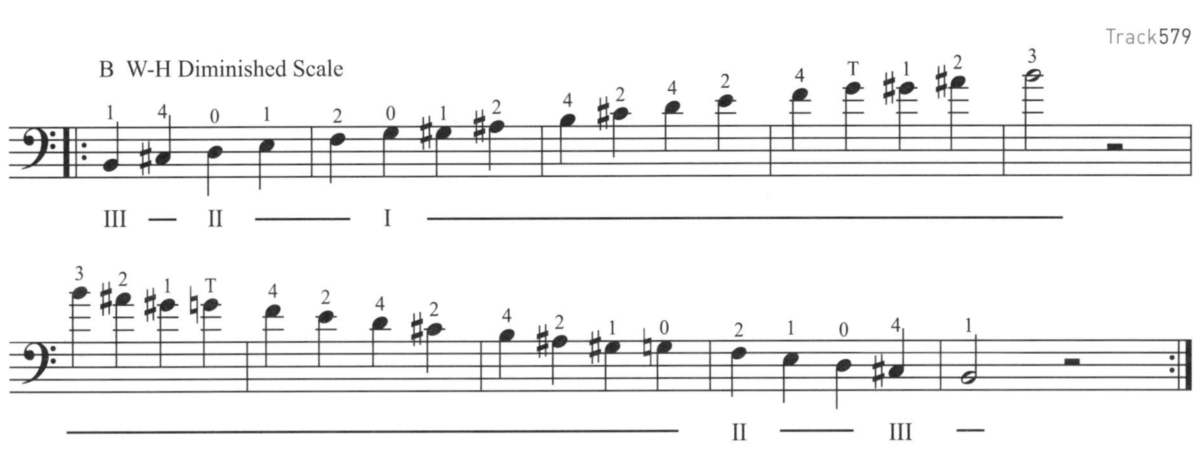

B W-H Diminished Scale
Track579

E W-H Diminished Scale
Track580

A W-H Diminished Scale

D W-H Diminished Scale

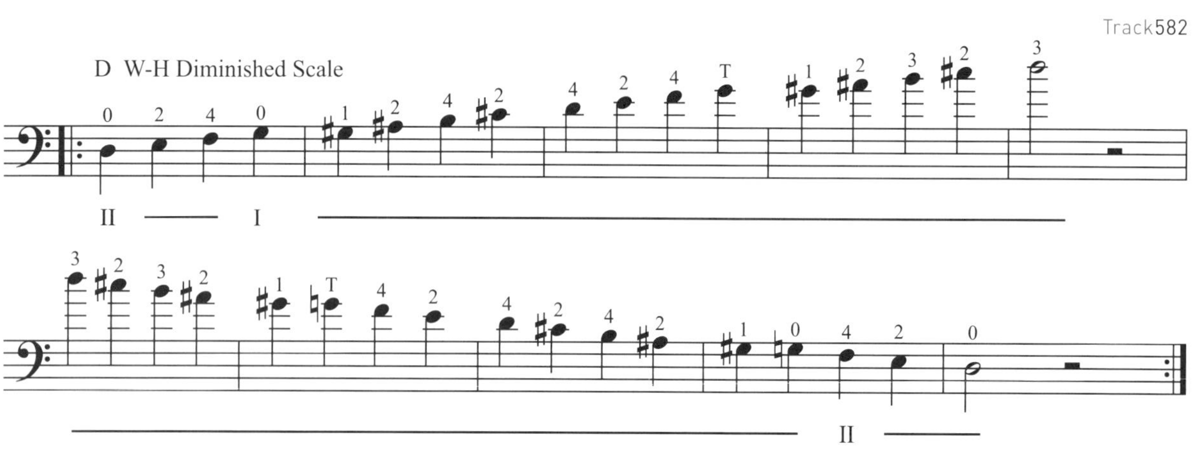

G W-H Diminished Scale

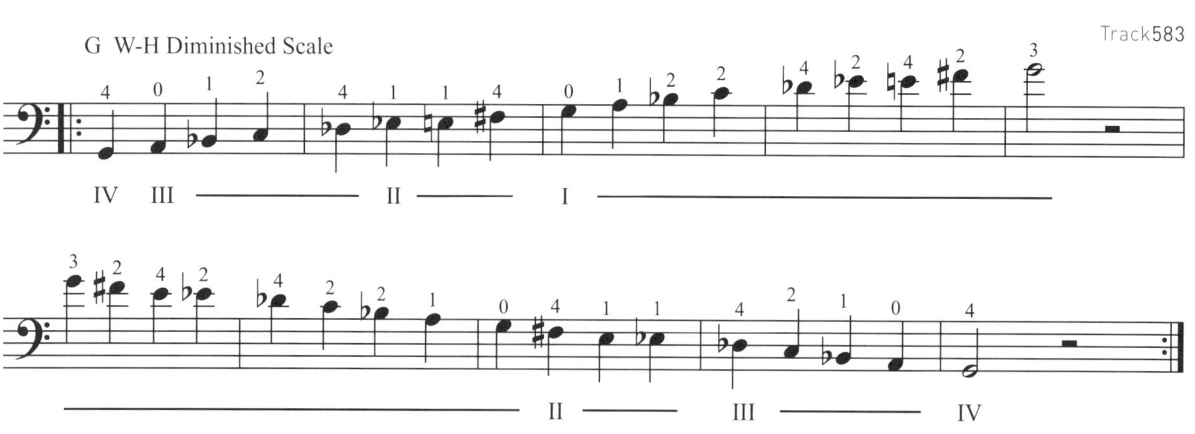

하프 홀 디미니쉬드 스케일(Half Whole Diminished Scale)

반음-온음-반음-온음-반음-온음-반음-온음으로 이루어져 있다. **디미니쉬드 얼터드 스케일**이라고도 한다. 코드톤으로 R, 3, 5, ♭7 텐션음으로 ♭9, #9, #11, 13음이 있다.
도미넌트 세븐스 코드에 사용한다.

$$R \quad \flat 9 \quad \sharp 9 \quad 3 \quad \sharp 11 \quad 5 \quad 13 \quad \flat 7$$

솔로 연주 시 하프 – 홀 디미니쉬드 스케일 역시 홀 하프 디미니쉬드 스케일과 같이 각 스케일 음들로부터 시작되는 디미니쉬드 세븐스 코드톤을 연주하여 패턴 형태의 솔로를 연주할 수 있다.

$$C° = D\flat° = E\flat° = E° = G\flat° = G° = A° = B\flat°$$

하프 홀 디미니쉬드 스케일을 12key에서 상행, 하행으로 반복 연습하자.

하프 홀 디미니쉬드 스케일 (H-W Diminished Scale)

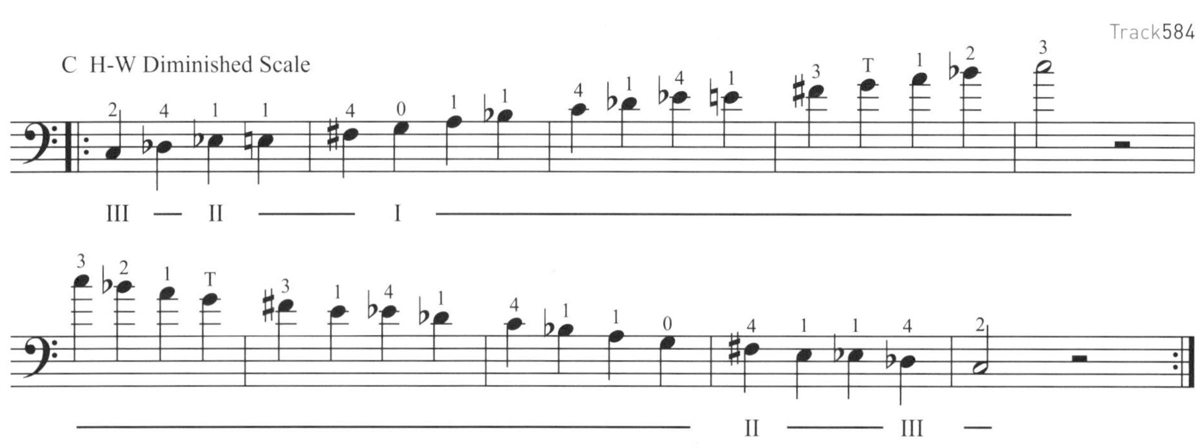

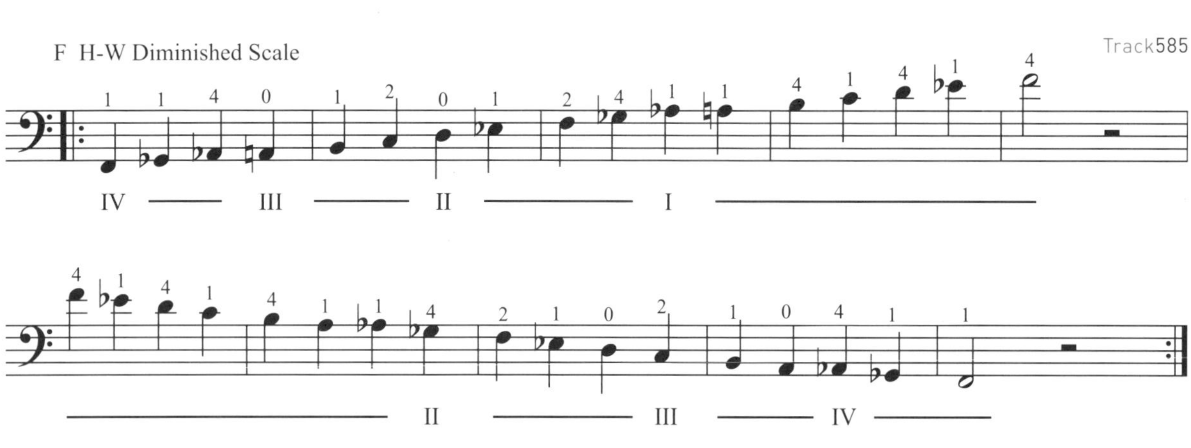

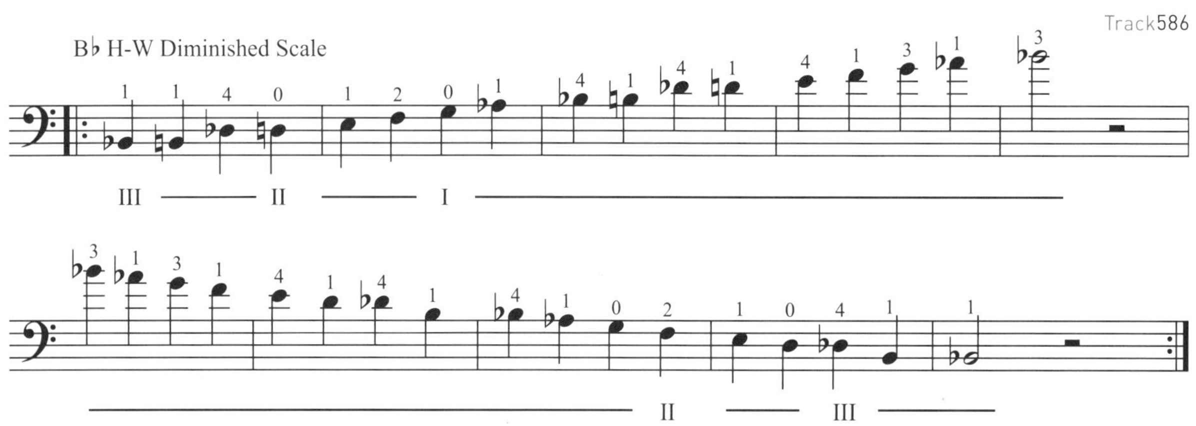

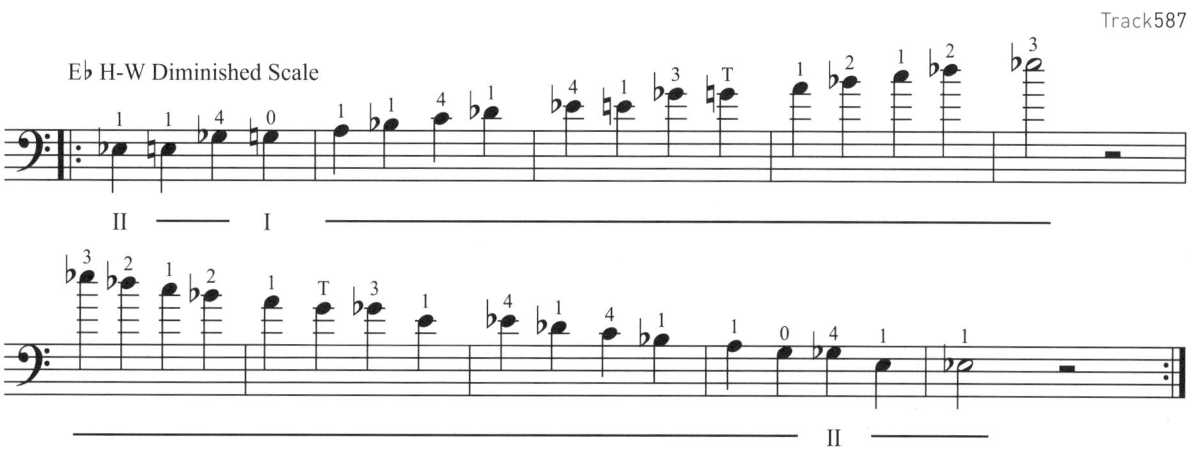
Eb H-W Diminished Scale

Ab H-W Diminished Scale

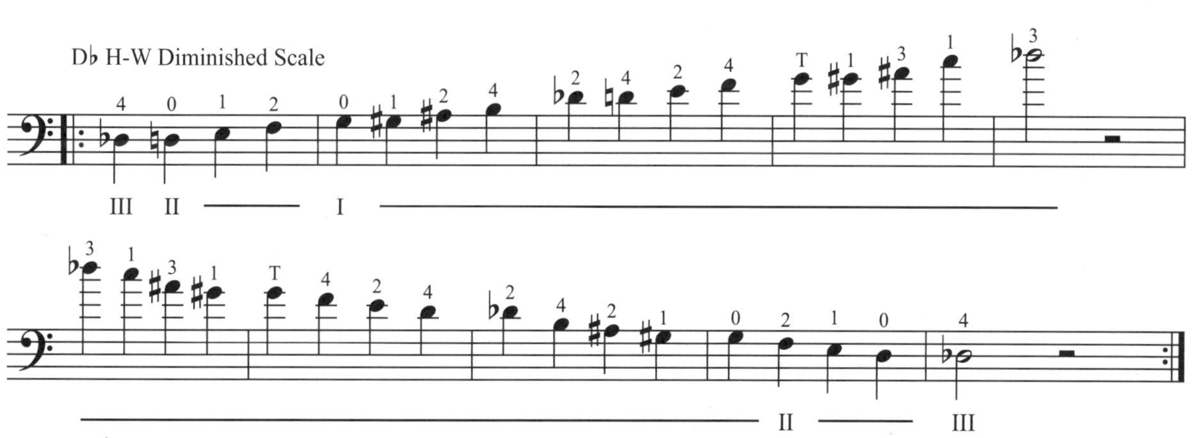
Db H-W Diminished Scale

Track590

G♭ H-W Diminished Scale

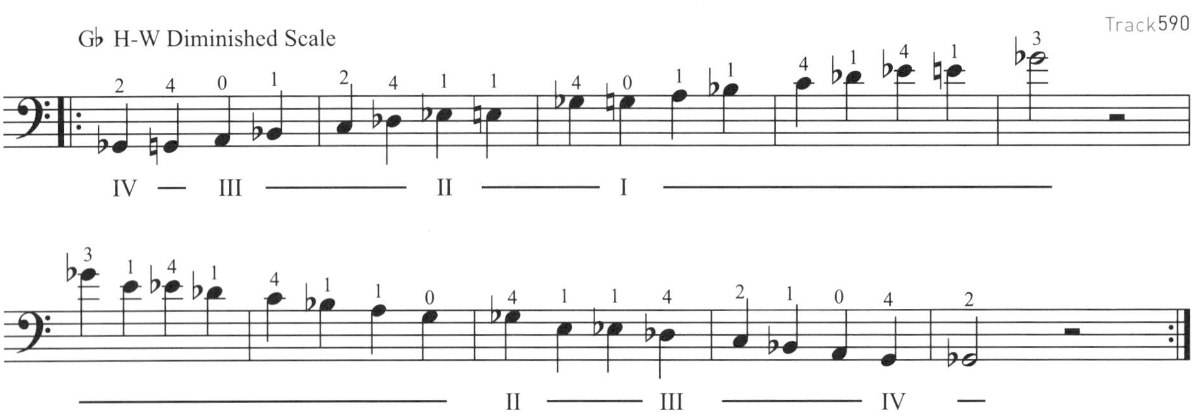

Track591

B H-W Diminished Scale

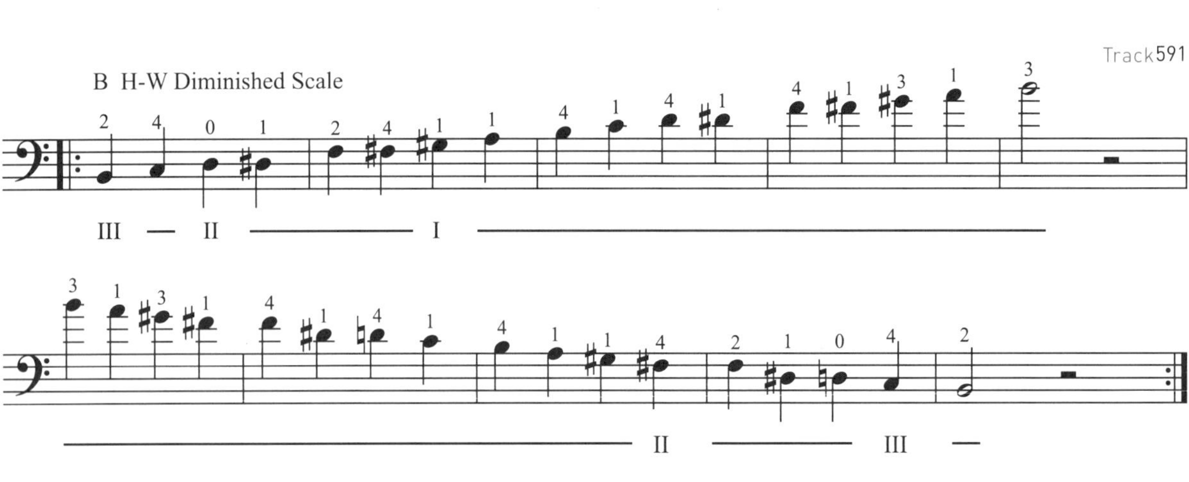

Track592

E H-W Diminished Scale

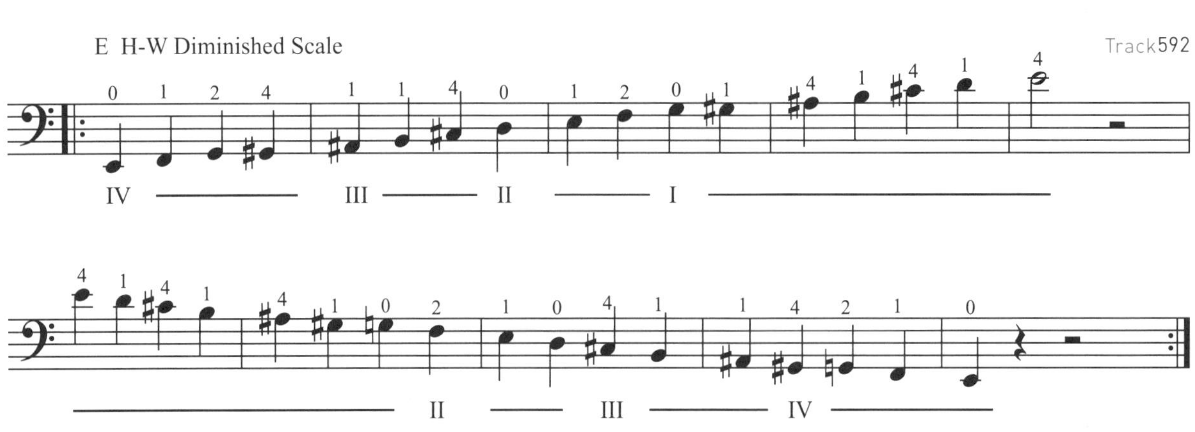

A H-W Diminished Scale

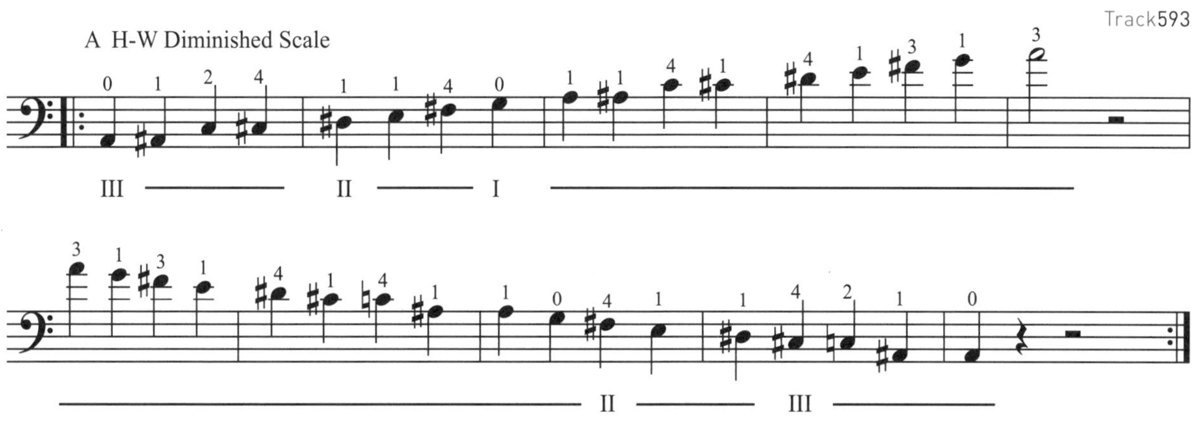

D H-W Diminished Scale

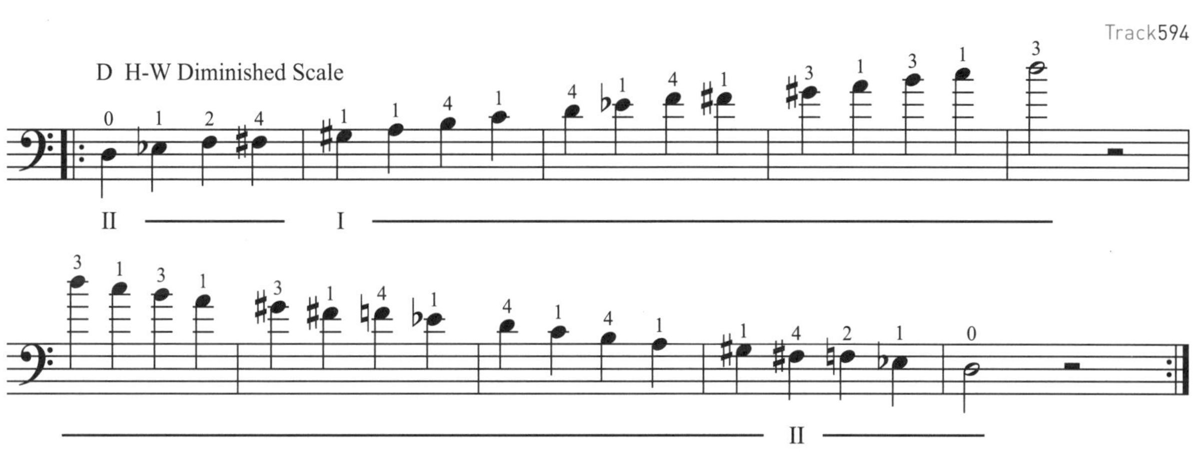

G H-W Diminished Scale

Chapter 12

워킹 베이스 라인
(Walking Bass Lines)

1. 워킹 베이스란?(What is Walking Bass?)

워킹 베이스란 재즈에서 빼놓을 수 없는 베이스의 가장 큰 임무이며 스윙 리듬에서 모든 솔로 주자들을 돋보이게 해주는 베이스의 반주 스타일이다.

4/4박자에서 이야기 한다면, 한 박자에 한 음씩 4분음표로 연주하는 것이다.

듣기에는 쉽게 보이나. 코러스가 반복됨에 따라 같은 코드 위에서 새로운 베이스 라인을 자연스럽게 이어나가야 하기 때문에 생각과 연습이 많이 필요한 테크닉이다.

워킹 베이스 라인 연습과 연주하기 전에 재즈 블루스 코드 진행에 대해 알아보자.
재즈 블루스는 무엇이며? 재즈 블루스 코드폼은 어떻게 되는지 알아보자.

블루스(Blues)는 미국 노예 해방 이후 구체화 된 노동가 또는 민요형식 속에 흑인들이 자기를 표현하는 음악형식으로 발전된 음악을 말한다. 일반적으로 12마디로 이루어져 있으며 메이저, 마이너, 도미넌트 블루스 형태들이 있다. 블루스의 가장 큰 특징은 다섯 번째 마디에서 IV(4도)로 진행 한다는 것이다.

기본 블루스 폼

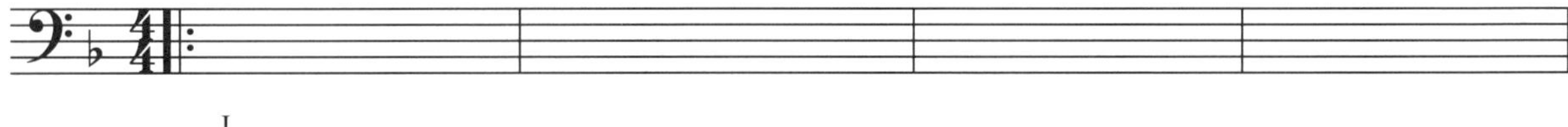

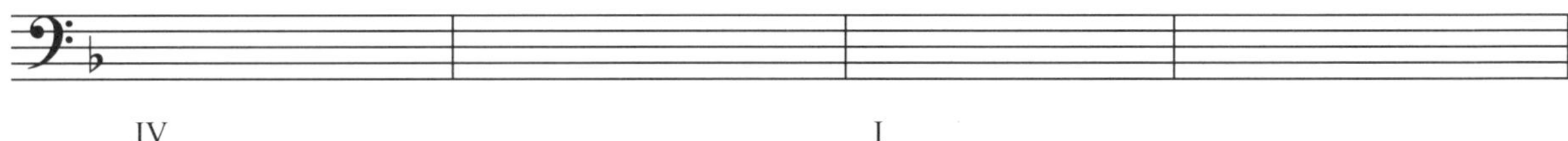

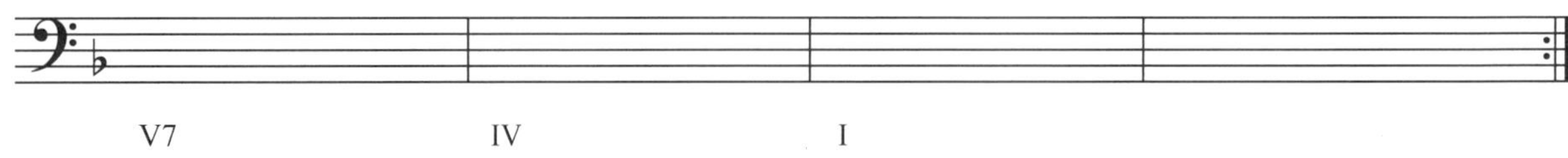

일반적으로 많이 연주되는 F 블루스 코드폼에서 워킹 베이스 연습을 시작해보자.

2. 워킹 베이스 라인 만들기
(Building a Walking Bass Lines)

1) 루트(Root)를 이용한 베이스 라인

첫 번째, 첫 비트에 루트 음으로만 연주를 한다. 템포는 60으로 하자.

이 연주가 익숙해지셨다면 코드 진행을 머릿속에 숙지하자.

연습은 항상 4분음표 메트로놈 템포 60에서 시작하여 120까지 연주가 가능하도록 연습해야겠다.

한 번만 연습하고 넘어가지 말고 연주가 편안해질 때까지 한 템포에서 계속 연습하자. 템포 60에서 연습하였다면 조금 더 빠른 템포(62,64,66,68……)에서 연습해야겠다. 만약에, 템포 60에서 연습하다가 갑자기 템포를 올려서 120으로 연습한다면 정확한 템포의 느낌을 얻을 수도 없고 연주 자체가 너무 급하게 느껴질 것이다.

그러므로, 연습은 항상 템포를 한 단계씩 올려가면서 천천히 집중해서 연습해야겠다.

2) 루트(Root)와 5도 음을 이용한 베이스 라인

두 번째, 첫 번째 연습이 정확한 비트 안에서 연주가 가능하다면 첫 비트에는 근음(Root), 두 번째 비트에는 5도 음, 세 번째 비트에는 근음, 네 번째 비트에는 5도 음으로 베이스 라인을 확장시켜서 연습해야겠다. 마찬가지, 4분음표로 템포 60에서부터 120까지 연습을 하자.

루트(Root)/ 5도음(5th)/루트(Root)/ 5도음(5th)

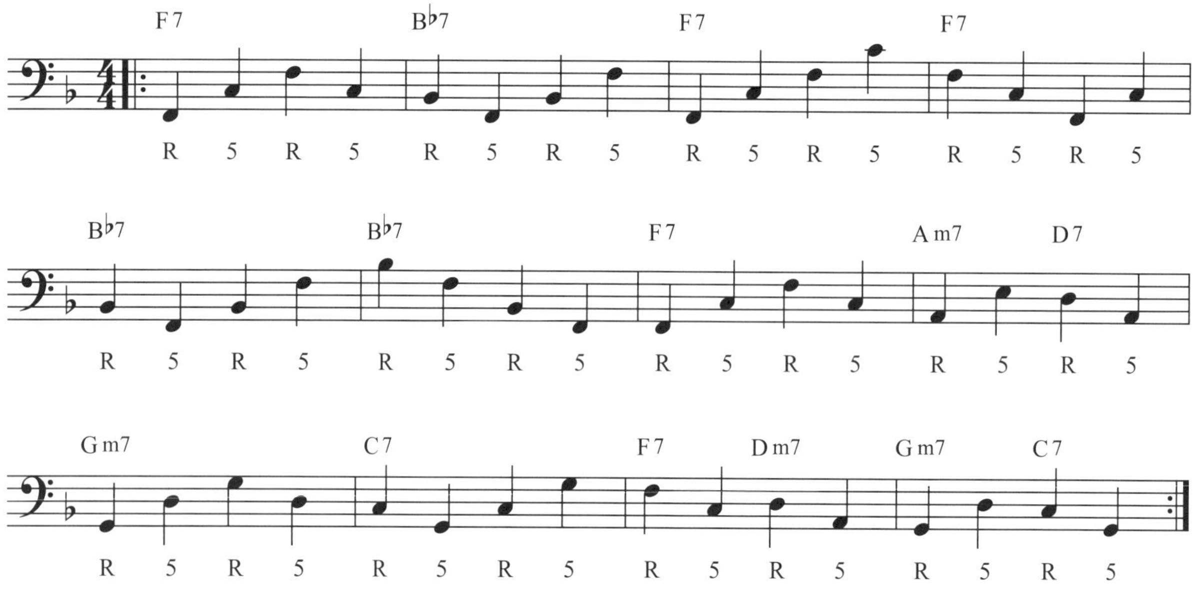

3) 크로매틱 노트(Chromatic note)를 이용한 베이스 라인

자, 이번에는 반음 접근음(Chromatic note)을 이용해서 새로운 베이스 라인을 만들어 보자. 반음 접근음(Chromatic note)은 다음 타겟 노트 바로 전 박자에 타겟 노트의 반음 위나 아래 음으로 접근하는 음이다. 첫 번째 비트에는 근음, 두 번째 비트에는 반음 접근음(Chromatic note), 세 번째 비트에는 5도 음, 네 번째 비트에는 반음 접근음(Chromatic note)을 이용해서 베이스 라인을 만들어보자. 한 마디에 코드가 두 개 있을 시 첫 비트에는 근음, 두 번째 비트에는 크로매틱 노트로 연결하자.

루트(Root)/ 반음 접근음(Ch)/ 5도음(5th) / 반음 접근음(Ch)

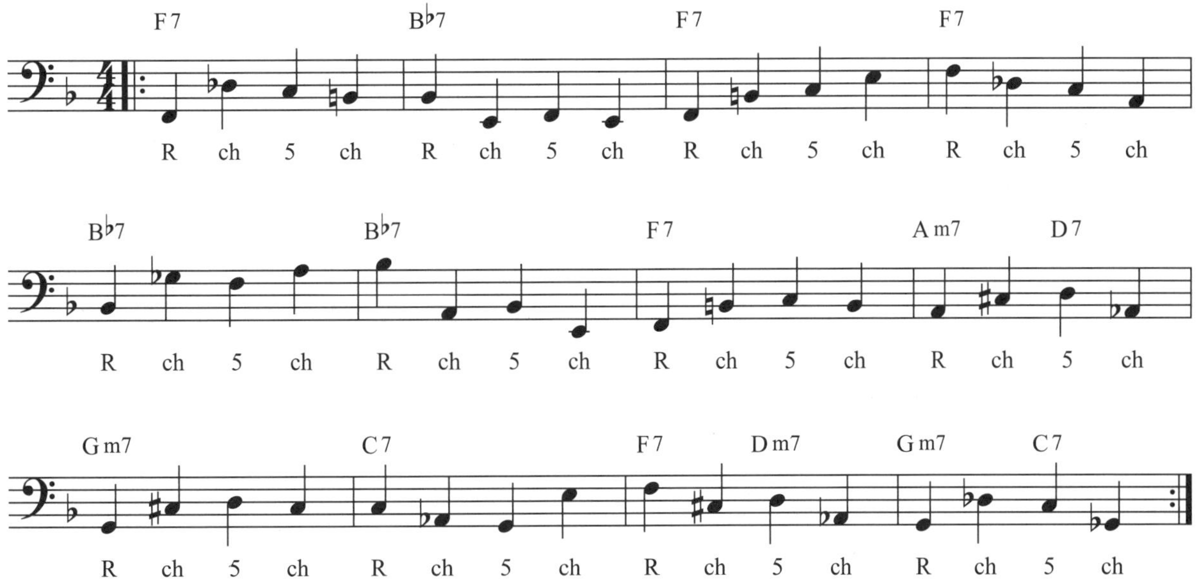

앞에 있는 연습 예제처럼 여러분들도 직접 악보 위에 자신만의 다른 베이스 라인을 그려보고 직접 연주하며 연습해보자. 이 연습을 많이 하면 할수록 즉흥적인 베이스 라인을 조금씩 연주할 수 있을 것이다.

4) 코드톤(Chord tone)을 이용한 베이스 라인

이제 코드톤을 이용한 베이스 라인을 만들어보고, 연주할 수 있는 능력을 습득하자.

첫 번째 박자에는 근음을 연주하고 3번째 박자에 코드톤인 3도나 5도 음을 사용하고 2, 4번째 박자에는 반음 접근음을 이용하여 베이스 라인을 만들어보자.

루트(Root) / 반음 접근음(Ch) / 코드톤(Chord tone) / 반음 접근음(Ch)

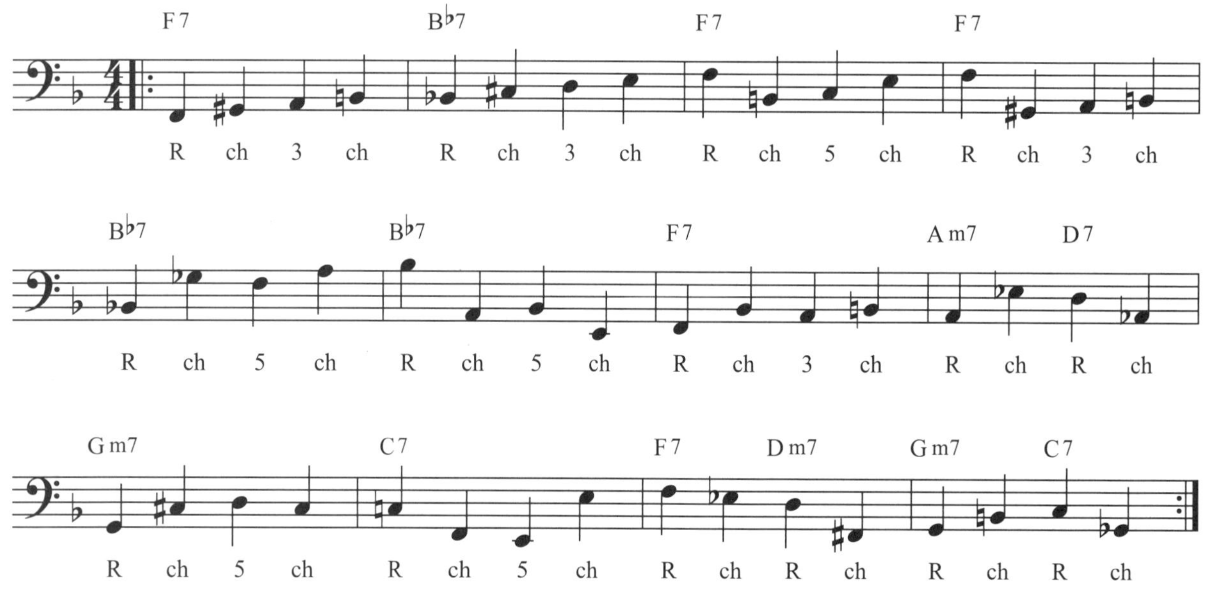

그럼, 코드톤 배열 순서를 바꿔가면서 베이스 라인을 만들고 연습해보자.

코드 첫 비트마다 루트 음을 시작으로 하여 3도 음, 5도 음, 반음 접근음(Chromatic note)을 이용하여 베이스 라인을 만들어 보고 연습해보자.

루트(Root) / 3도음(3rd) / 5도음(5th) / 반음 접근음(Ch)

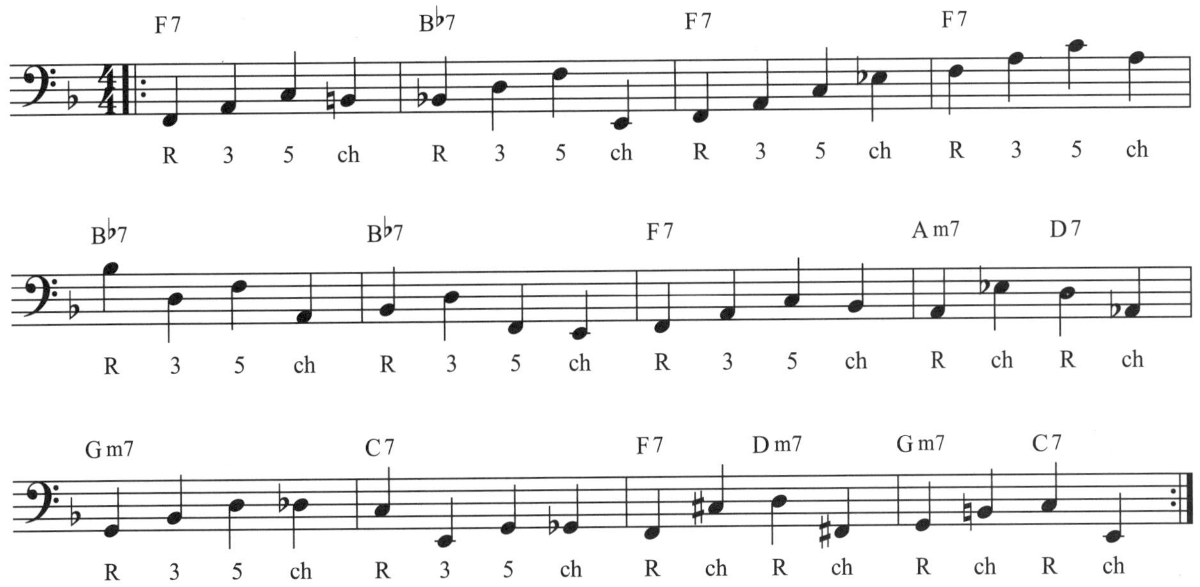

이번에는 코드톤의 순서를 바꾸어 베이스 라인을 만들어보자. 첫 비트에는 루트, 두 번째 비트에는 5도 음, 세 번째 비트에는 3도 음, 네 번째 비트에는 크로매틱 노트로 연결하자. 한 마디에 코드가 두 개일 때는 첫 비트에는 루트, 두 번째 비트에는 크로매틱 노트로 연주한다.

루트(Root) / 5도음(5th) / 3도음(3rd) / 반음 접근음(Ch)

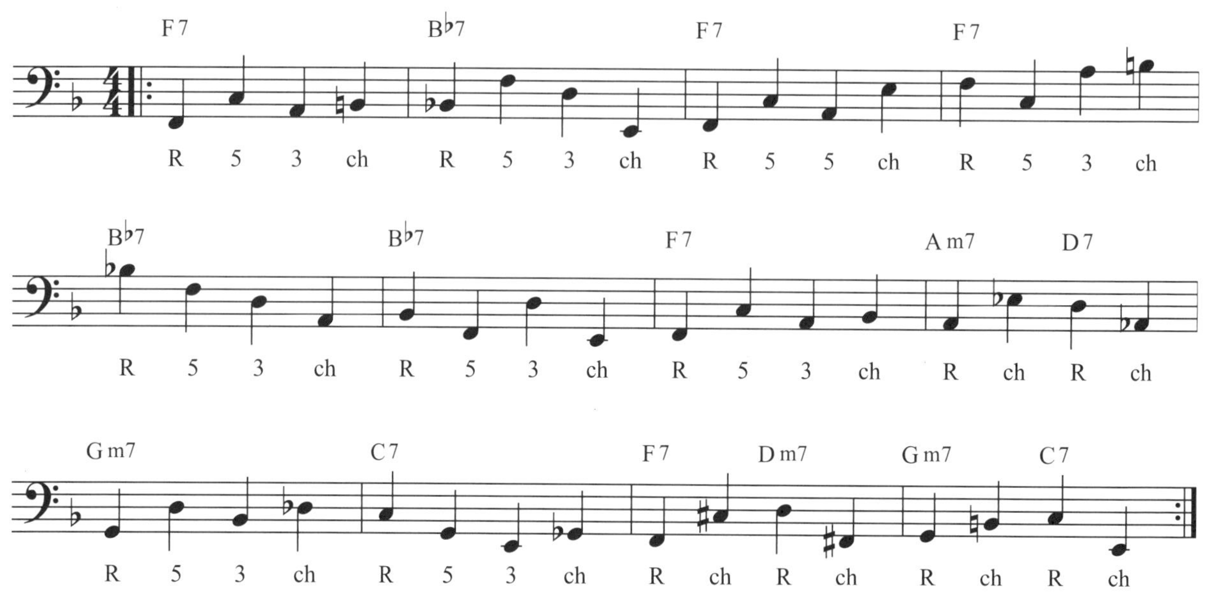

이번에는 7도 음을 이용하여 베이스 라인을 만들어 보자. 첫 비트에는 루트, 두 번째 비트에는 7도 음, 세 번째 비트에는 5도 음, 네 번째 비트에는 크로매틱 노트로 연결하자. 한 마디에 코드가 두 개일 때는 루트와 크로매틱 노트를 이용하여 연주한다.

루트(Root) / 7도음(7th) / 5도음(5th) / 반음 접근음(Ch)

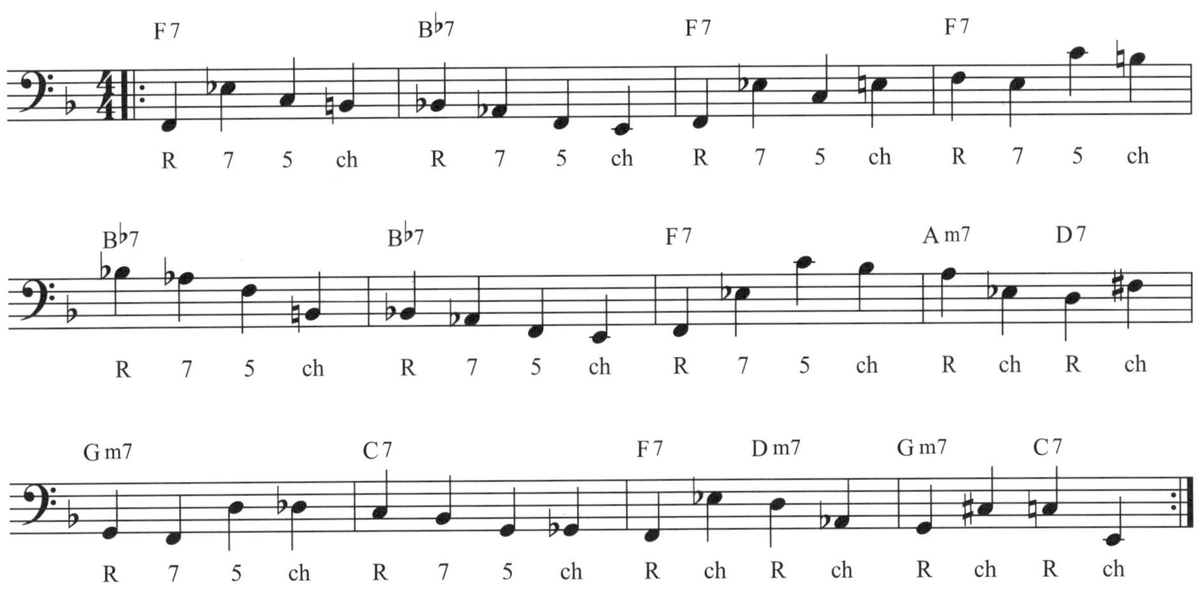

이번에는 순서를 바꾸어 베이스 라인을 만들어 보자. 첫 비트에는 루트, 두 번째 비트에는 5도 음, 세 번째 비트에는 7도 음, 네 번째 비트에는 크로매틱 노트로 연결하자. 한 마디에 코드가 두 개일 때는 루트와 크로매틱 노트를 이용하여 연주한다.

루트(Root) / 5도음(5th) / 7도음(7th) / 반음 접근음(Ch)

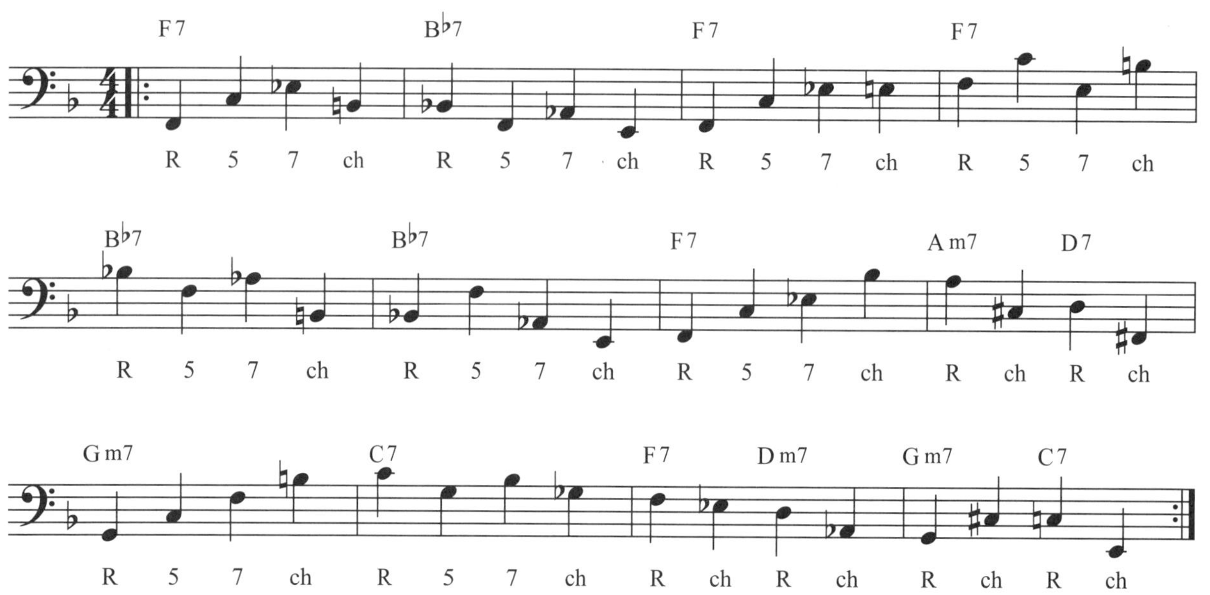

이번에는 3도와 7도 음을 이용하여 베이스 라인을 만들어 보자. 첫 비트에는 루트 음, 두 번째 비트에는 3도 음, 세 번째 비트에는 7도 음, 네 번째 비트에는 크로매틱 노트로 연결하자. 한 마디에 코드가 두 개일 때는 루트와 크로매틱 노트를 이용하여 연주한다.

루트(Root) / 3도음(3rd) / 7도음(7th) / 반음 접근음(Ch)

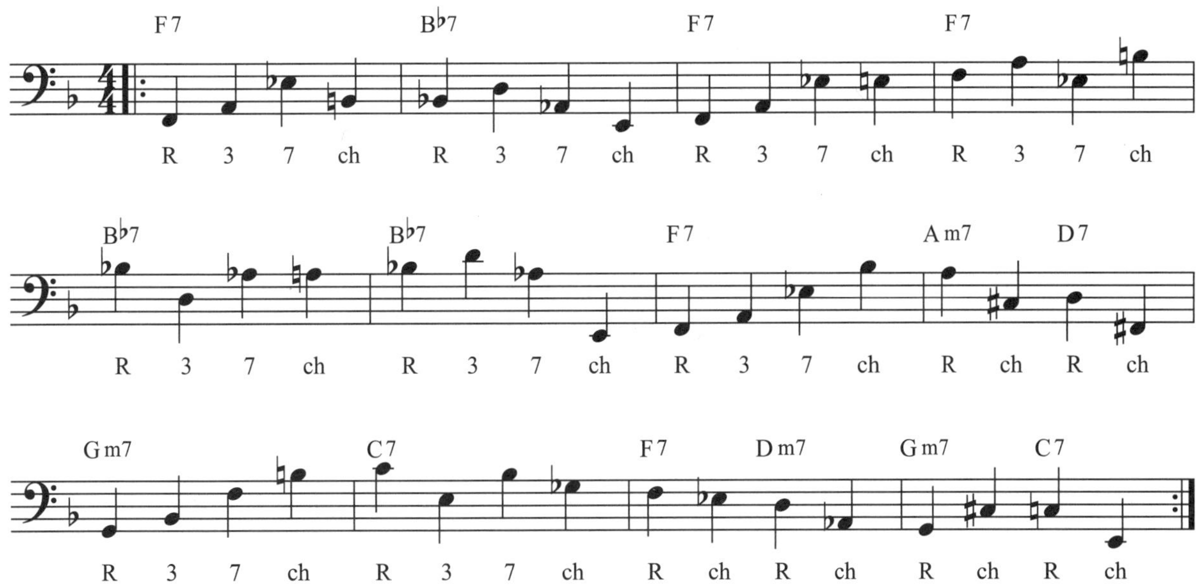

이번에는 3도와 7도 음의 순서를 바꾸어 베이스 라인을 만들어 보자. 첫 비트에는 루트 음, 두 번째 비트에는 7도 음, 세 번째 비트에는 3도 음, 네 번째 비트에는 크로매틱 노트로 연결하자. 한 마디에 코드가 두 개일 때 는 크로매틱 노트를 이용하여 연주한다.

루트(Root) / 7도음(7th) / 3도음(3rd) / 반음 접근음(Ch)

예제 베이스 라인에서 보았듯이 여러 가지 가능성들을 생각하여 라인을 만들어 보고 듣기 좋은 베이스 라인을 기억하고 연습하여 악보를 보지 않고도 생각만으로도 워킹 베이스 라인을 연주할 수 있을 때까지 메트로놈 템포 60에서부터 빠른 템포 까지 연주가 가능하도록 한 단계씩 천천히 연습해야겠다.

지금까지 배운 코드톤을 이용한 베이스 라인을 응용하여 연습하여 보자. 꼭 자신의 베이스 라인을 직접 그려보고 연습해야 한다.

마디마다 변화가 있는 베이스 라인

3. 스케일을 이용한 워킹 베이스 라인 (Using Scales for a Walking Bass Lines)

자, 이번엔 스케일을 이용하여 보다 부드러운 베이스 라인을 만들어 보자. 코드톤과 반음 접근음(Chrometic note)만으로도 워킹 베이스를 연주할 수 있다. 하지만 두 가지 방법으로만 연주한다면 스킵이 많고 음의 간격이 커서 베이스 라인이 부드럽진 않다. 보다 더 부드럽고 재즈한 느낌을 만들기 위해선 스케일 노트를 같이 이용한다면 보다 세련된 워킹 베이스 라인을 연주할 수 있을 것이다.

블루스 코드 진행에서 사용할 수 있는 스케일에 대해 알아보자.

도미넌트 7th 코드에서는 믹소리디안 스케일(R 9 3 11 5 13 ♭7), 마이너 코드에서는 도리안 스케일(R 9 ♭3 11 5 13 ♭7)을 이용하여 베이스 라인을 만들어보고 연습하자.

F Blues Form 에서의 코드별 스케일을 알아보자.

블루스 폼에서 쓰이는 기본 스케일

믹소리디안 스케일 (Mixo-Lydian Scale)

F7	=	F	G	A	B♭	C	D	E♭
B♭7	=	B♭	C	D	E♭	F	G	A♭
D7	=	D	E	F#	G	A	B	C
C7	=	C	D	E	F	G	A	B♭

도리안 스케일 (Dorian Scale)

Am7	=	A	B	C	D	E	F#	G
Gm7	=	G	A	B♭	C	D	E	F
Dm7	=	D	E	F	G	A	B	C

부드럽고 자연스런 진행을 위한 베이스 라인

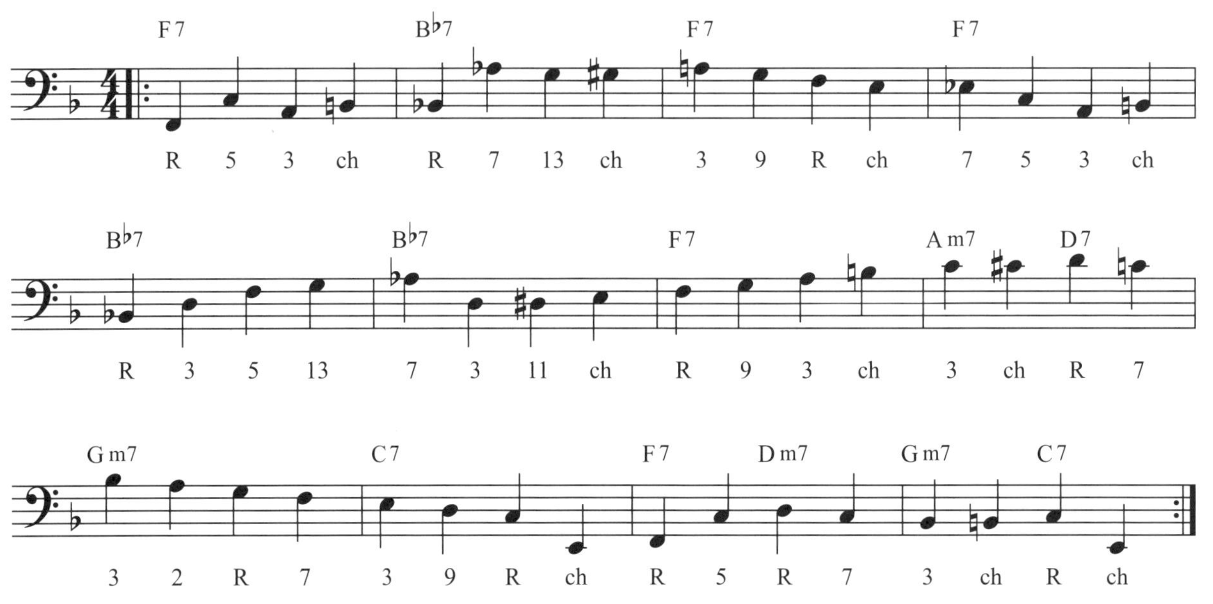

코드톤(Chord tone), 스케일 노트(Scale note), 반음 접근음(Chromatic note)을 모두 이용한 베이스 라인

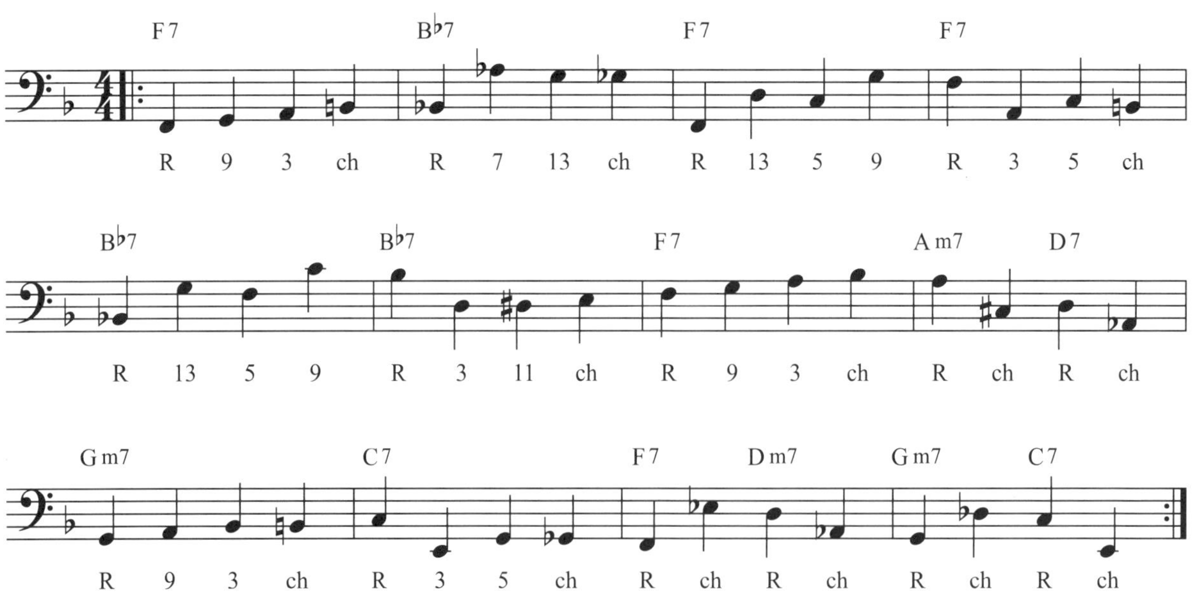

위에서 알 수 있듯이 스케일 노트를 이용함으로써 전체적인 베이스 라인이 부드러워진 것을 알 수 있다. 코드 톤, 스케일 노트, 반음 접근음을 혼합하여 잘 사용하면 훌륭한 베이스 라인을 만들 수 있다.

그리고 항상 첫 비트에 근음을 연주할 필요는 없다. 전체적인 베이스 라인의 흐름을 위해선 다른 음들을 사용하는 것도 전체적인 흐름을 부드럽고 자연스럽게 만들어 준다.

빈 음악 노트를 꺼내어 앞서 말한 모든 방법들을 이용하여 자신만의 베이스 라인을 수십 번 수백 번 그려보고 연주해봄으로 여러분의 실력은 향상될 것이다.

그럼, F 블루스의 스탠다드 곡 "Straight No Chaser" 앨범 명 " The Cannonball Adderley Quintet in San Francisco" 베이시스트 샘 존스(Sam Jones)의 블루스 라인을 분석해보고 연주해보자.

샘 존스의 베이스 라인을 연주해보고 분석해 보면 알 수 있듯이 그의 베이스 라인은 수직적인 코드에 맞는 워킹 베이스 라인만 연주하는 것이 아니라 전체적인 흐름을 위해서 스케일, 코드톤, 반음 접근음(Chromatic note) 등을 적절히 잘 이용하면서 연주하고 있다. 그리고 그는 단순한 4비트 워킹만 하는 것이 아니라 트리플 랫 리듬을 가미하여 더욱더 재즈한 리듬감을 살리고 있다.

> **Tip**
>
> 항상 연습 시에는 피치카토로 연습을 하였다면 Bow로도 연습을 해야 한다. 왜냐하면 피치카토 연주로는 정확한 음정을 체크하기가 어려울 때가 많다. 하지만 Bow로 연주해보면 음정이 불안한 것을 알 수 있을 것이다. 정확한 음정을 만들기 위해서 피치카토와 Bow로 모두 연습해야 한다.

4. 베이시스트 샘 존스의 베이스 라인 분석 (Analyzing Bass Line of Sam Jones)

Straight No Chaser

Bb7 Bb7 F7 D7
R ch 13 ch 5 ch R ch 5 9 11 9 3 R b7 5
Gm7 C7 F7 C7
5 R b3 5 R 5 R ch(3) R 3 11 ch R R 9 ch(3)
F7 Bb7 F7 F7
R ch 9 ch 5 ch 13 ch R ch 9 ch R ch 9 ch(3)
Bb7 Bb7 F7 Am7 D7
R b7 13 ch 5 ch 13 ch R R b7 13 ch b3 ch R #9
Gm7 C7 F7 C7
R R b3 ch R ch 9 ch(3) R 3 11 ch R R 5 ch(3)
F7 Bb7 F7 F7
R R 5 ch R b7 13 R 5 11 3 9 R ch 9 ch(3)
Bb7 Bb7 F7 Am7 D7
R 3 11 ch 5 ch R ch 5 3 11 9 R R R ch(3)

5. 멜로딕한 워킹 베이스 라인 (Melodic Walking Bass Lines)

멜로디는 릭(lick) 이나 패턴(Pattern)들과는 확연히 다르다.

릭(lick)은 손가락 밑에 놓이면서 나열되고, 패턴(Pattern)은 스케일이나 코드에서 확장되어 있는 라인들이다.

하지만 멜로디는 내적 아름다움으로 연주자로부터의 필링(feeling)과 라인의 결합으로 만들어지는 중요한 파트의 구성 요소이다. 멜로딕한 라인의 구성은 좋은 리듬, 충분한 화성지식, 부드러운 라인들의 연결, 연주자의 감성들이 결합하여 만들어지는 작곡인 것이다.

여러 훌륭한 베이시스트들의 베이스 라인을 카피해보고 어떻게 그들의 라인이 멜로딕한 사운드를 만들어 내는지를 분석한 후 나만의 베이스 라인을 만들 수 있을 때까지 듣고, 찾아내고, 만들고, 연주하고, 수정하고를 반복하다보면 자신만의 느낌이 살아있는 베이스 라인을 만들 수 있을 것이다.

첫 번째로 이스라엘 크로스비(Israel Crosby)의 베이스 라인을 살펴보자.

이스라엘 크로스비(Israel Crosby)의 워킹 베이스 라인

이스라엘 크로스비(ISrael Crosby)는 자신만의 멜로딕 베이스 라인을 연주하기 위해 코드가 바뀌는 첫 비트에 루트 음을 연주하지 않고 그전에 흘러가던 라인의 연장선상의 자연스런 라인을 연결해 가고 있다. 그리고 코드 톤과 스케일 노트(9도, 13도 음)를 적절히 멜로디에 이용하고 있다.

두 번째로 오스카 페티포드(Oscar Pettiford)의 베이스 라인을 확인해보자.

오스카 페티포드(Oscar Pettiford)의 워킹 베이스 라인

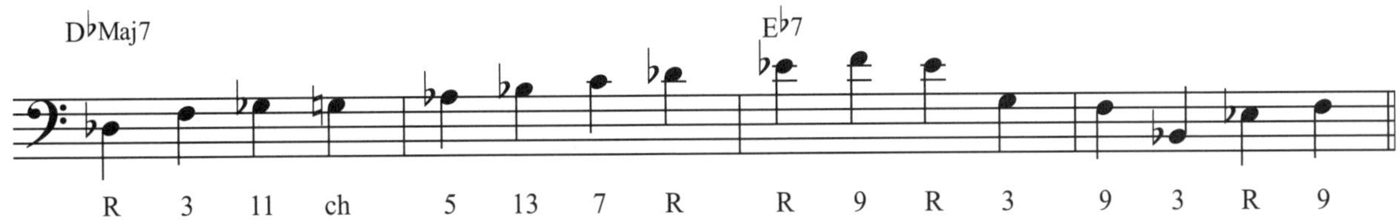

오스카 페티포드의 연주에서도 확인할 수 있는 포인트는 원 코드 두 마디 폼에서 자연스런 베이스 라인을 만들기 위해 두 번째 마디 첫 번째 비트에서 5도 음으로 연결하고 있다. 마찬가지로 네 번째 마디 첫 번째 비트에도 루트 음이 아닌 9도 음을 사용하고 있다.

세 번째로 도그 와킨스(Doug Watkins)의 베이스 라인을 살펴보자.

도그 와킨스(Doug Watkins)의 워킹 베이스 라인

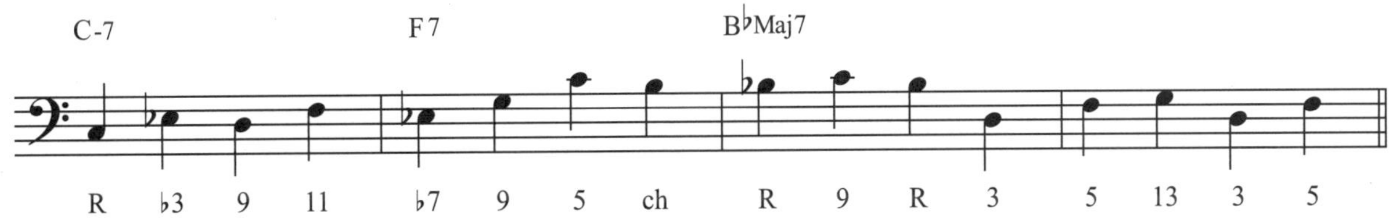

도그 와킨스의 베이스 라인에서도 볼 수 있듯이 두 번째 와 네 번째 마디에서 코드톤과 스케일 음을 적절히 이용함으로 더욱 사운드가 멜로딕하게 진행함을 확인할 수 있다.

여러분들도 재즈 스탠다드 코드 진행 위에서 오선지에 자신의 멜로디컬한 베이스 라인을 만들어 봅시다. 다 완성이 되었다면 연주하여 자신의 베이스 라인이 어떠한지 확인해 보고 마음에 든다면 완전히 숙지하여 자신만의 베이스 라인으로 기억해두기 바란다.

워킹 베이스 위에서 리듬의 변화

 여러 재즈 음반을 듣다보면 단순 4비트 워킹 베이스만이 아닌 다른 리듬 스타일로 멜로디나 솔로를 반주할 때
3연음 트리플렛 쉼표를 적절히 이용하는 걸 확인할 수 있다. 변화가 있는 리드믹한 워킹 베이스는 다른 연주자
들에게 포워드 모션을 만들어주고 청취자에게도 리듬감 넘치는 음악을 들려줄 수 있을 것이다. 어떻게 베이스
연주자들이 리듬을 변화시켜가며 워킹 베이스를 연주하는지 알아보자.

레이 브라운(Ray Brown)의 리드믹한 워킹 베이스 라인

Oscar Peterson Trio "We get requested" 앨범 곡명 "Days of Wine & Roses" 중에서

레이 브라운은 Days of Wine and Roses의 곡에서 오스카 피터슨(피아니스트)이 테마 멜로디를 연주할 때 레
이 브라운은 4비트 워킹과 중요한 포인트에 트리플렛과 쉼표를 적절히 이용하여 오스카 피터슨의 피아노 멜로
디를 더욱 돋보이게 하고 있다.

Chapter 13

코드 보이싱의 이해
(Understanding Chord Voicing)

훌륭한 베이시스트가 되려면 피아노 악기와 친숙해져야 한다.

모든 스케일과 코드들의 사운드를 정확히 이해하고 연주할 수 있어야겠다. 어떻게 피아노 악기에서 코드 연습을 할 수 있는지에 대해 알아보자.

Ⅱ-Ⅴ-Ⅰ Progression

왼손은 근음(Root)을 연주하고 오른손(Shell)은 3도 음과 7도 음을 동시에 연주한다.

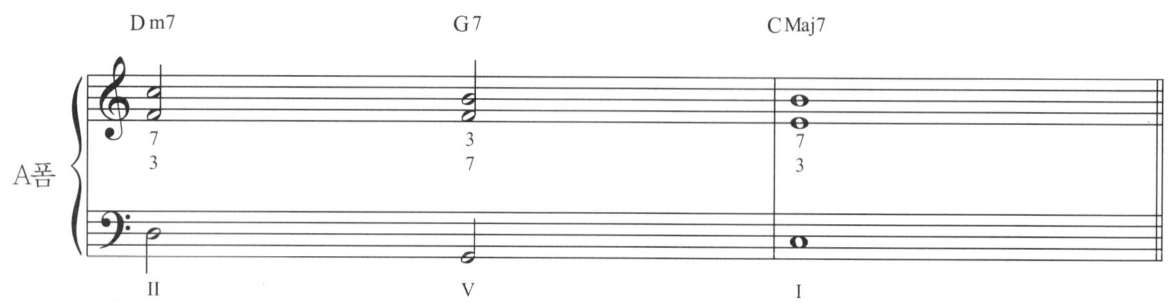

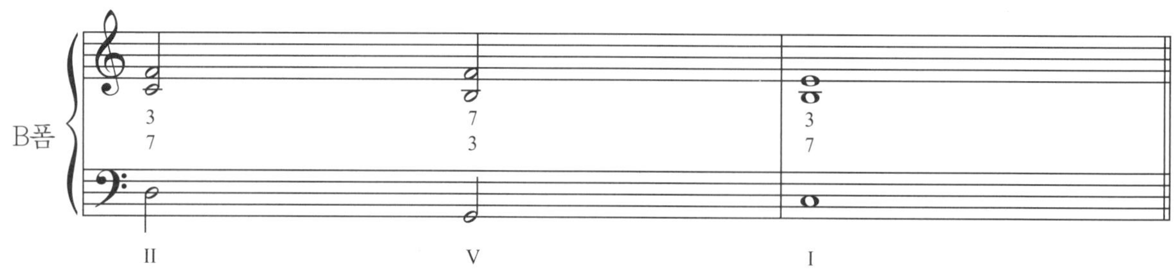

A 폼과 B 폼의 기본형식을 갖고 12 Key에서 연습해보자.

1. A 폼 코드 보이싱(A Form of Voicing)

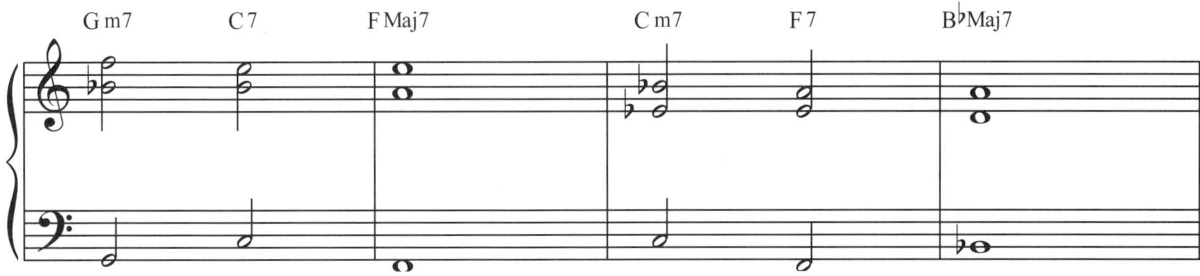

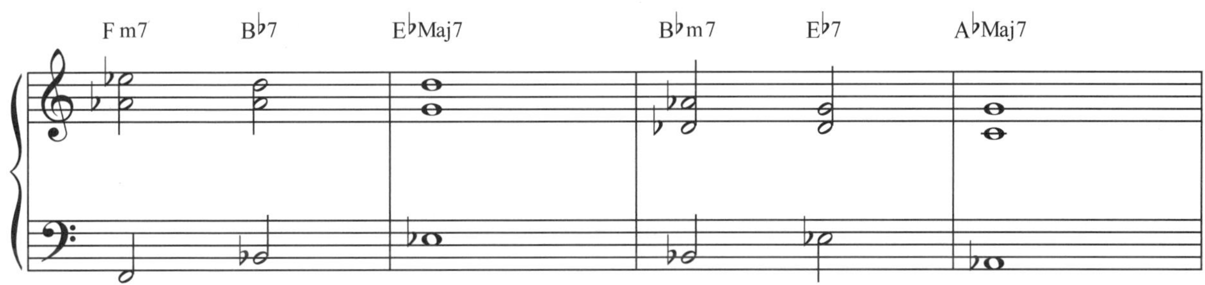

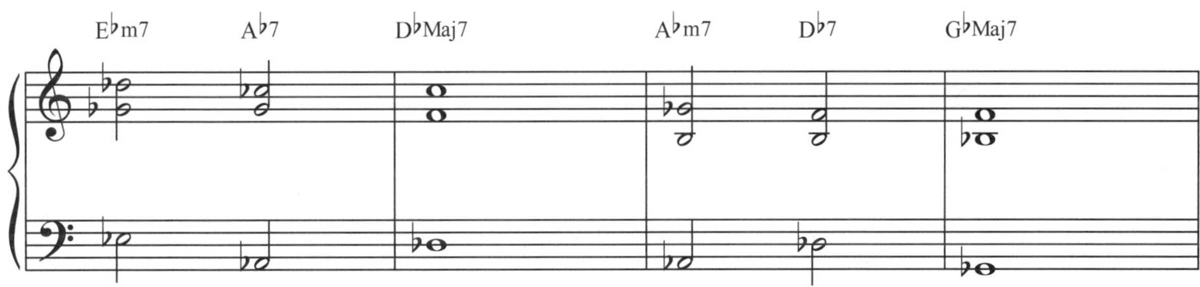

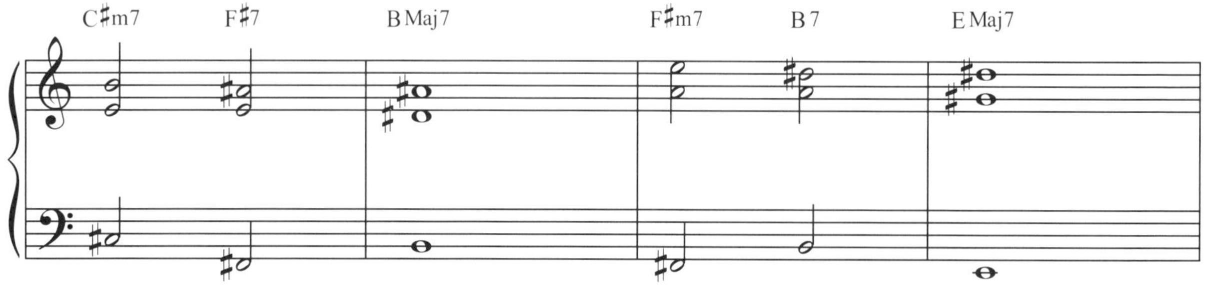

C#m7
F#7
B Maj7
F#m7
B 7
E Maj7

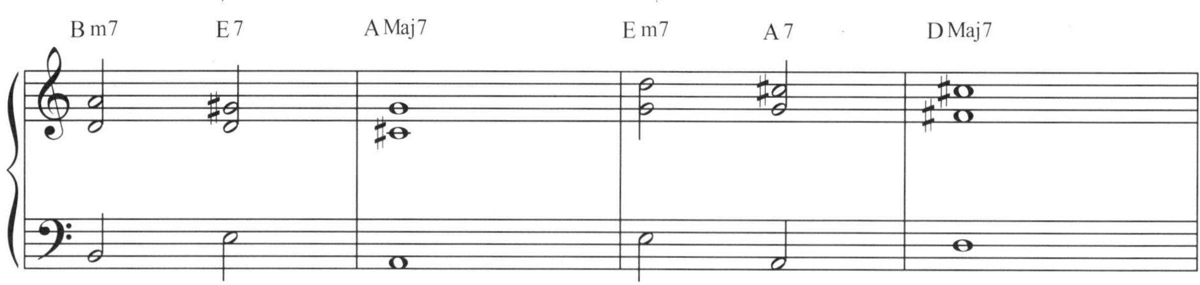

B m7
E 7
A Maj7
E m7
A 7
D Maj7

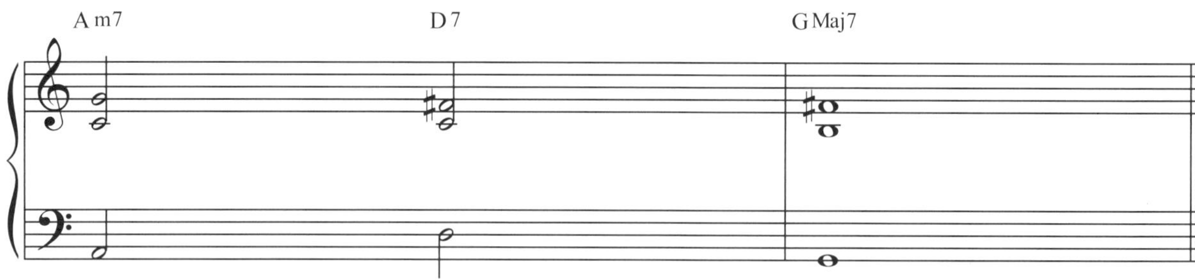

A m7
D 7
G Maj7

2. B 폼 코드 보이싱(B Form of Voicing)

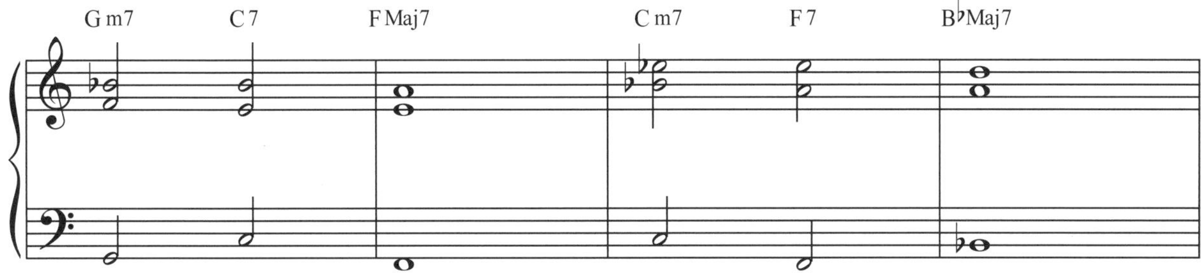

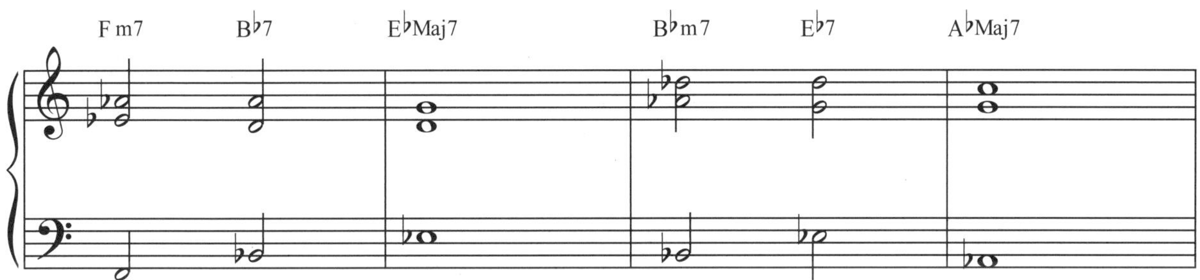

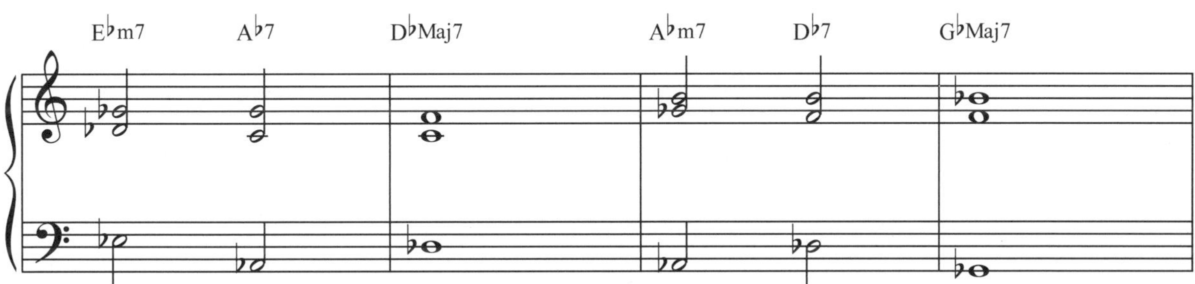

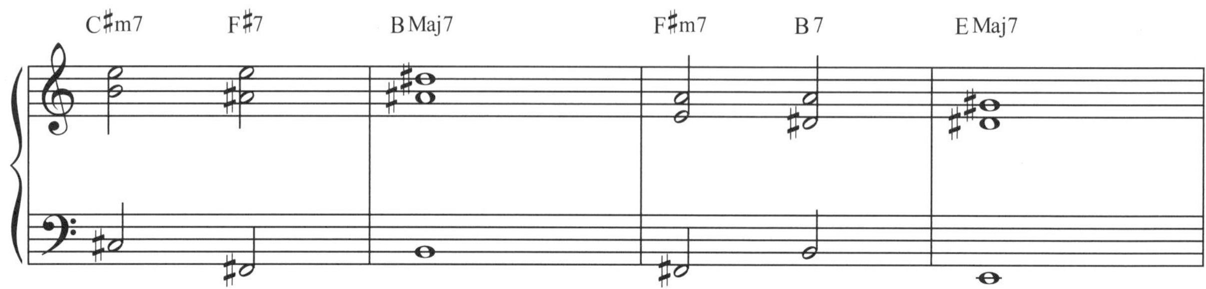

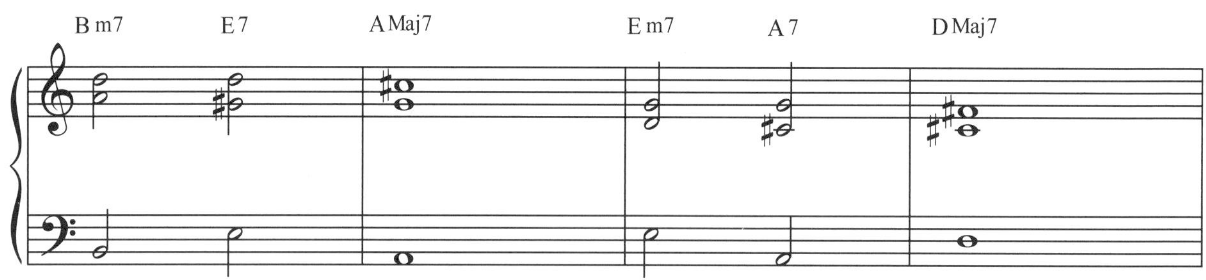

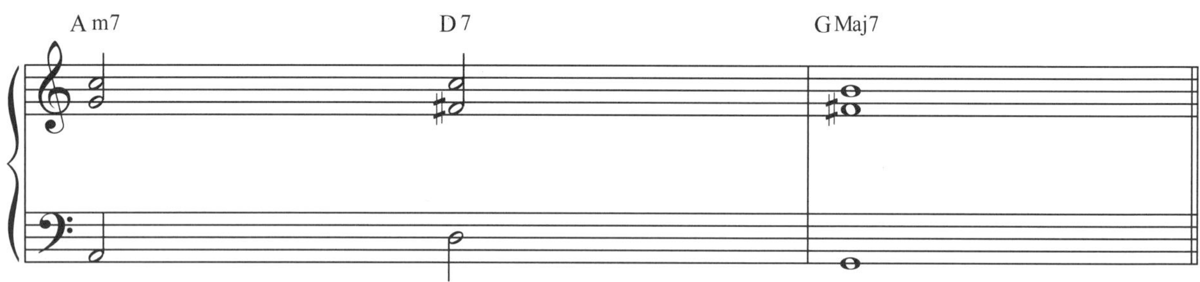

코드 보이싱 A 폼과 B 폼 연습이 익숙해지셨다면, 스탠다드곡에서 연습하여 코드 사운드를 정확히 이해할 수 있도록 꾸준히 연습하자.

3. 베이스 악기의 즉흥연주에 대해서 (How to Practice Bass for Improvisation)

베이스란 악기는 주로 솔로 주자들을 서포트 해주는 역할을 하는 것이 일반적이다. 간혹 베이스 연주자이면서 솔로이스트로 활동하는 경우도 있다. 하지만 재즈에서는 베이스가 하나의 빠질 수 없는 솔로 악기로 뚜렷하게 그 역할을 한다는 점이 베이스 연주자들에게 큰 매력으로 다가온다. 재즈 앙상블 안에서 베이스 솔로를 하기 위해서는 어떠한 지식들이 필요하며 어떻게 연습해야만 즉흥연주 능력을 갖출 수 있는지에 대해 알아보자.

첫째로 잊지 말아야 할 것이 워킹 베이스 라인을 연주할 수 있어야 한다는 점이다. 워킹 베이스를 연주할 수 있다는 것은 그 곡에 대해 정확한 코드 진행과 그 코드 안에서 어떠한 스케일을 사용해야 하는지에 대해 숙지하고 있다는 것이다.

베이스 연주자로서 화려한 즉흥연주를 할 수 있는 능력을 빠른 시간 내에 갖출 수 있으면 좋겠지만, 즉흥연주 능력은 그리 빨리 향상되지는 않는다. 오랜 시간과 경험, 그리고 체계적인 연습에 의해 즉흥연주 능력은 향상되어져 간다. 조바심을 버리고 매일 체계적인 연습을 한다면 여러분들도 즉흥연주의 두려움으로부터 자유로워질 것이다.

1) 멜로디를 연주할 수 있어야한다. (피치카토, 보잉)
2) 해당 곡의 각 코드 안에서 코드톤을 연주할 수 있어야 한다.
3) 마디마다 코드톤을 자연스럽게 연결하면서 연주할 수 있어야 한다.
4) 코드에 맞는 스케일을 결정하고 연주할 수 있어야겠다.
5) 마디마다 스케일들을 부드럽게 연결하면서 연주할 수 있어야 한다.
6) 리듬의 변화를 주며 연주할 수 있어야 한다.
7) 좋아하는 베이스 연주자의 곡을 찾아서 그 곡을 카피해보고 연주해보아야 한다.
8) 카피해본 곡을 정확히 분석하고 이해하여 실제 음악과 똑같이 연주할 수 있어야 한다.
9) 모든 음악적 지식과 멜로디를 생각하며 자신만의 솔로 라인을 오선지에 그려보고 연주할 수 있어야겠고 숙지해야 한다.
10) 명연주자들(트럼펫, 색소폰, 피아노, 기타, 베이스)의 솔로 라인을 비교 분석하고 자신의 연주에 인용할 수 있도록 연습해야 한다.
11) 모든 연주를 논리적이면서도 가슴으로 연주할 수 있도록 하는 것이 가장 중요한 포인트이다. 그러기 위해선는 자신감 넘치는 연주를 위한 테크닉 훈련과 더불어 풍부한 감수성을 가지기 위한 노력을 게을리 하지 말아야 한다.

Chapter 14

마스터 베이시스트들의 베이스 라인

(Bass Lines of Master Bassists)

1. 이스라엘 크로스비 Israel Crosby(1919~1962)

이스라엘 크로스비(Israel Crosby)는 1919년 미국의 시카고 태생이다. 그는 처음엔 트럼펫 주자였으나 그의 나이 15세에 베이스 연주를 시작한다. 하지만, 베이스를 시작한지 2년 후인 17세때 Roy Eldridge 앨범 "Little Jazz" 에서 그의 강렬한 베이스 라인을 들을 수 있다.

20세가 되던 해에 Fletcher Henderson Band 에 베이시스트로 발탁되면서 수년간 이팀에서 그의 이름을 널리 알리게 된다. 1951년 그를 더욱 유명하게 만들어준 피아니스트 Ahmad Jamal을 만나게 되고 트리오 활동을 시작한다. Ahmad Jamal Trio의 "Poinciana" 앨범에서 그의 독보적이고 독창적인 베이스라인을 확인할 수 있다. 그의 베이스 라인은 펑키하면서도 유머러스한 느낌과 멜로딕한 연주를 들려주고 있다. 그는 10년간의 Ahmad Jamal Trio의 활동을 접고 1962년에는 자신의 팀을 시작하지만, 같은 해에 병을 앓게 되어 43세의 나이로 세상을 떠난다.

But Not For Me

Ahmad Jamal Trio - At The Pershing(1958년)
Ahmad Jamal(piano)
Israel Crosby(bass)
Vernell Fournier(drums)

Ahmad's Blues

Ahmad Jamal Trio - Ahmad's Blues(1958년)
Ahmad Jamal(piano)
Israel Crosby(bass)
Vernell Fournier(drums)

3
Straight feel

2. 퍼시 히쓰 Percy Heath (1923~2005)

퍼시 히쓰(Percy Heath)는 1923년 North Carolina의 윌밍튼에서 태어난다. 그는 펜실베니아의 필라델피아에서 유년 시절을 보낸다. 그의 형제로는 테너 색소폰주자 Jimmy Heath 그리고 드러머 Albert Heath가 있다. 그의 나이 8세 때 바이올린 연주를 시작한다. 그는 군 제대 후 필라델피아의 Granoff School of Music에 등록하면서 베이스를 시작한다. 25세 되던 해에 시카고에서 Milt Jackson 앨범에 참가한 후 뉴욕으로 이주한다. 그의 동생인 Jimmy Heath와 함께 Dizzy Gillespie의 밴드에서 연주할 수 있었다. 그 후 그는 Modern Jazz Quartet의 멤버가 된다. 그는 첼로를 연주하기도 했으며 그 시대 비밥 연주의 최정상급 베이시스트이다.

Wrap Your Troubles in Dreams

Bill Evans - Inter Play(1962년)
Bill Evans(piano)
Freddie Hubbard(trumpet)
Jim Hall(guitar)
Percy Heath(bass)
Philly Joe Jones(drums)

3. 샘 존스 Sam Jones(1924~1981)

1950년대부터 1981년 까지 샘 존스는 재즈 베이스 역사에서 빠질 수 없는 중요한 인물이다. 그는 1924년 미국의 플로리다의 잭슨빌이라는 작은 마을에서 태어났다. 뉴욕으로 입성 후 그는 활발한 연주 활동을 시작한다. 그의 명성이 알려지면서 리버사이드 레코드 레이블에서 가장 인기 있는 베이스 주자로써 그 시대의 메인 베이스 주자가 된다. 그는 알토 색소폰 연주자 Cannonball Adderley와 함께 작업하면서 더욱 유명해 졌다. 클래식 재즈 앨범이 되어버린 1958년 작품 "Somethin' Else"가 Cannonball Adderley와 함께한 작업이다. 이 앨범에 샘 존스의 베이스 라인이 돋보이는 "Autumn Leaves"곡에서 그는 인트로와 코다 부분의 펑키 베이스라인으로 그의 독창성을 보여주고 있다.

1960년 Barry Harris at The Jazz Workshop 앨범에서 샘 존스의 사운드는 어쿠어스틱의 진수를 보여주고 있다. 샘 존스의 워킹베이스 사운드는 솔로주자들에게 전진하며 솔로 할 수 있게 하는 힘이 있는 베이스 사운드를 만들어내고 있다. 그의 연주는 복잡한 코드진행 안에서도 뛰어난 타임필, 사운드, 노트 초이스를 하며 강렬한 베이스 사운드를 들려주고 있다.

Autunm Leaves

Cannonball Adderley Quintet - Somethin' Else(1958년)
Miles Davis(trumpet)
Cannonball Adderley(alto Saxophone)
Hank Jones(piano)
Sam Jones(bass)
Art Blakey(drums)

29 A-7(b5)   D7(b9)   G-7
33 E♭Maj7   A-7(b5)   D7(b9)   G-7
37 C-7   F7   B♭Maj7   E♭Maj7
41 A-7b5   D7(b9)   G-7
45 C-7   F7   B♭Maj7   E♭Maj7
49 A-7b5   D7(b5)   G-7
53 A-7b5   D7(b9)   G-7
57 C-7   F7   B♭Maj7
61 A-7b5   D7(b9)   G-7
65 A-7b5   D7(b9)   G-7

Bass Rest Until Cue (Piano only)
X 10

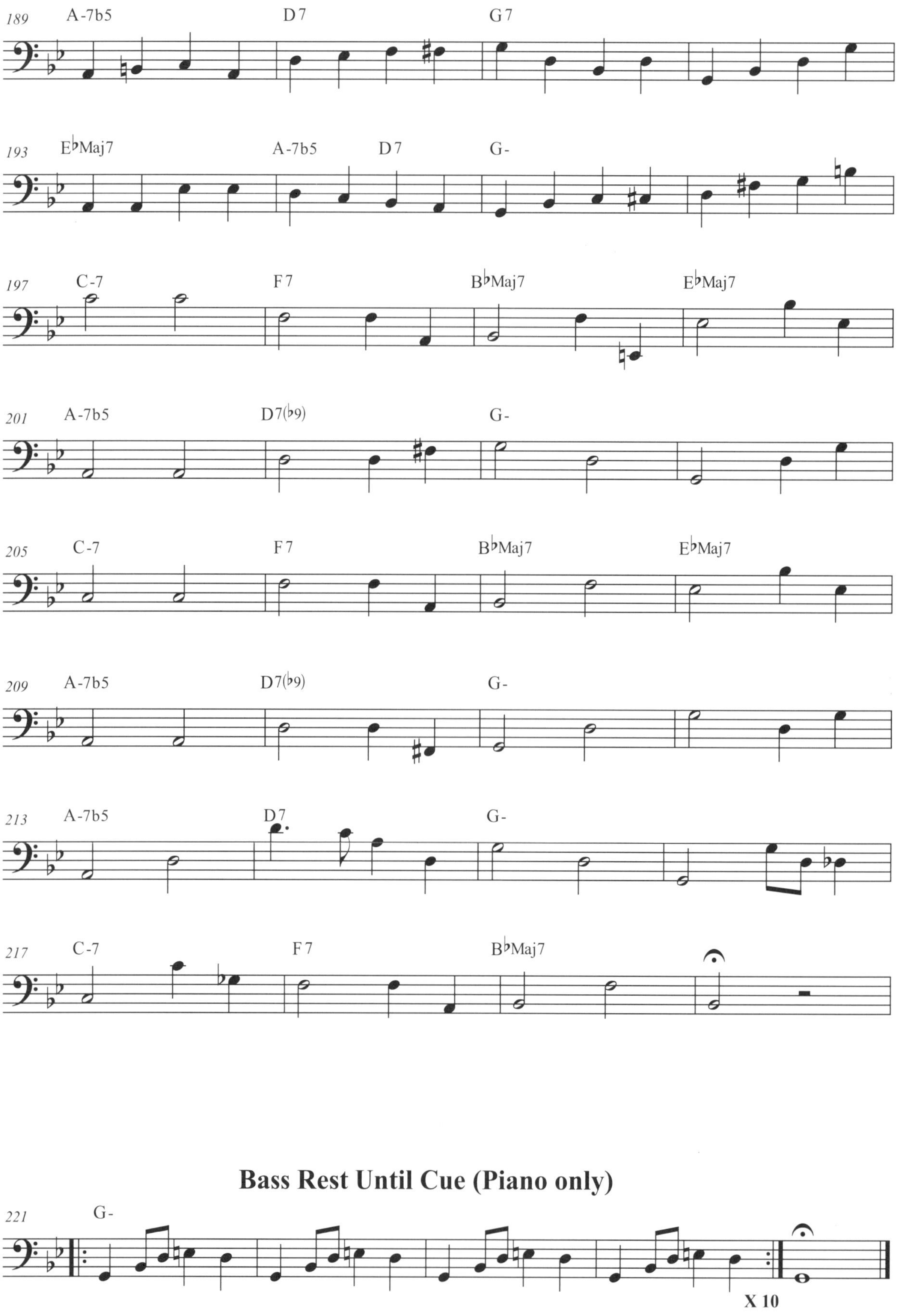

Moon River

Grant Green - The Complete Quartets With Sonny Clakr(1961년)
Grant Green(guitar)
Sonny Clark(piano)
Sam Jones(bass)
Louis Hayes(drums)

29 A-7
F 7
33 Cmaj7   F 7   Cmaj7   F 7
37 Cmaj7   A-7   D-7   G 7
41 Cmaj7   A-7   D 7   D♭7
45 Cmaj7   A-7   Fmaj7   Cmaj7
3
49 Fmaj7   Cmaj7   B-7   E 7
53 A-7   C 7   F 7   B♭7
57 A-7   F#-7   B 7   E-7   A 7   D-7   G 7

61 Cmaj7   A-7   Fmaj7   Cmaj7
65 Fmaj7   Cmaj7   B-7   E7
69 A-7   F7
73 Cmaj7   F7   Cmaj7   F7
77 Cmaj7   A-7   D-7   G7
81 Cmaj7   A-7   D7   D♭7
85 Cmaj7   A-7   Fmaj7   Cmaj7
89 Fmaj7   Cmaj7   B-7   E7

93 A-7 C7 F7 Bb7
97 A-7 F#-7 B7 E-7 A7 D-7 G7
101 Cmaj7 A-7 Fmaj7 Cmaj7
105 Fmaj7 Cmaj7 B-7 E7
109 A-7 F7
113 Cmaj7 Fmaj7 Cmaj7 Fmaj7
117 Cmaj7 A7 D-7 G7
121 Cmaj7 A-7 D7 Db7
125 Cmaj7 A-7 Fmaj7 C-7
3
3

Fly Me To The Moon

Oscar Peterson Trio - Tristeza on Piano(1970년)
Oscar Peterson(piano)
Sam Jones(bass)
Bob Durham(drums)

33 D-7 G-7 C7 F7
37 B♭Maj7 E-7b5 A7(♭9) D7
41 G7 C7 E♭7 D7
45 G7 C7 F Maj7 E-7b5 A7(♭9)
49 D-7 G7 C7 F Maj7
53 B♭Maj7 E-7b5 A7(♭9) D7
57 G7 C7 E♭7 D7
61 G7 C7 F Maj7 E-7b5 A7(♭9)

4. 레이 브라운 Ray Brown(1926~2002)

레이 브라운(Ray Brown)은 펜실베니아의 피츠버그에서 1926년에 태어난다. 8세 때부터 피아노 레슨을 시작하며 음악의 기초를 다지기 시작한 그는 고등학교 시절 피아노주자의 경쟁이 많아 트럼본 주자로 오케스트라의 오디션을 하였으나 통과하지 못하고 베이스 주자의 빈자리가 생겨 베이시스트로 오케스트라의 단원이 된다.

그의 초기 베이스 스타일은 Duke Ellington밴드의 베이시스트 Jimmy Blanton 의 많은 영향을 받는다. 20세가 되던 해에는 뉴욕으로 이동하여 Hank Jones를 만나게 되고 그가 Dizzy Gillespie를 소개해준다. 그는 Dizzy Gillespie와 함께 재즈의 새로운 장르 비밥(bebop)을 창시하는 중요한 인물이 된다. 그 시절 Dizzy Gillespie를 통해 Bud Powell, Max Roach, Charlie Parker를 만나게 되고 그들의 빠른 연주스타일과 그들의 음악적 아이디어를 통해 많은걸 배우게 된다. 그는 재즈 싱어 Ella Fitzgerald를 만나게 되고 그녀의 베이시스트이며 음악감독이 된다. 그렇게 그들은 결혼까지 하게 되나 4년 후 이혼하게 된다.

그는 피아니스트 Oscar Peterson을 만나게 되고 15년동안 불후의 재즈 명반들을 내놓게 된다. 1966년에는 로스엔젤레스로 이주하여 영화와 TV 쇼의 음악 작곡 활동과 세계적인 탑 보컬 Frank Sinatra, Billy Eckstine, Tony Bennett, Sarah Vaughan, Ella Fitzgerald, Nancy Wilson의 베이시스트로도 활동한다. 그 후 그는 그의 트리오를 구성해 젊은 피아니스트들을 발굴하며 그의 활동을 계속해 나아간다. 그러나 2002년 그는 잠을 자던 중 세상을 떠나게 된다. 그의 blusy한 독창적인 베이스 라인은 후대에 많은 베이스 연주자들에게 영향을 미친다.

The Days Of Wine & Roses

The Oscar Peterson Trio - We Get Requests(1964년)
Oscar Peterson(piano)
Ray Brown(bass)
Ed Thigpen(drums)

29 A-7 D-7 G-7 C7 F6 G-7 C7
33 F Maj7 E♭7(♯11) A-7 D7(♭9)
37 G-7 E♭9
41 A-7 D-7 G-7 C7
45 E-7b5 A7 D-7 G7 G-7 C7
49 F Maj7 E♭7(♯11) A-7 D7(♭9)
53 G-7 E♭9
57 A-7 D-7 B-7b5 E7(♭9)
61 A-7 D-7 G-7 C7 F6 G-7 C7

Have You Met Miss Jones?

25 F Maj7   F#dim7   G-7   C7
29 A-7   D7   G-7   C7   F Maj7   D-7   G-7   C7
33 F Maj7   F#dim7(D7)   G-7   C7
37 A-7(FMaj7)   D-7   G-7   C7
41 F Maj7   F#dim7(D7)   G-7   C7
45 A-7(FMaj7)   D-7   C-7   F7
49 BbMaj7   Ab-7   Db7   GbMaj7   E-7   A7

53 D Maj7 Ab-7 Db7 Gb Maj7 G-7 C7
57 F Maj7 F#dim7(D7) G-7 C7
61 A-7 D7 G-7 C7 F Maj7 D-7 G-7 C7
65 Bb Maj7 Ab-7 Db7 Gb Maj7 E-7 A7
69 D Maj7 Ab-7 Db7 Gb Maj7 G-7 C7
73 F Maj7 F#dim7(D7) G-7 C7
77 A-7 D7 G-7 C7 A-7 D7 G-7 C7
81 A-7 D7 G-7 C7 G-7 C7 F Maj7

The Shadow Of Your Smile

Oscar Peterson Trio - Blues Etude(1966년)
Oscar Peterson(piano)
Ray Brown(bass)
Louis Hayes(drums)

Slide

Slide

134
138
142
146
150
154
X 4
158
162
166
170
Slide
174

Estate

Ray Brown Trio - Live at The Scullers(1996년)
Benny Green(piano)
Ray Brown(bass)
Gregory Hutchinson(drums)

21 C 7   F Maj7   B -7b5   E 7
25 A Maj7   D#-7b5   G#7(b9)   C#-7   F#7(b9)   D -7   G 7
29 C 7   F Maj7   B -7 b5   E 7
33 F 7   Bb7   F -7   Bb7   F -7   Bb7   F -7   Bb7
37 F -7   Bb7   F -7   Bb7   F -7   Bb7
41 A -7   D -7   E 7   A -7   D -7   G -7
45 C 7   F Maj7   B -7b5   E 7(#5)
49 A -7   D -7   E 7(b9)   A -7   D -7   G 7
53 C 7   F Maj7   B -7b5   E 7

57 A Maj7   D#-7b5   G#7(b9)   C#-7   F#7(b9)   D-7   G 7
61 C 7   F Maj7   B-7b5   E 7
65 A-7   D-7   E 7(b9)   A-7   D-7   G 7
69 C 7   F Maj7   B-7b5   E 7(#5)
73 A-7   D-7   E 7(b9)   A-7   D-7   G 7
77 C 7   F Maj7   B-7b5   E 7(#5)
81 A Maj7   D#-7(b5)   G#7   C#-7   F#7
84 D-7   G 7   C 7   F Maj7   B-7b5
88 E 7(#5)   A-7   D-7   A-7

5. 레드 미첼 Red Mitchell (1927~1992)

레드 미첼(Red Mitchell)은 1927년 뉴욕에서 태어난다. 그는 어렸을 때부터 피아노, 알토 색소폰, 클라리넷을 연주한다. 군 입대후 US Army에서 베이스를 연주하기 시작하였고 군 제대 후 재즈 트리오로 뉴욕에서 활동하기 시작한다. 그는Hampton Hawes Quartet에서 인상 깊은 연주를 선보여 주었고. 자신의 팀인 The Red Mitchell-Harold Land Quintet으로 독창적인 음악 스타일을 보여주고 있다. 그리고 그는 첼로와 같은 완전5도 튜닝법(C G D A)을 사용하며 표현의 영역을 더욱 넓히려 노력하였다.

1950년대와 60년대 초에 그는 '웨스트 코스트 재즈씬'에서 중심인물이 된다. 그 시기에 많은 베이스 연주자들에게 영향을 미치는데, 대표적으로 Charles Mingus와 Scott LaFaro 가 그에게서 큰 영향을 받는다. 그는 영화, 광고음악, TV 영역에서도 활동하게 된다. 1968년 스웨덴으로 이주했고 그의 나이 65세 되던 해인 1992년에는 다시 미국의 '오레곤'으로 이주 하지만 세상을 떠난다.

There Will Never Be Another You

Jimmy Raney Quartet - Visits Paris, Vol 1(1954년)
Red Mitchell(bass)
Jimmy Raney(guitar)
Sonny Clark(piano)
Bobby White(drums)

Triplin' Awhile

29
B♭7
F7
33
G-7
C7
F7
C7
3
37
F7
B♭7
F7
3
41
B♭7
F7
3
45
G7
C7
F7
C7
49
F7
B♭7
F7
Slide
53
B♭7
F7
Slide
57
G-7
C7
F7
C7

6. 도그 와킨스 Doug Watkins (1934~1962)

도그 와킨스(Doug Watkins)는 1934년 '디트로이트'에서 태어난다. 1950년대 미국의 '디트로이트 재즈씬'에서 스윙감이 훌륭한 젊은 베이시스트로 아트 블래키(Art Blakey)의 재즈메신저 팀에서 활약을 한다. 그는 음악의 명문 카스테크 고등학교(Cass Tech High School)를 다니면서 재즈 베이시스트로의 길을 걷는다. 이 시절 고등학교 동창생인 폴 쳄버스(Paul Chambers)와의 깊은 인연은 시작된다.

그는 James Moody, Barry Harris, Kenny Dorham, Horace Silver, Hank Mobley, John Coltrane, Sonny Rollins등 최정상의 연주자들과 연주를 한다. 그러나 1962년 그의 나의 28살의 젊은 나이에 교통사고로 사망하게 된다.

'도그 와킨스'의 베이스 라인은 멜로딕한 플레이를 지향하며 베이스 사운드는 강하고 힘이 있는 스윙 그루브를 느낄 수 있다. 그의 베이스 연주는 그의 가장 친한 친구인 폴 쳄버스(Paul Chambers)를 연상하게 하기도 한다.

All The Things You Are

Art Blakey at The Café Bohemia Vol. 1(1955년)
Doug Watkins(bass)
Art Blakey(drums)
Horace Silver(piano)
Kenny Dorham(trumpet)
Hank Mobley(tenor saxophone)

25
F-7
B♭-7
E♭-7
A♭Maj7
3
29
D♭Maj7
D♭-7
C-7
B dim7
33
B♭7
E♭7
A♭Maj7
G-7
C7
37
F-7
B♭-7
E♭7
A♭Maj7
41
D♭Maj7
D-7
G7
C Maj7
45
C-7
F-7
B♭7
E♭Maj7

49
A♭Maj7
A-7
D7
G Maj7
53
A-7
D7
G Maj7
57
F♯7 3
B7
E Maj7
C+7
61
F-7
B♭-7
E♭7
A♭Maj7
65
D♭Maj7
D♭-7
C-7
B dim7
69
B♭-7
E♭7
A♭Maj7
G-7
C7

7. 폴 첼버스 Paul Chambers(1935~1969)

폴 첼버스(Paul Chambers)는 1935년 '펜실베니아'의 '피츠버그'에서 태어난다. 그리고 '미시건'주의 '디트로이트'로 이주하여 그곳에서 자라면서 바리톤혼 과 튜바를 연주하기 시작한다. 그후 그의 나이 14세에 베이시스트로의 길을 선택 하게 된다. 음악의 명문 카스테크 고등학교(Cass Tech High School)를 다니면서 재즈 베이시스트로의 길을 다진다. 이 시절 고등학교 동창생인 도그 와킨스(Doug Watkins)와는 가까운 친구가 된다.

그는 베이시스트 Jimmy Blanton 의 영향을 받았고 고등학교시절 오케스트라에서 연주한 경력이 후에 그의 엄청난 보윙 테크닉을 만든다. 1954년 그는 뉴욕으로 이동하고 수개월간 연주활동을 하다 색소폰 연주자 Jackie McLean 을 알게 되고 그가 Miles Davis를 소개해 준다. 그리하여 Miles Davis Quintet이 만들어 지며 이 팀은 재즈 역사상 최고의 앙상블 팀으로 기록된다. 그의 워킹 베이스 라인은 매우 강렬하며, 독창적이고, 솔로 주자의 솔로라인에 응답을 하는 또 다른 라인을 재치있게 만들어 내고 있으며 크로매틱 노트를 잘 활용하며 연주하고 있다. 그는 거트 스트링(다다리오 사의Golden Spiral)을 사용하였으며 앰프를 사용하지 않았다는 점이 큰 특징이다.

Tale Of The Fingers

Paul Chambers Sextet - Whims Of Chambers(1956년)
Paul Chambers(bass)
Kenny Burrell(guitar)
Donald Byrd(trumpet)
John Coltrane(tenor saxophone)
Horace Silver(piano)
Philly Joe Jones(drums)

If I Were A Bell

Relaxin' With The Miles Davis Quintet(1957년)
Miles Davis(trumpet)
John Coltrane(tenor saxophone)
Red Garland(piano)
Paul Chambers(bass)
Philly Joe Jones(drums)

73 G7 C7 F Maj7
77 A-7b5 D7 G7 C7
81 F6 Bb6 C7 F6 E-7b5 A7
85 D-7 B-7b5 E7 A Maj7 G-7 C7
89 G7 C7 F Maj7
93 A-7b5 D7 G7 C7
97 F Bb6 B dim7 F/C Bb7 A-7b5 D7
101 G-7 C7 F6 A-7b5 D7
105 G-7 C7 F-7 Bb7 A-7 D7
109 G-7 C7 A7 D7

153 A-7b5 D7 G7 C7
157 F6 Bb6 C7 F6 E-7b5 A7
161 D-7 B-7b5 E7 A Maj7 G-7 C7
165 G7 C7 F Maj7
169 A-7b5 D7 G7 C7
173 F6 Bb6 B dim7 F6 Bb7 A-7b5 D7
177 G-7 C7 Db Maj7
181 G-7 C7 F A-7b5 D7
185 G-7 C7 F A-7b5 D7
189 G-7 C7 F A-7b5 D7

193 G-7 C7 F6 A-7b5 D7
197 G-7 C7 F
201 G7 C7 F Maj7
205 A-7b5 D7 G7 C7
209 F6 Bb6 C7 F6 E-7b5 A7
213 D-7 B-7b5 E7 A Maj7 G-7 C7
217 G7 C7 F Maj7
221 A-7b5 D7 G7 C7
225 F6 Bb6 B dim7 F6/C Bb7 A-7b5 D7
229 G-7 C7 F6 A-7b5 D7

345 G-7 G7 B♭-7 E♭7
3
349 G-7 C7 F-7 B♭7 A-7 D7
3
353 G-7 C7 F-7 B♭7 A-7 D7
357 G-7 C7 F-7 B♭7 A-7 D7
361 G-7 C7 F-7 B♭7 A-7 D7
365 G-7 C7 F
369
3 3

Oleo

Relaxin' With The Miles Davis Quintet(1957년)
Miles Davis(trumpet)
John Coltrane(tenor saxophone)
Red Garland(piano)
Paul Chambers(bass)
Philly Joe Jones(drums)

So What

Miles Davis - Kind Of Blue(1959년)
Miles Davis(trumpet)
Julian "Cannonball" Adderley(alto saxophone)
John Coltrane(tenor)
Bill Evans(piano)
Paul Chambers(bass)
Jimmy Cobb(drums)

66
D-7
70
74
78
82
86 Eb-7
90
D-7
94
98
(Tenor Saxophone solo)
102 D-7

226
(Piano solo)
230 D-7
234
238
242
E♭-7
246
250
254 D-7
258
262 D-7
3
3

Mr. PC

John Coltrane - Giant Steps(1959년)
John Coltrane(tenor saxophone)
Tommy Flanagan(piano)
Paul Chambers(bass)
Art Tayler(drums)

29
F-
33
A♭7
G7
C-
37
C-
41
F-
45
A♭7
G7
C-
49
C-
53
F-
57
A♭7
G7
C-

8. 론 카터 Ron Carter (1937~)

론 카터(Ron Carter)는 1937년 '미시건'의 '펀데일'에서 태어나고 10세때 부터 첼로를 시작한다. 그는 인종적 편견에 대해 고민을 하다 첼리스트에서 베이시스트로의 길로 전환하게 된다. 그리고 가족이 모두 디트로이트로 이사를 하게 되고 재즈 뮤지션Doug Watkins, Paul Chambers, Donald Byrd 를 배출한 음악의 명문 고등학교 Cass Technical High School에 입학하게 된다. 후에 뉴욕에 있는 Eastman School of Music에 입학하여 필하모닉 오케스트라에서 연주 경력을 쌓는다. 그 후 그는 Manhattan School of Music에서 24세의 나이로 석사학위를 받는다. 그는 수많은 뮤지션들 중 Jaki Byard, Chico Hamilton, Eric Dolphy, Don Ellis, Mal Waldron, Roy Haynes 등과 활동을 한다.

1960년대 초에 최고의 재즈 앙상블 팀인 Miles Davis Quintet의 베이시스트로 활동하게 되고 1968년 베이시스트 데이브 홀랜드(Dave Holland)가 그의 자리에 오기 전까지 활동하게 된다. 그 시절 드러머인 Tony Williams와의 앙상블은 최고의 리듬섹션으로 평가받고 있다. 그 후 그는 CTI 레코드사의 메인 베이시스트가 되어 수많은 작품 활동을 한다. 그는 뉴욕 할렘에 있는 City College of New York에서 교수로 20년간 활동한다. 그리고 2008년 Julliard School의 베이스 교수가 된다.

The Thumb

Wes Montgomery - Tequila(1966년)
Wes Montgomery(guitar)
Ron Carter(bass)
Grady Tate(drums)
Ray Barretto(conga)

9. 챨리 헤이든Charlie Haden (1937~)

챨리 헤이든(Charlie Haden)은 1937년 '아이오와'주의 '쉐난도아'에서 태어난다. 그는 2살 때 노래로 음반을 낼 정도로 음악을 일찍 시작한 인물이다. 그러나 그에게 소아마비가 왔고 그로 인해 목을 다치게 된다. 노래를 그만 두어야했던 그는 형 소유의 베이스를 연주하기 시작하면서 베이시스트로의 길을 걷는다.

그는 피아니스트 Paul Bley와 연주를 시작하면서 수많은 최고의 연주자들을 만나기 시작한다. 동시대 최고의 베이시스트 Scott LaFaro와도 가까운 친구가 되어 같은 아파트 룸메이트로 그들의 음악적 사상을 교류한다. 인간 내면의 아름다움을 어떻게 음악으로 표현해야 하는지는 그의 음악적 모티브이다. 1957년 그는 색소폰 연주자 Ornette Coleman을 만나게 되고 Free-Jazz를 창시하는 중요 인물이 된다. 이후 '챨리 헤이든'과 Billy Higgins는 free스타일의 최고의 리듬섹션으로 알려지고 있다.

Ornette Coleman Quartet은 신선한 음악을 연주하였으며 동시대 최고의 재즈팀인 Miles Davis Quintet멤버들이 그들의 음악을 듣고자 그가 연주하는 무대의 청중으로 앉아 있었다고 한다. 첫 번째 그래미 어워드를 수상했던 그의 앨범 "Beyond The Missouri Sky"를 기타리스트 Pat Metheny 와 작업하며 그만의 여유 있고 아름다움이 느껴지는 베이스 사운드를 들려주고 있다. 특히 이 앨범의 수록곡 중 "Our Spanish Love Song"의 베이스 솔로는 감성적이고 아름다운 멜로디를 들려주고 있다.

Our Spanish Love Song

(Charlie Haden's Bass Solo)

Charlie Haden & Pat Metheny - Beyond The Missouri Sky(1996년)
Charlie Haden(bass)
Pat Metheny(guitar)

10. 래리 그레나디어 Larry Grenadier (1966~)

래리 그레나디어(Larry Genadier)는 1966년 켈리포니아주의 샌프란시스코에서 태어난다. 그의 아버지는 트럼펫 연주자이고 그의 형제들도 모두 음악을 하는 가족이다. 그 또한 10살 때 아버지로 부터 트럼펫 레슨을 받는다. 11살 때에는 '일렉트릭 베이스'를 선물로 받은 후 그는 락을 연주하기 시작한다. 그러나 그의 형이 재즈 음악을 듣기 시작하면서 '래리 그레나디어'도 자연스럽게 Ray Brown, Charles Mingus, Brian Bromberg, Richard Davis, Paul Chambers, Willbur Ware, Oscar Pettiford, John Patitucci의 음악에 빠져들게 되고 자연스럽게 더블 베이스악기에 심취하게 된다.

그의 나이 12세 때 그는 재즈 베이스 연주자들과 클래식 베이스 연주자들에게 레슨을 받기 시작해 4년 후인 16세에 그는 샌프란시스코에서 베이시스트로 연주 활동을 하기 시작한다. 그는 스탠포드 대학 영문학 전공으로 1989년에 졸업하게 되면서 Stan Getz와 인연이 되어 그의 밴드 베이시스트로 연주를 시작한다. 그 후 보스톤에서 비브라폰 연주Gary Burton을 만나 그와 함께 전 세계 연주를 하게 된다. 그는1991년 뉴욕으로 이주하여 수많은 연주자들과 연주를 한다. 그는 피아니스트 Brad Mehldau를 만나게 되고 Brad Mehldau Trio와 함께 수많은 앨범 작업과 활동을 하게 된다. 그는 또한 테너 색소폰 연주자 Mark Turner 와 FLY라는 팀을 결성하여 연주활동을 하고 있다.

그의 베이스 사운드는 강렬하면서도 모던한 솔로 스타일의 사운드를 들려주고 있으며 마디를 넘나드는 연주는 그만의 색깔을 잘 보여주고 있다.

Song Song

Brad Mehldau Trio - Songs(1998년)
Brad Mehldau(piano)
Larry Grenadier(bass)
Jorge Rossy(drums)

Slide

153
157
161
165
169
173
Slide
177
181
185
189
rit.

So What

(Trumpeter Miles Davis Solo)

Miles Davis - Kind Of Blue(1959년)
Miles Davis(trumpet)
Julian "Cannonball" Adderley(alto saxophone)
John Coltrane(tenor)
Bill Evans(piano)
Paul Chambers(bass)
Jimmy Cobb(drums)

It Could Happen To You

(Trumpeter / Vocals Chet Baker Solo)

It Could happen to you Chet Baker Sings(1958년)
Chet Baker(trumpet, Vocals)
Kenny Drew(piano)
Sam Jones(bass)
Philly Joe Jones(drums)

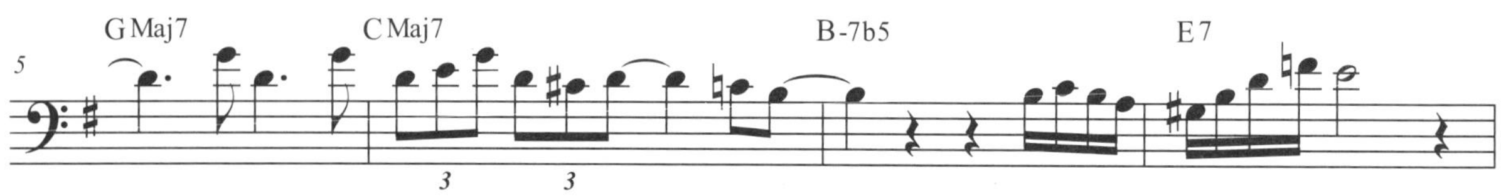

※베이스 연주자의 근육 릴리즈 운동법

> **Tip**
>
> 우리는 주로 팝 음악이나 재즈 연주를 하고 있지만 좋은 자세를 얻기 위해선 베이스 선생님과 일정한 개인레슨 스케줄을 잡아서 베이스의 기본적인 자세를 계속 교정 받는 것이 좋은 연주자로 가는 지름길이다.
>
> 장시간 서 있거나 앉아서 연습한다면 어깨 통증이나 허리 통증과 같은 가벼운 부상부터 심한 부상까지 입을 수 있다.
>
> 보편적으로 우리는 운동하기 전에 몸을 풀어주는 준비 단계를 거쳐 본격적인 운동으로 들어가듯이 우리 몸의 경직된 곳들을 풀어주고 나서 연주를 시작한다면 아주 효과적인 연습이나 연주가 될 것이다.
>
> 오전 중에 조깅과 간단한 웨이트 트레이닝으로 몸을 풀어주는 것도 아주 좋은 방법이며, 평평한 바닥에서 맨손으로 10분 동안 스트레칭을 해주는 것도 아주 좋은 연습 방법이다.
>
> 우리의 어깨는 항상 지쳐있다. 그래서 방 문틀 머리 위쪽에 장착할 수 있는 간이용 철봉을 운동기구점에 가면 구할 수 있다. 그 철봉에 매달려 허리와 어깨를 풀어주는 것도 좋은 방법이다.

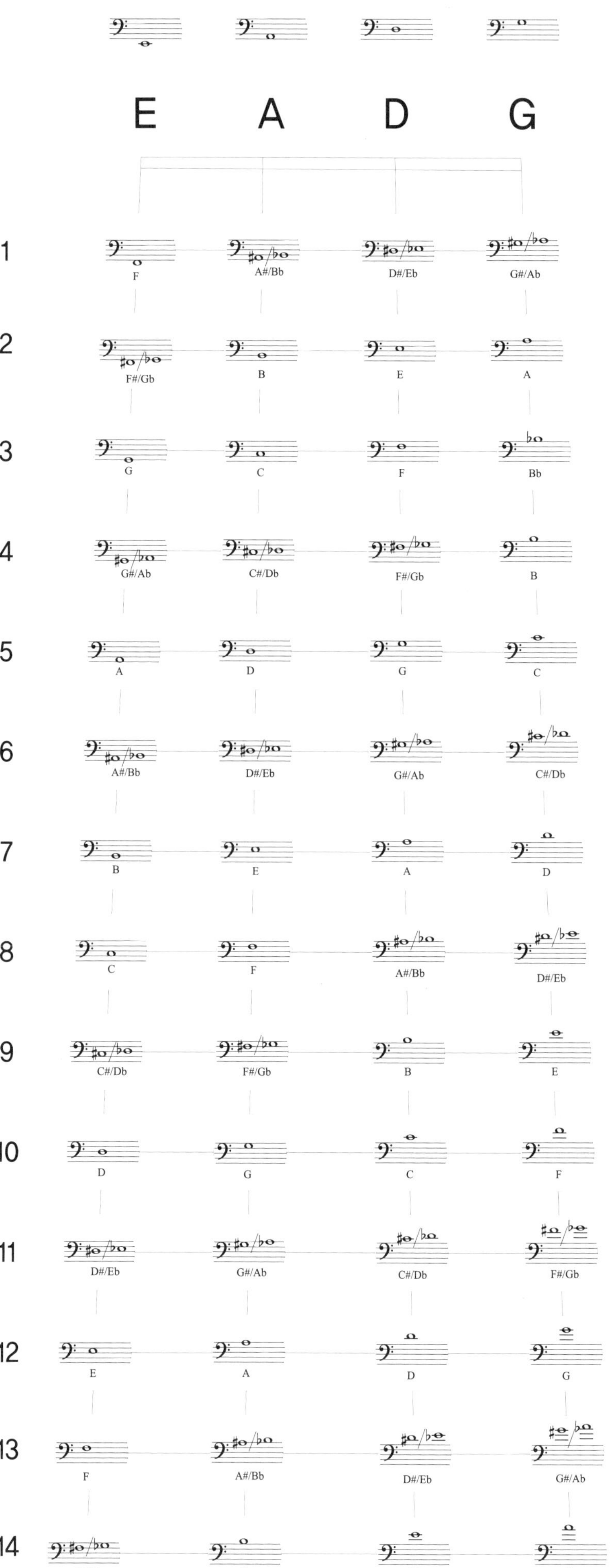

콘트라베이스 기초에서 마스터까지

오구일
콘트라베이스 마스터

발 행 인	최우진
저 자	오구일
편 집	조나단, 김재훈
디 자 인	정민영
영 업	현석호
관 리	김정숙
음 원	임주현(나레이터)

발 행 처	(주)스코어(대표 정상우)
등 록	2012년 6월 7일 제313-2012-196호
I S B N	978-89-98522-52-0

주 소	서울시 마포구 동교로 13길 34(121-896)
전 화	02)333-3705
팩 스	02)333-3745
	www.allmusicscore.com
	www.openhousebooks.com

판 매 원	오픈하우스